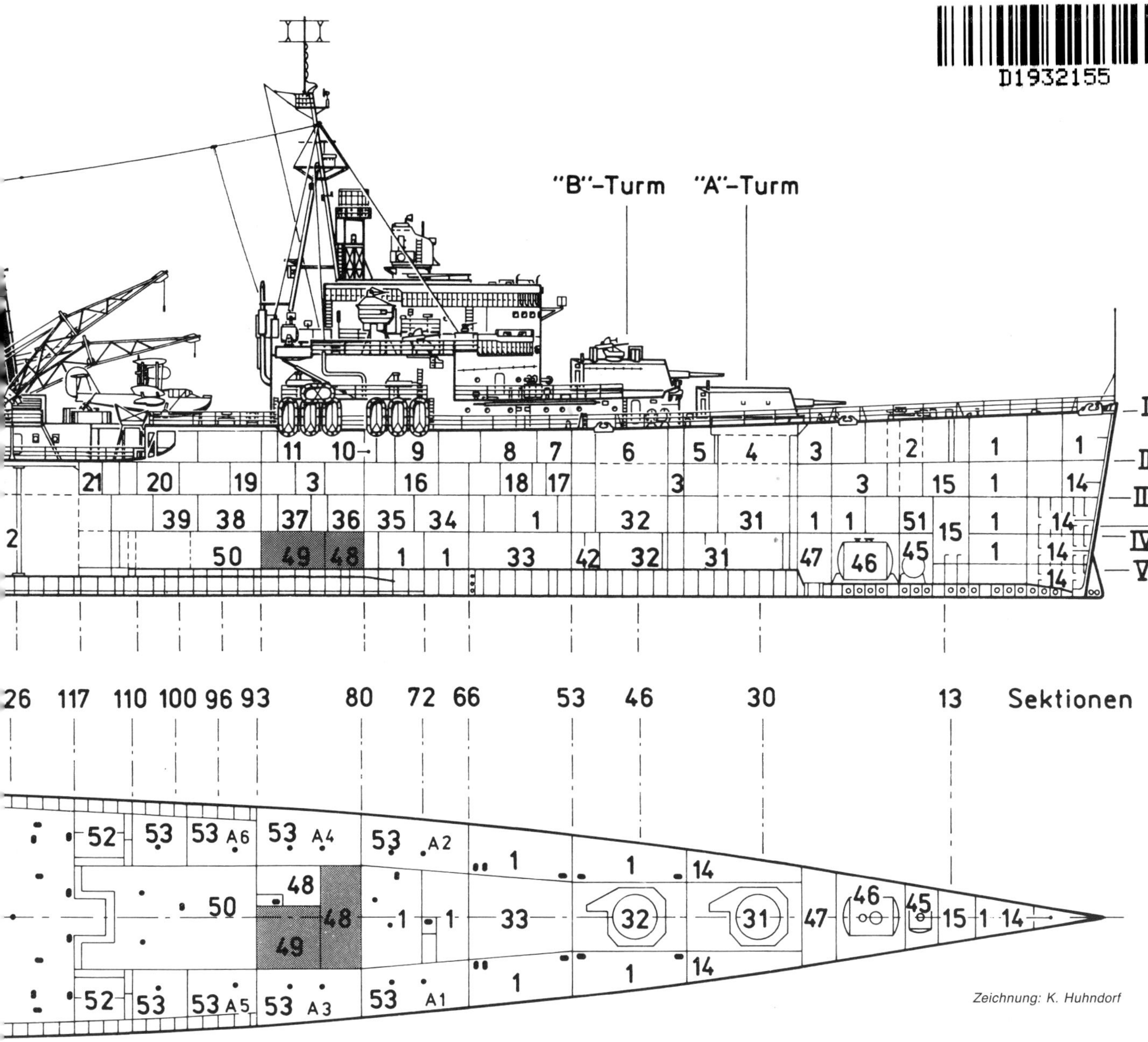

Zeichnung: K. Huhndorf

10 Kartoffelschälmaschine, 11 Matrosenkombüse, 12 Träger Turm »X«, 13 Träger Turm »Y«, 14 wasserdichte Abteilung, 15 Kettenkasten, 16 Maschinistenmesse, 17 Ordonnanzenwaschraum, 18 Ordonnanzenmesse, 19 Schadenskontrollzentrum, 20 Soldaten- und Matrosenmesse, 21 Gepäcklast, 22 Kesselraum »A«, 23 Nachrichtenzentrale, 24 Maschinenraum, 25 Kesselraum »B«, 26 Baderaum für Artilleristen, 27 Baderaum für Decksoffiziere, 28 Hilfssteuerungsanlage, 29 Speisekabine des Admirals, 30 Tageskabine des Admirals, 31 Munitionsabteilung für Turm »A«, 32 Munitionsabteilung für Turm »B«, 33 Munitionskammer für 10,2-cm-Geschütze und 2-cm-Maschinenwaffen, 34 2. Nachrichtenraum, 35 Kühlaggregate, 36 untere Steuerungsanlage, 37 1. Nachrichtenraum, 38 Generatorenraum, 39 Nachrichtenraum, 40 Munitionsabteilung für Turm »X«, 41 Munitionsabteilung für Turm »Y«, 42 Vorratslast des Zahlmeisters, 43 Weinlast für Offiziersmesse, 44 Steuerungsabteilung (Getriebe), 45 Treibstoffvorrat für Barkasse, 46 Treibstoffvorrat für Bordflugzeuge, 47 Asdic-Abteilung, 48 Munitionskammer, 49 Bombenmagazin (hier wurden die 5,5 t Gold eingelagert), 50 Munitionskammer, 51 Ölkontrollabteilung, 52 Frischwassertank, 53 Treibstofftank

I forecastle deck (Vorderdeck), II upper deck (Oberdeck), III lower deck (Niederdeck), IV platform deck (Plattformdeck), V hold (Raumdeck)

GÜNTER LANITZKI

KREUZER EDINBURGH

Der lateinische Wahlspruch
»Nisi Dominus frustra«
zum Wappen der schottischen Stadt Edinburgh
bezieht sich auf Psalm 127/1., welcher lautet
»Wo der Herr nicht
[das Haus baut, so arbeiten] umsonst,
[die daran bauen.] – Wo der Herr nicht
[die Stadt behütet, so wacht der Wächter] umsonst.«

GÜNTER LANITZKI

KREUZER EDINBURGH

GOLDTRESOR IM NORDMEER

KOEHLERS VERLAGSGESELLSCHAFT MBH · HERFORD

Abbildungsnachweis:
Viktor Gernhard, Pfaffenhofen (9)
Schiffswerft De Hoop, Lobith (1)
Imperial War Museum, London (10)
Günter Lanitzki, Berlin (7)
Museum der Stadt Murmansk, Murmansk (5)
Offshore Supply Association (OSA), Bremen (8)
Sammlung Autor (47)

Schutzumschlag:
Im Morgengrauen des 2. Mai 1942
greifen die deutschen Zerstörer *Z 24* und *Z 25*
die schwerbeschädigte *Edinburgh* an.
Z 25 erzielt einen Torpedotreffer auf dem Kreuzer.
Der Bildausschnitt aus einem Gemälde von Viktor Gernhard,
Pfaffenhofen, zeigt *Z 25* im Angriff auf den Kreuzer.

Die Deutsche Bibliothek – CIP-Einheitsaufnahme
Lanitzki, Günter:
Kreuzer *Edinburgh*: Goldtresor im Nordmeer / Günter Lanitzki.–
Herford: Koehler, 1991
ISBN 3-7822-0531-6

2., verbesserte und erweiterte Auflage
Die 1. Auflage erschien 1988 im transpress VEB Verlag
für Verkehrswesen, Berlin

Schutzumschlaggestaltung: Martina Billerbeck, Bielefeld, unter
Verwendung der o.g. Gemäldereproduktion
Produktion: Christine Detring und Heinz Kameier
Gesamtherstellung: Hans Kock Buch- und Offsetdruck GmbH, Bielefeld
Printed in Germany

Inhalt

»Wir haben nicht vergessen und werden nie vergessen,
wie hier — die hitlerfaschistische Blockade durchbrechend — Geleitzüge
der Alliierten mit Waffen und Ausrüstungen
für die Sowjetarmee an Bord einliefen.
Der Mut der sowjetischen, englischen und amerikanischen Matrosen,
die ihr Geleit sicherstellten,
war und bleibt ein eindrucksvolles Symbol der Zusammenarbeit
zwischen unseren Völkern während des Zweiten Weltkrieges.«

Michail Gorbatschow

(in seiner Rede am 1. Oktober 1987 zur Auszeichnung
der Heldenstadt Murmansk mit dem »Leninorden«)

Vorwort

Am 8. Oktober 1981 meldeten die internationalen Nachrichtenagenturen den erfolgreichen Abschluß einer spektakulären Bergung in der Barentssee: Taucher hatten aus dem während des letzten Weltkrieges versenkten britischen Kreuzer *Edinburgh* Gold im Wert von annähernd 170 Millionen Mark ans Tageslicht geholt. Diese Mitteilung war die Krönung einer Vielzahl von Berichten über jenes waghalsige Unternehmen, das vier Wochen lang fast täglich für Schlagzeilen gesorgt hatte. Damals bereitete ich gerade das inzwischen beim *VEB F. A. Brockhaus Verlag,* Leipzig, verlegte Buch »Schatztaucher« vor. Die sensationelle Goldbergung paßte hervorragend in meine konzeptionellen Überlegungen hinein, veranlaßte mich, weiterführende Informationen zu beschaffen. Bei meinen Recherchen in Murmansk, Leningrad und Moskau erhielt ich eine Fülle von sachdienlichen Hinweisen, die aus thematischen Gründen aber nicht alle für den »Schatztaucher«-Band genutzt werden konnten. Der Gedanke lag nahe, die letzten Stunden der *Edinburgh* in einem weiteren Buch ausführlich zu beschreiben. Zwei wesentliche Umstände bestärkten mich in meinem Entschluß:

1. Die im unmittelbaren Zusammenhang mit dem Untergang des britischen Kreuzers stehenden Ereignisse waren bisher in der Fachliteratur nur bruchstückhaft erwähnt worden.
2. Das in zahlreichen internationalen Veröffentlichungen unterschiedlich interpretierte Kriegsgeschehen in der Polarregion hatte nicht zuletzt mit dazu beigetragen, bei vielen Menschen widersprüchliche Vorstellungen vom Leben in der einstigen Frontstadt Murmansk entstehen zu lassen. Außerdem wurden die Aktivitäten der sowjetischen Nordflotte und der alliierte Geleitzugverkehr nach und von dem Norden der UdSSR unter meist unzureichenden Aspekten betrachtet.

Im Verlauf der Arbeiten am Manuskript ergaben sich inhaltliche Fragen, deren Beantwortung nach den mir vorliegenden Quellen nicht möglich war. Bei der Klärung technischer Einzelheiten bezüglich des Taucherbasisschiffes *Stephaniturm* erwies sich die Presseabteilung der *Offshore Supply Association Ltd.,* Bremen, als äußerst kooperativer Partner. Letzte Hinweise erhielt ich schließlich vor Ort, wofür Klaus Essner und seiner Mitarbeiterin besonders gedankt wird. Weiterhin stellte sich heraus, daß einige Akten der britischen Admiralität eingesehen werden mußten, um die Operationen der im April/Mai 1942 in der Barentssee eingesetzten Kriegsschiffe der Royal Navy richtig zuordnen zu können. Peter Nöldechen und Wolfgang Hauptmann halfen mir dabei, wofür ich ihnen zu großem Dank verpflichtet bin.

Für das vorliegende Buch habe ich vorwiegend Originaldokumente und Forschungsmaterialien ausgewertet sowie auf die Aussagen Beteiligter zurückgegriffen.

An dieser Stelle sei es gestattet, auf einige Besonderheiten hinzuweisen:

Die in den britischen Schriftstücken angeführten Maßeinheiten sind des besseren Verständnisses wegen durch deutsche ersetzt worden. Nach exakter Umrechnung ergaben sich aber mitunter solche Werte, die man in der Praxis nie verwendet hatte — sie wurden deshalb ein wenig einander angeglichen (z.B. Yard: Meter; Grad Fahrenheit: Grad Celsius; Meile: Seemeile).

Ferner benutzte die britische Kriegsmarine in ihren Berichten der Einfachheit halber vorwiegend Uhrzeiten der Zone »B«, also Westeuropäische Zeit plus zwei Stunden — auch dann, wenn sich die Schiffe bereits in den angrenzenden Zonen »A« oder »C« befanden (»C« betraf unter anderem den Kola-Fjord, wo die Uhren Moskauer Zeit anzeigen). Da Kirkenes zur»B«-Zone zählte, die dort stationiert gewesenen deutschen Einheiten nach der gleichen Zeiteinteilung wie die britischen operierten, entschied ich mich — insofern nicht anderweitig erwähnt — im historischen Buchabschnitt ebenfalls für diese Uhrzeiten. Beim Vergleichen der britischen Dokumente mit den deutschen traten Widersprüche zutage, die ich mit voller Absicht in dieses Buch übernommen habe. Sie zeigen recht deutlich, was man damals von seinem unmittelbaren Gegner wußte und was nicht — die Verhaltensweise einzelner Befehlshaber wird so erklärlich. Aber auch zwischen den Berichten der britischen Schiffskommandanten gab es inhaltliche Abweichungen. In derartigen Fällen stützte ich mich stets auf die Version, die sich die Londoner Admiralität zu eigen gemacht hatte bzw. die von ihr akzeptiert worden war. Daß mitunter Uhrzeiten bis zu fünf Minuten und nautische Positionen geringfügig voneinander abwichen, mag an der Datenübermittlung während der turbulenten Ereignisse gelegen haben — für die Darstellung des Geschehens spielten solche Ungenauigkeiten keine Rolle.

Den allgemein maritim interessierten Leser ersuche ich um Nachsicht wegen der ihm eventuell zu genauen Details wie Zeiten, Positionen oder Kurse. Er möge bitte berücksichtigen, daß ein beträchtlicher Teil dieser Fakten für viele Militärhistoriker interessant ist und sich das Buch auch an diesen Personenkreis wendet.

Es sei noch ausdrücklich darauf hingewiesen, daß das erste Kapitel *»Kriegsschauplatz Nordmeer 1941 bis 1942«* vorrangig die allseitige Entwicklung des alliierten Geleitzugverkehrs behandelt. Operationen deutscher, sowjetischer und britischer Kriegsschiffe, die damit nicht im direkten Zusammenhang standen, sind unberücksichtigt geblieben.

Ich danke allen, die mich bei meinen Recherchen für dieses Buch auf vielfältige Art unterstützt haben — sei es als Privatpersonen, als Mitarbeiter eines Archivs, Museums, Instituts für Zeitgeschichte oder Schiffahrtsbetriebes. Besonders gilt dies für Heinsass Albers, Leonid L. Bogdanow, Dr. Fraser Cameron, Dr. Meryl R. Foster, Boris Gnetev, Heinz Haussner, Prof. Aleksej Aleksejewitsch Kiselow, Kalina Nikolajewitsch Konwalow, Olga Korshawina, Dr. Hansjoseph Maierhöfer, Aleksander Aleksejewitsch Nikonow, Iwan Dmitrijewitsch Papanin, Wladimir Aleksandrowitsch Poshidaew, Wjatscheslaw Iwanowitsch Scherbakow, Dr. Gerhard Ueberschär und Klaus Wartmann.

Außerordentlichen Dank bin ich meinem Freund Peter Nöldechen schuldig. Ohne seine uneigennützige und tatkräftige Hilfe wäre dieses Buch nicht das geworden, was es jetzt ist — ein Tatsachenbericht über das Schicksal des britischen Kreuzers *Edinburgh*.

Günter Lanitzki

Kriegsschauplatz Nordmeer 1941 bis 1942

In den frühen Morgenstunden des 22. Juni 1941 überfielen Truppenverbände Hitler-Deutschlands ohne Kriegserklärung die Sowjetunion, begann die langfristig geplante militärische Aggression gegen die UdSSR. Dem Plan *Barbarossa,* wie der verbrecherische Angriff genannt worden war, lag die Idee der Blitzkriegsstrategie zugrunde. Innerhalb weniger Wochen sollte die Linie Archangelsk - Wolga - Astrachan erreicht und die Sowjetunion nach Verlust des größten Teiles ihres europäischen Territoriums und Zerschlagung ihrer Streitkräfte vernichtet werden. Auf diese Weise wollte die deutsche Wehrmacht ihr erklärtes Ziel, die Liquidierung des ersten sozialistischen Staates, die Verwandlung der UdSSR in ein Kolonialreich, verbunden mit Terror, Raub und Massenmord an Millionen Sowjetbürgern, erreichen.[1] Der Planung des deutschen Generalstabes zufolge sollte das angreifende Heer auch die Stützpunkte der Baltischen-, der Schwarzmeer- und der Nordflotte einnehmen, somit das Gros der sowjetischen Seestreitkräfte für die weitere Kriegsführung ausschalten. Gemäß OKW-Weisung Nr. 21 vom 18.12.1940 — »Der Schwerpunkt des Einsatzes der Kriegsmarine bleibt auch während eines Ostfeldzuges eindeutig gegen England gerichtet« — stellte die Kriegsmarine für Operationen im Hohen Norden anfangs nur einige U-Boote und leichte Überwassereinheiten bereit. Für diese Kräfte galt es vor allem, die besetzten Küsten und die Seeverbindungen zu kontrollieren sowie im Rahmen der Möglichkeiten das Heer an der Küste zu unterstützen.

So kam es, daß im Juni 1941 nur schwache deutsche Marinekräfte jenseits des Polarkreises im besetzten Norwegen anzutreffen waren: vier zu Vorpostenbooten umgerüstete Fischereifahrzeuge, vier Räumboote, zwei als U-Boot-Jäger dienende ehemalige Walfänger, ein Fischdampfer als U-Boot-Falle, je ein Minensuch- und Minenräumhilfsschiff, zwei Geleitfahrzeuge und ein Lazarettschiff — alles Einheiten für die Sicherung des Küstenvorfeldes bzw. für den Geleitschutz von Handelsschiffen[2]. Schließlich erfolgte z.B. der größte Teil des Wehrmachtsnachschubs für Norwegen über See, lief die Erzschiffahrt aus Kirkenes und aus Narvik sowie der Transport von Nickel, Kupfer und Aluminium aus Petsamo entlang der norwegischen Küste nach Deutschland — all dies erforderte Sicherungsaufgaben, für die die zur Verfügung stehenden Kräfte kaum ausreichten.

Bei Beginn der Kampfhandlungen gegen die UdSSR ahnte wohl kaum einer der dort dienenden Marineangehörigen, daß sich die Lage bald zu ungunsten Hitler-Deutschlands ändern würde. Die meisten Männer in Uniform waren der Propaganda ihrer Führung ins Netz gegangen, die lauthals verkündet hatte, daß bis Winterbeginn der *Ostfeldzug* in bewährter Blitzkriegsmanier siegreich beendet, Großbritannien isoliert, der Weg für die *Neuordnung Europas* und damit für die Erlangung der Weltherrschaft frei sein würde. Sie wurden in ihrer Illusion von einem schnellen Sieg obendrein noch durch das in den letzten Wochen beträchtlich angewachsene Streitkräfteaufgebot im Hohen Norden bestärkt. Ein kriegserfahrenes deutsches Gebirgsjägerkorps hatte über Nordfinnland zum Angriff auf Murmansk angesetzt. Deutsche Bombenflugzeuge verließen bis zu zwanzigmal täglich die Rollbahnen in Kirkenes und Luostari, um schon wenige Flugminuten später ihre verderbenbringende Last über dem grenznahen Raum oder dem Kola-Fjord auszuklinken.[3] Diesen häufigen Luftangriffen

---

[1] Im Juni 1941 standen auf finnischem Territorium zum Angriff auf die Sowjetunion bereit:
- die deutsche *Armee Norwegen* — bestehend aus dem XXXVI. Armeekorps und dem Gebirgsjägerkorps Norwegen (Letzteres setzte sich aus einer Infanteriedivision, einer motorisierten Infanteriedivision und zwei Gebirgsjägerdivisionen zusammen.),
- die finnische *Süd-Ost-Armee* und die finnische *Karelische Armee* (insgesamt 16 Infanteriedivisionen, eine Kavalleriebrigade und zwei Jägerbrigaden),
- a) Teile der deutschen Luftflotte 5 (etwa 190 Maschinen),
  b) die finnische Luftwaffe mit 307 Flugzeugen.

[2] Die in Petsamo stationierte finnische Seeabteilung wurde noch Ende Juni 1941 der deutschen Seekriegsleitung unterstellt. Dadurch vergrößerte sich ihr Kriegsschiffspotential im nördlichen Polargebiet um ein Küstenwachschiff, zwei bewaffnete Dampfer, um einen Minenleger (einstiger Trawler) und mehrere schnelle Motorboote.

[3] Dem *Fliegerführer Kirkenes* unterstanden zum Zeitpunkt des Überfalls auf die UdSSR: 1 Bomber-, 1 Jagd- und 1 Nahaufklärungsstaffel sowie 1 Kette Fernaufklärer und 3 Gruppen Stukas, ferner ein Schwarm Zerstörer und 1 Transportgruppe. Die anderen, nördlich des Polarkreises in Norwegen liegenden deutschen Flugbasen, wie Banak, Berievög, Svartnes, Kautokeino, Bardufoss und Elvenes, spielten in der Anfangsphase des Krieges gegen die UdSSR im *Angriffsraum Murmansk* eine untergeordnete Rolle. Die von diesen Flugplätzen startenden Maschinen hatten entweder andere Ziele zu bekämpfen oder Seeaufklärungs- und Versorgungsflüge durchzuführen.

27. Juni 1941:
Der erste sowjetische Luftangriff auf Kirkenes. Volltreffer auf eine Baracke, die deutschen Soldaten als Unterkunft diente

nach zu urteilen, müßten die wenigen sowjetischen Verteidigungsanlagen überwiegend zerstört, die Straßenzeilen von Murmansk ausgelöscht und die Moral der dem ständigen Bombenhagel ausgesetzten Menschen auf den Nullpunkt gesunken sein — die Gebirgsjäger würden im Nu Murmansk erreicht und erobert haben ...

So wie im Murmansker Raum (ab 22. Juni 1941) belegte die deutsche Luftwaffe in den westlichen Grenzgebieten der UdSSR überraschend alle sowjetischen Flugplätze mit Bomben, um bei dem bevorstehenden Angriff des Heeres die absolute Luftüberlegenheit zu besitzen. Während im Süd- und Mittelabschnitt deutsche Truppen unter Anwendung ihrer *Blitzkriegserfahrungen* weiträumig vordrangen, nahm das Kampfgeschehen im Hohen Norden einen ganz anderen Verlauf, als von Hitlers Generalstab vorgesehen. Der deutschen Führung war die strategische Bedeutung des Murmansker Gebietes bewußt. Nach dem Plan *Barbarossa* sollte das Heer den Westteil der Region jenseits des Polarkreises erobern, Murmansk und Archangelsk besetzen, der sowjetischen Kriegs-, Handels- und Eisbrecherflotte somit ihre nördlichen Hauptstützpunkte nehmen und dadurch den eigenen See- und Luftstreitkräften die uneingeschränkte Herrschaft in der Barentssee, im Weißen Meer und im Westabschnitt des Nördlichen Seeweges sichern. Der detaillierte Angriffsplan fußte auf dem zwischen Deutschland und Finnland am 22. Mai 1941 geschlossenen Geheimabkommen über die Koordinierung der gegen die UdSSR gerichteten Kampfhandlungen (Finnland erklärte der Sowjetunion am 26. Juni 1941 den Krieg). Finnland stellte u.a. seine Flottenstützpunkte und Flugplätze der deutschen Kriegsmarine und Luftwaffe sowie seinen nördlichen Landesteil der Wehrmacht als Aufmarschgebiet zur Verfügung. So kam es, daß das deutsche XIX. Gebirgsjägerkorps (damals noch Gebirgsjägerkorps Norwegen) unter dem General Eduard Dietl am 22. Juni die norwegisch-finnische Grenze überschritt und nur den schmalen, zu Finnland gehörenden Landstreifen des Petsamo-Gebietes mit den wichtigen Nickelbergwerken von Kolosjoki besetzte. Von hier aus traten die Truppen des Generals Dietl am 29. Juni in Richtung Murmansk zum Angriff an, um zuerst die Kirow-Eisenbahnlinie (von deutscher Seite als Murman-Bahn bezeichnet) zu unterbrechen und anschließend den strategisch wichtigen Kola-Fjord mit Murmansk und Poljarny zu erobern. Weiter südlich sollte das deutsche XXXVI. Korps — verstärkt durch die 6. Finnische Division — den Hauptschlag von Salla nach Kandalakscha führen, um dadurch die Halbinsel Kola abzu-

schneiden (30 Kilometer hinter Alakurtti wurde der Angriff von der Roten Armee gestoppt, Kandalakscha wurde nie erreicht).
Doch trotz deutlicher Überlegenheit an Fliegerkräften sowie an Truppen und Bewaffnung des Heeres kamen die Angriffsspitzen des Gebirgsjägerkorps in dem schwer passierbaren, zerklüfteten und morastigen Gelände nur mühsam voran. Auch auf den wenigen Straßen oder Wegen war an einen zügigen Vormarsch nicht zu denken, da hier die Rote Armee erbitterten Widerstand leistete. Als die Truppen der Gebirgsjäger an der Westlichen Liza standen, ließ General Dietl wegen der erlittenen hohen Verluste an Menschen und Material seine erste Offensive vorfristig stoppen. Die Frontlinie verlief nun von der Motowskibucht bis zu dem 80 Kilometer südlich beginnenden großen Sumpfgebiet und verlor sich dort in den Weiten Kareliens. Trotz erneuter intensiver Anstrengungen gelang es den deutschen und finnischen Verbänden nicht, den Frontverlauf wesentlich zu verändern. Die Gebirgsjägereinheiten legten schließlich mehrere Verteidigungsstreifen an, die aus gut befestigten Stützpunkten bestanden — man hatte sowohl den Kampfgeist der sowjetischen Soldaten beträchtlich

In Poljarny, der Hauptbasis der sowjetischen Nordflotte

Ende Juni 1941: Einheiten der sowjetischen Nordflotte vor der Halbinsel Rybatschi

unterschätzt, als auch die Schwierigkeiten des Terrains ungenügend berücksichtigt.
Über welche Streitkräfte verfügte damals die Sowjetunion im Hohen Norden? Die für dieses Territorium zuständige 14. Armee des Leningrader Militärbezirkes hatte ihre Truppen in drei Hauptrichtungen entfaltet: 1. Murmansk, 2. Louchi und 3. Kandalakscha. Hier sollen jedoch nur die Truppenteile der Hauptrichtung Murmansk Erwähnung finden. Da wären zunächst die von zwei Maschinengewehrbataillonen, einem Artillerie- und einem Schützenregiment zu verteidigenden Halbinseln Rybatschi und Sredni, dann je ein Schützenregiment zur Sicherung der Titowka-Mündung und der Nordküste der Halbinsel Kola, und endlich eine Schützendivision zum Schutz der Eisenbahnstrecke Murmansk - Montschegorsk. Die zur 14. Armee gehörenden 142 Kampfflugzeuge waren auf alle drei Hauptabschnitte aufgeteilt, so daß im Sektor Murmansk nur etwa 50 Maschinen zur Verfügung standen.
Außerdem befand sich in Poljarny am Kola-Fjord die Hauptbasis der Nordflotte, die mit acht Zerstörern, zwei Torpedobooten, sieben Küstenwachschiffen, einem Minenleger, zwei Minensuchbooten, fünfzehn U-Boot-Jägern, fünfzehn U-Booten, einigen Schnellbooten und Hilfsschiffen sowie 116 Marineflugzeugen verschiedenartiger Typen in der Barentssee, dem Weißen Meer und auf dem Westteil des Nördlichen Seeweges entlang der sibirischen Küste operieren mußte.
Als die deutschen Truppen an der finnisch-sowjetischen Grenze haltgemacht hatten, wollte in Murmansk anfangs niemand mehr so recht die Möglichkeit eines direkten feindlichen Vorstoßes in Betracht ziehen. Allgemein wurde eher vermutet, die Halbinsel Kola sollte abgeschnitten und Murmansk bombardiert, das Gebiet so durch Blockade zur Übergabe gezwungen werden. Aus diesen Erwägungen heraus resultierten die ersten Gegenmaßnahmen: Evakuierung von Frauen und Kindern, Demontage von Hafen- und Fabrikeinrichtungen sowie deren Abtransport, Verstärkung der Luftabwehr und der Bau von Schutzbunkern, Umrüstung vieler Schiffe und Boote zu Hilfsfahrzeugen der sowjetischen Nordflotte und Sicherung des Seeweges nach Archangelsk.
Am 29. Juni änderte sich schlagartig die Lage. An diesem Tag trat der Feind mit der 2. Gebirgsjägerdivision aus dem Raum Petsamo und mit der 3. Gebirgsjägerdivision aus dem Raum Luostari heraus zum Angriff auf Murmansk an. Damit wurden die Absichten der deutschen Heeresführung deutlich erkennbar, konnte entsprechend reagiert werden.
Schon 24 Stunden später tauchten Überwassereinheiten der sowjetischen Nordflotte am Flaschenhals der Halbinsel Rybatschi auf und landeten dort Marineinfanterie zur Unterstützung der eigenen Landstreitkräfte an, griffen mit Artillerie in die Gefechte ein. Damit begann der eigentliche Kampf in der Barentssee.

Im Anfangsstadium jener neuen Etappe des zweiten Weltkrieges fielen drei politische Entscheidungen. Sie sollten für die Bildung der Anti-Hitler-Koalition und somit für den weiteren Kriegsverlauf von großer Bedeutung sein.
Am 22. Juni 1941 um 21.00 Uhr verkündete Großbritanniens Premierminister Winston Churchill in einer Rundfunkansprache:

»... da die Invasion Hitlers in Rußland nur das Vorspiel für den Versuch einer Invasion der britischen Inseln ist, wird Großbritannien Rußland und dem russischen Volk jedmögliche Hilfe gewähren, die wir gewähren können ...«

Die Haltung Großbritanniens in dieser Frage war jedoch widersprüchlich und nicht so eindeutig, wie es nach den Worten Churchills zu vermuten gewesen wäre. Dies geht u.a. aus Äußerungen von I.M. Maiski, dem damaligen Botschafter der UdSSR in Großbritannien, hervor:

»Rußland war als Verbündeter gegen Deutschland notwendig; gleichzeitig war Rußland gefährlich, denn ginge es sehr gestärkt aus dem Kriege hervor, so könnte es das Britische Empire in eine schwierige Lage bringen — nicht als Eroberer seiner Gebiete, sondern als mächtiger moralisch-politischer Faktor, der seine innere Zersetzung förderte. Churchill wünschte nicht die Niederlage der UdSSR herbei, denn in diesem Falle würde das siegreiche Deutschland mit verdoppelter Kraft über England herfallen und die Britischen Inseln aller Wahrscheinlichkeit nach letztlich okkupieren. Doch ebensowenig wünschte Churchill die völlige Zerschlagung Deutschlands, denn in diesem Falle würde die UdSSR zu mächtig werden, und der von ihr ausgehende Einfluß würde die kolonialen Grundpfeiler des Britischen Empire bedrohen und in der Welt überhaupt starke antikapitalistische Erschütterungen auslösen. Vom Standpunkt Churchills aus wäre es ideal, wenn sowohl Deutschland als auch die UdSSR aus dem Kriege stark mitgenommen, ausgeblutet hervorgingen ... Daraus entsprang natürlich das Bestreben, bei den eigenen Anstrengungen für den Sieg ein Höchstmaß an Zurückhaltung zu zeigen und, umgekehrt, der Sowjetunion ein Höchstmaß an Anstrengungen, Leiden und Opfern, die zur Erreichung dieses Zieles erforderlich wurden, aufzubürden.« [2, S. 187/188]

Zwei Tage später erklärte auch Franklin Delano Roosevelt, Präsident der Vereinigten Staaten von Amerika, zunächst verbal die Bereitschaft seiner Regierung, der UdSSR zu helfen.
Die Sowjetregierung hatte von den ersten Tagen des *Großen Vaterländischen Krieges* an ihre außenpolitische Aktivität darauf gerichtet, mit den kapitalistischen Staaten, die ebenfalls von den deutschen Aggressoren bedroht wurden, insbesondere aber mit Großbritannien und den USA, ein Bündnis über das gemeinsame Vorgehen gegen die Aggressoren herzustellen. Dieses Bemühen der UdSSR wurde jedoch durch einflußreiche reaktionäre und antisowjetische Kräfte in Großbritannien und den USA erschwert und z.T. hintertrieben. Eingedenk dieser Politik sowie der Erklärungen Churchills und Roosevelts wandte sich am 3. Juli 1941, früh um 06.30 Uhr, der Vorsitzende des Staatlichen Verteidigungskomitees der UdSSR[4], Josef Wissarionowitsch Stalin, über den Rundfunk an das sowjetische Volk:

» ... unser Krieg für die Freiheit unseres Vaterlandes wird verschmelzen mit dem Kampf der Völker Europas und Amerikas für ihre Unabhängigkeit, für die demokratischen Freiheiten. Das wird die Einheitsfront der Völker sein, die für die Freiheit, gegen die Versklavung und die drohende Unterjochung durch die faschistischen Armeen Hitlers eintreten. Durchaus begreiflich und bezeichnend ist in diesem Zusammenhang die historische Rede des Herrn Churchill, des Premierministers Großbritanniens, über die Hilfe für die Sowjetunion sowie die Deklaration der Regierung der Vereinigten Staaten von Amerika und ihre Bereitschaft, unserem Lande Hilfe zu erweisen — Erklärungen, die in den Herzen der Völker der Sowjetunion nur das Gefühl der Dankbarkeit hervorrufen können ...«

Ein erster Erfolg in dieser Richtung war die am 12. Juli 1941 erzielte »Übereinkunft zwischen den Regierungen der UdSSR und Großbritanniens über gemeinsames Vorgehen im Kriege gegen Deutschland«, die den Grundstein für die Bildung der Anti-Hitler-Koalition darstellte. Diese Vereinbarung wurde später durch detaillierte politische und militärische Abkommen ergänzt.
So wurde in der Folgezeit unter anderem auch Einigkeit über Lebensmittel-, Rohstoff- und Waffenlieferungen[5], über die direkte gegenseitige militärische Unterstützung und über die Einrichtung von Militärmissionen erzielt.[6]
Erst am 30. Oktober 1941 erfolgte die amerikanische Erklärung über die Einbeziehung der UdSSR in das *Pacht- und Leihgesetz* (Lend-Lease-Act).
Einer der Verbindungswege für die Gütertransporte aus den USA und von Großbritannien nach der Sowjetunion oder in umgekehrter Richtung verlief über das Europäische Nordmeer. Bevor jedoch der erste alliierte Ver-

---

4 Am 30. Juni 1941 war durch gemeinsamen Beschluß des *ZK der KPdSU(B)*, des *Präsidiums des Obersten Sowjets* und *des Rates der Volkskommissare* der UdSSR das *Staatliche Verteidigungskomitee* gebildet worden, in dessen Händen sich die gesamte militärische, wirtschaftliche und politische Führung konzentrierte.

5 Amerikanische und britische Lieferungen in die UdSSR erfolgten in der ersten Zeit ausschließlich gegen Barzahlung oder gegen Verrechnung sowjetischer Güter. Das *Leih- und Pachtgesetz* wurde erst am 7. November 1941 durch Präsident Roosevelt auf die Sowjetunion ausgedehnt. Das *Leih- und Pachtgesetz* (Lend-Lease-Act) vom März 1941 ermächtigte den Präsidenten der Vereinigten Staaten von Amerika, bedrohte Staaten mit Kriegsmaterial, Versorgungsgütern und Dienstleistungen nach eigenem Ermessen zu unterstützen. Die Lieferungen gingen leihweise in die Verfügung des betreffenden Staates über, mußten nach dem Krieg zurückgegeben bzw. bezahlt werden. Um einer politischen und ökonomischen Abhängigkeit gegenüber den USA vorzubeugen, hielt die UdSSR die in diesem Zusammenhang anfallenden Kosten so gering wie möglich. Dies geschah, indem sie den westlichen Alliierten wichtige Rohstoffe und Halbfertigerzeugnisse (zum Beispiel Teer, Chrom, Holz, Natrium, Magnesium, Pelzwerk) zur Verfügung stellte, die Versorgung, Reparatur und Bevorratung alliierter Fracht- und Kriegsschiffe, britischer und amerikanischer Fliegerkräfte sowie der Militärmissionen übernahm und letztendlich viele Waren sofort mit Gold bezahlte.

6 *Auszug aus einer persönlichen Botschaft von Churchill an Stalin (eingegangen in Moskau am 8. Juli 1941):*
»Wir freuen uns hier alle sehr, daß die russischen Armeen dem durch nichts provozierten unbarmherzigen Überfall der Nazis einen so energischen und tapferen Widerstand entgegensetzen. Die Tapferkeit und Hartnäckigkeit der sowjetischen Soldaten und des Sowjetvolkes werden allgemein bewundert. Wir werden alles tun, um Ihnen zu helfen, soweit das Zeit, geographische Bedingungen und unsere wachsenden Ressourcen erlauben ...
Außerdem bereitet die Admiralität auf meinen Wunsch für die allernächste Zeit in der Arktis eine bedeutende Operation vor, die, wie ich hoffe, Kontakt zwischen den britischen und russischen Seestreitkräften herstellen wird. Inzwischen haben wir bei Unternehmungen längs der norwegischen Küste verschiedene Transportschiffe abgefangen, die sich in Richtung Norden gegen Ihr Land bewegten.
Wir begrüßen das Eintreffen der russischen Militärmission, die den Auftrag hat, die künftigen Pläne zu koordinieren. Wir müssen weiterhin alle Kräfte einsetzen, um den Übeltätern das Lebenslicht auszublasen.« [1, Nr. 1]

Auszug aus einem Brief an Stalin (eingegangen in Moskau am 15. August 1941):
»... Jetzt arbeiten wir gemeinsam daran, Sie mit der größtmöglichen Menge an Materialien zu versorgen, die Sie am dringendsten benötigen. Viele Schiffsladungen haben schon unsere Küsten verlassen, und weitere werden in allernächster Zeit folgen ... Wir wissen genau, wie überaus wichtig der tapfere und unerschütterliche Widerstand der Sowjetunion für die Niederlage des Hitlerfaschismus ist ...
Franklin D. Roosevelt
Winston S. Churchill« [1, Nr. 8]

Marinefliegerkräfte unterstützten die Landeunternehmen der sowjetischen Nordflotte. Geschwaderkommandant Hauptmann P.G. Sgibnew (links) erhält seinen Einsatzbefehl.

Einheiten der sowjetischen Nordflotte mit Kurs auf den Meerbusen Sapadnaja Liza

Deutsche Zerstörerflottille an der Polarküste (vor Narvik)

suchskonvoi *Dervish*[7] Ende August 1941 in das Weiße Meer einlief, hatte die militärische Konfrontation in der Barentssee zugenommen:

1. Die sowjetische Nordflotte führte ab Anfang Juli 1941 einige Landeunternehmen in der Flanke der durch finnische Kampftruppen verstärkten Gebirgsjägerverbände durch und zwang den Gegner mehrmals zur Umgruppierung seiner Kräfte und somit zur Unterbrechung der ostwärts vorgetragenen Angriffe.
2. Die deutsche Kriegsmarine verlegte etwa ein Drittel ihrer Zerstörer, die 6. Zerstörerflottille mit *Z 4, Z 7, Z 10, Z 16* und *Z 20*,[8] nach Kirkenes und entsandte zwei U-Boote (*U 81* und *U 652*) nach Nordnorwegen. Man ließ diese Einheiten abseits des Kampfgeschehens an der Landfront gegen sowjetische Flottenkräfte und Seeverbindungen operieren. Nennenswerte Erfolge wurden dabei nicht erzielt.

7 Auszüge aus dem Briefwechsel Stalin/Churchill im Zusammenhang mit dem Versuchskonvoi *Dervish*

Persönliche Botschaft von Herrn Churchill an Herrn Stalin (eingegangen in Moskau am 26. Juli 1941):
»Ich freue mich, Ihnen mitteilen zu können, daß das Kriegskabinett einstimmig beschlossen hat, sobald als möglich 200 ›Tomahawk‹-Jagdflugzeuge nach Rußland zu schicken, obwohl dadurch unsere Bestände an Jägern bedeutend verringert werden. 140 dieser Flugzeuge werden von hier aus nach Archangelsk geschickt, 60 kommen aus dem Bestand der von uns in den Vereinigten Staaten von Amerika bestellten Flugzeuge ...« [1, Nr.5]

Persönliche Botschaft vom Premierminister an Herrn Stalin (eingegangen in Moskau am 30. August 1941):
»Ich habe nach irgendeinem Weg gesucht, um Ihrem Land in seinem großartigen Widerstand noch vor der Verwirklichung der auf eine längere Periode berechneten Maßnahmen zu helfen, die wir gegenwärtig mit den Vereinigten Staaten von Amerika erörtern und die Gegenstand der Moskauer Konferenz sein werden ... Wir beschleunigen die Absendung der 200 ›Tomahawks‹, von denen ich in meinem letzten Telegramm gesprochen habe. Unsere beiden aus 40 ›Hurricanes‹ bestehenden Fliegerstaffeln müßten ungefähr am 6. September in Murmansk eintreffen ... Nichtsdestoweniger könnte ich noch 200 ›Hurricanes‹ — also alles in allem 440 Jagdflugzeuge — schicken ...« [1, Nr. 9]

Persönliche Botschaft von Premier Stalin an den Premier, Herrn Churchill (abgesandt in Moskau am 3. September 1941):
»Ich danke Ihnen für das Versprechen, der Sowjetunion außer den bereits zugesagten 200 Jagdflugzeugen weitere 200 Jäger zu verkaufen. Ich zweifle nicht daran, daß es den sowjetischen Fliegern gelingen wird, sich mit ihnen vertraut zu machen und sie im Kampf einzusetzen ...« [1, Nr. 10]

8 Von 1934 bis Anfang Juli 1941 sind für die deutsche Kriegsmarine 28 Zerstörer in Dienst gestellt, davon jedoch 12 versenkt worden. Die restlichen Schiffe befanden sich zu diesem Zeitpunkt entweder im Einsatzbereich Frankreich oder in deutschen Werften zur Überholung. Mit der Verlegung der fünf Einheiten nach Norden — immerhin ein Drittel des Bestandes — trat eine nicht unwesentliche Kräfteverschiebung des leichten deutschen Überwasserpotentials ein, zumal im September 1941 weitere drei Zerstörer für den Einsatz in der Ostsee aus dem Westraum abgezogen werden sollten.

3. Die deutsche Luftwaffe erhielt jenseits des Polarkreises weitere Maschinen, so daß sich im Juli dort bereits 164 Jäger und Bomber befanden (gegenüber 120 Radflugzeugen verschiedener Typen im Vormonat). Die Piloten suchten bei ihren Angriffen auch über der Barentssee und dem Kola-Fjord nach Zielen und versenkten am 20. Juli den sowjetischen Zerstörer *Stremitelny*.
4. Die Royal Navy unternahm Ende Juli mit einem größeren Verband, zu dem die Flugzeugträger *Victorious* und *Furious* gehörten, einen Vorstoß ins Nordmeer. 38 »Albacore«-Torpedoflugzeuge griffen von hier aus unter Jagdschutz Kirkenes und Petsamo an.

Angesichts der bedrohlichen Situation im Murmansker Frontabschnitt entschloß sich der Befehlshaber der Nordflotte, Vizeadmiral Arseni Grigorjewitsch Golowko, seine Kräfte zu dezentralisieren. Während das Gros der Kriegsschiffe für den unmittelbaren Fronteinsatz in Poljarny verblieb, operierte ab 15. August die neugebildete Weißmeerflottille von Archangelsk aus. Diese sicherte vor allem auf dem Nördlichen Seeweg den Schiffsverkehr in der Westarktis. Ihr standen überwiegend zu U-Jagd- oder Geleitschiffen umgerüstete Trawler zur Verfügung. Der Weißmeerflottille gliederte man aber auch die aus den Schiffen *Stalin, Lenin, Krassin, Sedow, Sadko* und *Sibirjakow* bestehende Eisbrecherabteilung (sie bestand nur im Winter 1941/42) und die aus kleineren Fahrzeugen[9] zusammengesetzte Nördliche Abteilung an.

Admiral Golowko (rechts) im Gespräch mit dem gerade vom Fronteinsatz zurückgekehrten U-Boot-Kommandanten F.A. Widjaew

Dem deutschen Oberkommando war klar, welch bedeutsame Rolle die Eisbrecher für den sowjetischen Nachschubverkehr in der Arktis spielten. Es forderte deshalb von der Luftwaffe, die Schiffe bereits in der Anfangsphase des *Barbarossa-Unternehmens* zu vernichten. Diese Forderung sollte ein Wunsch bleiben, denn obwohl zum Beispiel die beiden im Kola-Fjord versteckt liegenden Eisbrecher *Stalin* und *Lenin* im Juni und Juli mehrmals von der Luftaufklärung erfaßt worden waren, blieben alle daraufhin angesetzten Bombenangriffe ohne Erfolg. Das deshalb, weil die Schiffe stets nach dem Abflug der Aufklärungsmaschinen in einen anderen Fjordabschnitt verlegten. Erst in den Morgenstunden des 16. August 1941 lichteten beide Eisbrecher im Schutze dichten Nebels die Anker und liefen ohne Berührung mit dem Gegner nach Archangelsk, um von hier aus künftig Frachtern den Weg durchs Eis zu bahnen. Alle übrigen Eisbrecher blieben ebenfalls von den Bomben der Deutschen verschont ...

Die Sicherung der stark befahrenen Seeverbindungen erwies sich für die Weißmeerflottille als recht kompliziert: Meistens nur langsam laufende und schwach bewaffnete Minensuch- und Küstenwachboote vom Trawlertyp mußten Schiffe mit unterschiedlicher Wasserverdrängung, Geschwindigkeit und Manövriereigenschaft im Konvoi begleiten. Dieser Umstand erschöpfte schnell die Betriebsstunden der kleinen Geleitfahrzeuge, setzte die Umlaufzeit der Kampfschiffe herab.

Wegen der insgesamt recht komplizierten militärischen Lage im Polargebiet hielt sowohl die britische als auch die sowjetische Seite den vorgesehenen Güteraustausch über das Nordmeer für äußerst gefahrvoll. Fest stand: Die im Norden stationierten sowjetischen Flotten- und Fliegerkräfte konnten entsprechend ihrer mannigfaltigen Aufgaben alliierte Konvois in der Barentssee und im Weißen Meer nicht in ausreichendem Maße sichern.

9 Hierzu gehörten zum Beispiel die Eisbrecher-Frachter *Litke* und *Deshnow* als Küstenwachschiffe (SKR-18 und SKR-19) oder die Schoner des Hydrographischen Dienstes der Hauptverwaltung Nördlicher Seeweg *Zirkul, Poljarnik* und *Papanin* als Vorpostenboote.

Die Nordflotte und auch die Murmansker Jagdfliegerverbände mußten verstärkt werden. Doch wie sollte das erfolgen? Mit eigenen Mitteln war dies kaum zu realisieren. Das *Staatliche Verteidigungskomitee der UdSSR* entsandte deshalb General Golikow am 8. Juli 1941 in geheimer Mission nach London. Er sollte den Plan des britischen Verbündeten von einer direkten militärischen Präsenz in der Polarregion, d.h. der Entsendung von Luft- und Seestreitkräften dorthin, präzisieren helfen. Im Ergebnis dieser Gespräche fiel die Entscheidung, sich an Ort und Stelle über die Situation zu informieren. Kurze Zeit später landete deshalb Rear-Admiral Philip Vian als Beauftragter der Admiralität, begleitet von Rear-Admiral Miles, mit einem *Catalania*-Flugboot in Archangelsk. Eine sowjetische Maschine brachte ihn umgehend nach Moskau, wo er mit Admiral Nikolai Gerassimowitsch, dem Volkskommissar für die Seekriegsflotte, die Möglichkeiten einer zeitweiligen Stationierung britischer Flottenverbände in Poljarny erörterte. Nach einem abschließenden Besuch in Murmansk faßte Vian — der dort nicht nur die Mitternachtssonne, sondern auch die verheerenden deutschen Luftangriffe kennengelernt hatte — vor der britischen Admiralität seine Meinung in dem charakteristischen Satz zusammen:

»Einheiten der Royal Navy in den Kola-Fjord zu beordern, hieße für diese Schiffe nichts anderes, als ihren Untergang zu beschließen!«

Großbritanniens Stabschefs setzten sich in ihrer Obstruktionshaltung gegenüber Churchill, der die Entsendung von 200 Flugzeugen und eines starken Flottenverbandes gefordert hatte, mit einer Minimallösung durch: Sie schickten zur Verstärkung der sowjetischen Jagdfliegerkräfte erstens zwei »Hurricane«-Staffeln nach Murmansk — eine gelangte direkt vom Flugzeugträger *Argus* aus ans Ziel, die andere mit dem Konvoi *Dervish* über Archangelsk —, zweitens mit dem Minenkreuzer *Adventure* eine Ladung Minen und drittens die beiden U-Boote *Tigris* und *Trident* nach Poljarny. Außerdem fanden zuvor neben dem bereits erwähnten Überraschungsangriff von Flugzeugträgern gegen Kirkenes und Petsamo eine Evakuierungsaktion der norwegischen und sowjetischen Bergwerksniederlassungen auf Spitzbergen sowie ein Kreuzervorstoß gegen einen kleineren deutschen Konvoi[10] in der Nähe des Porsanger-Fjords statt. Mit diesen Aktivitäten im Nordmeer wollte der britische Bündnispartner zumindest symbolisch seine Verpflichtungen gegenüber der Sowjetunion dokumentieren.

Bevor die Alliierten den regelmäßigen Güterverkehr über das Nordmeer aufnahmen, wirkten sich zwei unabhängig voneinander gefaßte strategische Entscheidungen positiv auf ihre Geleitzugplanung aus: Am 16. September begann die deutsche Kriegsmarine zur Unterstützung der in Nordafrika eingesetzten Wehrmachtsverbände mit der von Hitler geforderten Verlegung von 26 U-Booten aus dem Atlantik in das Mittelmeer, und ab 17. September übernahm die Marine der USA die Sicherung aller britischen Konvois im Nordatlantik — beides kam der *Royal Navy* zugute, die so Kräfte für die Nordmeerroute frei bekam.

Ende September eröffnete das erste Geleitzugpaar PQ 1/QP 1[11] die neue Route Großbritannien - Island - Sowjetunion. Alle Frachter erreichten wider Erwarten unangefochten ihre Bestimmungshäfen.[12] Gesichert

---

10 Im Verlauf des Gefechts sank das kurz zuvor nach Nordnorwegen verlegte Artillerieschulschiff *Bremse*.

11 Die Bezeichnung PQ ist auf den britischen Commodore P.Q. Roberts zurückzuführen, der von der britischen Admiralität mit der Organisation dieser Konvois beauftragt worden war. Nach Osten gehende Geleitzüge erhielten die Kennbuchstaben PQ, entgegengesetzt laufende QP.

12 Auszüge von Botschaften im Zusammenhang mit den Konvois PQ 1, PQ 2 und PQ 3
Persönliche Botschaft von Herrn Churchill an Herrn Stalin (Telegramm vom 6. Oktober 1941):
»... Wir beabsichtigen, einen ununterbrochenen Zyklus von Geleitzügen in zehntägigem Turnus einzurichten. Folgende Lieferungen sind unterwegs und erreichen Archangelsk am 12. Oktober: 20 schwere Panzer, 193 Jagdflugzeuge (Voroktober-Quote). Folgendes wird am 12. Oktober abgehen und am 29. Oktober ankommen: 140 schwere Panzer, 100 ›Hurricanes‹, 200 Fahrzeuge für den Transport von ›Bren‹-Maschinengewehren, 200 Panzerabwehrbüchsen mit Munition, 50 4,2-cm-Geschütze mit Munition. Am 22. Oktober werden 200 Jagdflugzeuge und 120 schwere Panzer abgeschickt. Daraus ersehen Sie, daß die gesamte Oktober-Quote an Flugzeugen sowie 280 Panzer bis zum 6. November in Rußland eintreffen werden. Die Oktoberrate an Fahrzeugen für ›Bren‹-MGs, Panzerabwehrbüchsen und 4,2-cm-Geschützen wird noch im Oktober eintreffen ... Das obige Programm enthält nicht die Lieferungen der Vereinigten Staaten. Bei der Festlegung dieses regelmäßigen Geleitzugzyklus rechnen wir damit, daß Archangelsk den Hauptanteil der Lieferungen aufnimmt. Ich nehme an, daß dieser Teil der Aufgabe bereits in Angriff genommen wurde.« [1, Nr. 17]
Persönliche Botschaft von Herrn Winston Churchill an Herrn Stalin vom 12. Oktober 1941:
»... Ich habe unablässig Anweisungen gegeben, um die Lieferungen nach Archangelsk zu beschleunigen, die ich Ihnen in meinem Telegramm vom 6. Oktober ankündigte. Die von Ihnen erbetenen 3000 Lastwagen werden wir Ihnen sofort aus unseren Armeebeständen schicken ...« [1, Nr. 18]
Persönliche Botschaft von Premier Stalin an Premier Churchill (abgesandt in Moskau am 8. November 1941):
»... Seien Sie überzeugt, daß wir alle Maßnahmen ergreifen, damit die aus England in Archangelsk eintreffenden Waffen rechtzeitig an ihren Bestimmungsort gelangen ... Wenn es auch eine Kleinigkeit ist, so muß es doch einmal gesagt werden, daß die Panzer, Geschütze und Flugzeuge in schlechter Verpackung ankommen, einzelne Geschützteile mit verschiedenen Schiffen eintreffen und die Flugzeuge so schlecht verpackt sind, daß wir sie in beschädigtem Zustand erhalten.« [1, Nr.20]

wurden die einzelnen Konvois durch einige Zerstörer, Minensuchboote, Korvetten und zur U-Boot-Abwehr umgerüstete Trawler. Darüber hinaus gab es jeweils eine Nahdeckungsgruppe mit einem Kreuzer und wenigen Zerstörern. Östlich des 20. Längengrades kamen außerdem Einheiten der sowjetischen Nordflotte hinzu. Ergänzt wurden diese Sicherungsmaßnahmen durch eine zwischen Jan Mayen und Norwegen operierende *Ferndeckungsgruppe*[13], bestehend aus schweren Überwassereinheiten (u.a. Schlachtschiffe und Flugzeugträger); außerdem durch britische und sowjetische U-Boote, aufgestellt in der Flanke der Geleitzugroute zwischen dem Nordkap und der Bären-Insel.
Nach dem gleichen System folgten in regelmäßigem Rhythmus weitere Geleitzugpaare. Auch deren Fahrten verliefen entgegen allen Befürchtungen reibungslos. Im Schutz der Polarnacht konnten die Konvois unbehelligt ihre Bahn ziehen. Bis zum Jahreswechsel gab es bei insgesamt elf Geleitzügen keine Verluste, von Eisschäden an manchen Schiffen einmal abgesehen. In fünf Fällen mußten Transporter wegen See- und Eisschäden ihre Fahrt abbrechen und umkehren.

In der Zwischenzeit hatte sich das maritime Kräfteverhältnis im Polargebiet verändert: Die britische Admiralität stationierte die 1. Minensuchbootflottille in Archangelsk, die 6. Minensuchbootflottille und einige U-Boote in Poljarny und übergab der sowjetischen Nordflotte mehrere *Lend-Lease-Fahrzeuge.*

Auch die deutsche Kriegsmarine verstärkte mit leichten Einheiten, den U-Booten *U 451, U 566, U 571* und *U 752*, sowie einigen Versorgungsschiffen ihre Kräfte in Nordnorwegen. Und da die im Juli nach Kirkenes verlegten fünf Zerstörer wegen dringender Überholungsarbeiten nach und nach in die Werften entlassen worden waren, traf Mitte Dezember zu ihrem Ersatz die 8. Zerstörerflottille mit *Z 23, Z 24, Z 25, Z 26* und *Z 27* im Bök-Fjord bei Kirkenes ein.
Der deutschen Aufklärung blieb der alliierte Schiffsverkehr — Konvois und einzeln fahrende Kriegsschiffe[14] — entlang der Treibeisgrenze nicht verborgen. Allerdings wußte man zu diesem Zeitpunkt noch nicht genau, was da in aller Stille im Detail vor sich ging.
Bedeutend unangenehmer machten sich die zunehmenden britischen und sowjetischen U-Boot-Attacken sowie die sich häufenden nächtlichen Minenoperationen in den norwegischen Küstengewässern bemerkbar.[15] Schließlich fanden außerdem noch einige alliierte Kommandounternehmen statt, die beim Gegner für beträchtliche Aufregung sorgten: Am 24. November beschoß ein vom Kreuzer *Kenya* angeführter britisch-sowjetischer Zerstörerverband (*Bedouin, Intrepid, Gremjastschi* und

---

13 Die Hauptaufgabe der zeitweilig eingesetzten Ferndeckungsgruppe bestand anfangs in der Verhinderung eines Ausbruchs der *Tirpitz* in den Atlantik (Lehre aus der *Bismarck*-Operation vom Mai 1941).

November 1941:
Z 25 mit Minen an Deck in einem norwegischen Fjord — Kurs Kirkenes

14 Z.B. fuhren Ende September eine britisch-amerikanische Delegation, zu der Lord Beaverbrook und Averell Harriman gehörten, mit dem Kreuzer *London* und Anfang Dezember Großbritanniens Außenminister Eden mit dem Kreuzer *Kent* auf dieser Route nach Murmansk.

Auszüge aus Briefen im Zusammenhang mit der Moskauer Konferenz über Fragen gegenseitiger Lieferungen von Kriegsmaterial und Rohstoffen vom 21. September bis zum 1. Oktober 1941

»Sehr geehrter Premier Stalin!

Die britische und amerikanische Mission sind jetzt abgereist, und Lord Beaverbrook wird Ihnen diesen Brief überreichen. Lord Beaverbrook genießt das vollste Vertrauen des Kabinetts und ist einer meiner ältesten und intimsten Freunde. Er unterhält engste Beziehungen zu Herrn Harriman, der ein hervorragender Amerikaner und von ganzem Herzen dem Sieg der gemeinsamen Sache ergeben ist. Sie werden Ihnen all das darlegen, was Großbritannien und die Vereinigten Staaten in sehr ernsthaften Beratungen vereinbaren konnten. Präsident Roosevelt hat entschieden, daß unsere Vorschläge in erster Linie den monatlichen Anteil der Lieferungen enthalten sollen, die wir Ihnen in den neun Monaten von Oktober 1941 bis einschließlich Juni 1942 senden werden ...

Sie werden feststellen, daß die bis Ende Juni 1942 vorgesehenen Lieferungen fast ausschließlich aus der britischen Produktion oder aus der Produktion bereitgestellt werden, die die Vereinigten Staaten auf Grund unserer Einkäufe oder auf Grund des Leih- und Pachtgesetzes eigentlich uns hätten liefern sollen ...

Mit aufrichtigen Wünschen für den Erfolg der russischen Armeen und für den Untergang der Nazityrannen

verbleibe ich
Ihr ergebener
Winston Churchill«

21. September 1941 [1, Nr. 14]

»Sehr geehrter Premierminister Churchill!

Die Ankunft der britischen und der amerikanischen Mission in Moskau und insbesondere die Tatsache, daß die persönliche Leitung dieser Missionen Lord Beaverbrook und Herrn Harriman anvertraut war, hatten eine sehr günstige Wirkung. Lord Beaverbrook hat wirklich alles getan, damit die dringendsten, auf der Moskauer Dreimächtekonferenz behandelten Fragen schnell und wirksam geprüft und möglichst noch in Moskau entschieden wurden. Dasselbe muß ich auch von Herrn Harriman sagen. Für dies alles spreche ich Ihnen und Herrn Roosevelt, die Sie so maßgebende Vertreter nach Moskau entsandt haben, den aufrichtigen Dank der Sowjetregierung aus.

Ich verberge nicht vor Ihnen, daß unser jetziger Bedarf an Kriegsmaterial angesichts einer Reihe widriger Umstände an unserer Front und der dadurch hervorgerufenen Evakuierung einer weiteren Anzahl von Werken über die auf der Konferenz gefaßten Beschlüsse hinausgeht, ganz zu schweigen davon, daß eine Reihe von Fragen bis zur endgültigen Prüfung und Entscheidung in London und Washington zurückgestellt wurde. Die von der Moskauer Konferenz geleistete Arbeit ist aber trotzdem umfassend und bedeutend. Ich hoffe, daß die britische und die amerikanische Regierung alles in ihren Kräften Stehende tun werden, um künftig den monatlichen Anteil der Lieferungen zu erhöhen, und schon jetzt, bei der geringsten sich bietenden Möglichkeit, die vorgesehenen Lieferungen beschleunigen werden, denn die Hitlerfaschisten sind bemüht, in den Monaten bis zum Winter größtmöglichen Druck auf die UdSSR auszuüben ...

Mit aufrichtiger
Hochachtung
J. Stalin«

3. Oktober 1941 [1, Nr. 16]

Am 2. November 1941 übergab der Botschafter der Vereinigten Staaten in der UdSSR, Herr Steinhardt, in Kuibyschew Herrn A.J. Wyschinski ein Aide-mémoire, das am gleichen Tag an Stalin weitergeleitet wurde (Auszug):

»In einer persönlichen Botschaft an Herrn Stalin erklärt Präsident Roosevelt,

1. daß er das Protokoll der Dreimächtekonferenz von Moskau zur Kenntnis genommen und mit den Mitgliedern der amerikanischen Mission die darin enthaltenen Festlegungen diskutiert hat;
2. daß er alle Listen der militärischen Ausrüstungen und des Kriegsmaterials gebilligt und Anweisung gegeben hat, die Rohstoffe so weitgehend und so rasch wie möglich bereitzustellen;
3. daß er Befehl gegeben hat, die Lieferungen sofort zu beginnen und im größtmöglichen Umfang durchzuführen.
4. Um jegliche finanzielle Schwierigkeiten zu vermeiden, hat er Weisung erteilt, daß unverzüglich Maßnahmen getroffen werden, damit die Lieferungen im Rahmen des Leih- und Pachtgesetzes bis zu einer Höhe von einer Milliarde Dollar erfolgen.
5. Er schlägt, die Zustimmung der Sowjetregierung vorausgesetzt, vor, daß die Vereinigten Staaten keine Zinsen auf die Schulden erheben, die für die Sowjetregierung auf Grund dieser Lieferungen entstehen, und daß die Rückzahlung dieser Schulden erst fünf Jahre nach Kriegsende beginnt und die Zahlungen sich über einen Zeitraum von zehn Jahren nach Ablauf dieser fünfjährigen Periode erstrecken sollen.
6. Der Präsident hofft, daß die Sowjetregierung besondere Anstrengungen unternehmen wird, den Vereinigten Staaten solche Waren und Rohstoffe zu verkaufen, über die sie verfügt und die die Vereinigten Staaten benötigen, wobei der Verkaufserlös aus den Lieferungen an die Vereinigten Staaten dem Konto der Regierung der Sowjetunion gutgeschrieben wird ...« [1, Nr. 5*]

Botschaft von J.W. Stalin an F. Roosevelt vom 4. November 1941 (Auszug):

»... Ihren Entschluß, Herr Präsident, der Sowjetunion eine zinslose Anleihe in Höhe von einer Milliarde Dollar zur Bezahlung der Kriegsmaterial- und Rohstofflieferungen an die Sowjetunion zu gewähren, akzeptiert die Sowjetregierung voll aufrichtiger Dankbarkeit als außerordentlich wirksame Unterstützung der Sowjetunion in ihrem gigantischen und schweren Kampf gegen unseren gemeinsamen Feind, den blutigen Hitlerfaschismus ... Die Regierung der UdSSR ist bereit, alles zu tun, um den Vereinigten Staaten von Amerika die Waren und Rohstoffe zu liefern, über die sie verfügt und die die Vereinigten Staaten brauchen könnten ...« [1, Nr. 6*]

Botschaft F. Roosevelts an J.W. Stalin (eingegangen in Moskau am 13. Februar 1942 — Auszug):

»... Meine Aufmerksamkeit wurde jetzt auf die Tatsache gelenkt, daß die Sowjetregierung bei uns Bestellungen für Waren und Kriegsmaterial in einem Wert aufgegeben hat, der die eine Milliarde Dollar, die wir ihr im vergangenen Herbst im Rahmen des Leih- und Pachtgesetzes auf Grund eines Briefwechsels zwischen uns eingeräumt haben, übersteigen wird. Ich schlage deshalb vor, Ihrer Regierung auf der Grundlage desselben Gesetzes eine zweite Milliarde Dollar zu den gleichen Bedingungen wie bei der ersten Milliarde zur Verfügung zu stellen ...« [1, Nr.12]

Botschaft von J.W. Stalin an F. Roosevelt (abgesandt in Moskau am 18. Februar 1942 — Auszug):

»... Ihre Entscheidung, Herr Präsident, der Regierung der UdSSR eine weitere Milliarde Dollar auf der Grundlage des Leih- und Pachtgesetzes zur Verfügung zu stellen, und zwar zu denselben Bedingungen, zu denen die erste Milliarde gewährt wurde, nimmt die Sowjetregierung mit aufrichtigem Dank an ...« [1, Nr. 14*]

15 In der Weisung Nr. 36 des OKW vom 22. September 1941 hieß es dazu: »Die Störung unserer Seeverbindungen an der Polarküste durch den Feind hat die Aussichten des Gebirgskorps, Murmansk noch in diesem Jahr zu erreichen, noch weiter verringert.«

Gromki) Vardö; Ende Dezember folgten dicht hintereinander zwei britische Angriffe mit insgesamt achtundzwanzig Überwasserschiffen und zwei U-Booten gegen die Lofoten. Diese konzentrierten Aktionen der Alliierten im unmittelbaren norwegischen Küstenbereich und der rege Schiffsverkehr im Nordmeer wurden schließlich als Vorbereitung einer britischen Landungsoperation in Norwegen gedeutet, zumal es zahlreiche, aber einander widersprechende Meldungen über die baldige Errichtung einer zweiten Front in Europa gab. Erst die schweren Kämpfe vor Moskau brachten mehr Licht in das Dunkel um die Nordmeerkonvois — die deutsche Wehrmacht stellte bei der Roten Armee britisches und amerikanisches Kriegsgerät fest, das nach dem Stand der Dinge nur über den Hohen Norden in die UdSSR gelangt sein konnte.[16]

Um den Jahreswechsel 1941/42 herum kam es zu einer durchgreifenden Änderung im Geleitzugverkehr. Die immer stärker werdende Eisdecke im Bereich der Dwinamündung gefährdete die Schiffahrt so stark, daß man vorsorglich den avisierten PQ 6 nach Murmansk umleiten mußte. Allerdings gab es für diese Maßnahme noch einen weiteren Grund: Zwei zur Aufnahme des PQ 6 von Archangelsk ausgelaufene britische Minensuchboote —

---

[16] Westalliierte Waffentransporte über den Persischen Golf oder von Kanada aus nach Wladiwostok machten sich an der sowjetisch-deutschen Front erst zu einem späteren Zeitpunkt bemerkbar.

Winter 1941/1942: Minen auf deutschen Zerstörern — vorgesehen für die Konvoiroute im Weißen Meer

Typisches Bild im Polargebiet: Die in jenen Breiten charakteristische hohe Luftfeuchtigkeit überzieht bei strengem Frost die Schiffe mit einem Eispanzer (siehe auch Abbildung auf Seite 22)

Speedy und *Hazard* — stießen am 17. Dezember nördlich Kap Gorodetzki auf vier deutsche Zerstörer. Im Verlauf des ungleichen Gefechtes erhielt *Speedy* vier Treffer, konnte jedoch mit eigener Kraft und dank der geschickten Unterstützung des Schwesterschiffes *Hazard* Kurs auf den Kola-Fjord nehmen. Der über Funk um Hilfe gebetene Kreuzer *Kent* verließ zwar umgehend Poljarny, konnte aber den inzwischen abgedrehten gegnerischen Zerstörerverband nicht mehr erreichen.

Die Nahsicherung des PQ 6 bestand aus dem Kreuzer *Edinburgh* sowie den beiden Zerstörern *Echo* und *Escapade*. Alle drei Kriegsschiffe kamen erstmalig in den Kola-Fjord und machten in Poljarny fest.

Ein längerer Aufenthalt im sowjetischen Flottenstützpunkt war für die *Edinburgh* nicht vorgesehen. Sie sollte den in Archangelsk bereitstehenden Gegengeleitzug QP 4 eskortieren. Wegen der Eisverhältnisse im Weißen Meer verzögerte sich jedoch das Auslaufen der Frachter, verlängerte sich somit auch die Hafenliegezeit des Kreuzers und der beiden Zerstörer. Erst gegen Mittag des 4. Januar 1942 lichtete die Nahsicherungsgruppe ihre Anker, um die Sicherung für QP 4 am kommenden Tag in der Barentssee zu übernehmen. Noch am gleichen Abend — die Uhr zeigte 20.00 an — empfing man auf der *Edinburgh* über Funk eine Nachricht, die alle zur Sicherung der Nordmeerkonvois eingeteilten Kreuzer betraf. Die britische Admiralität hatte aus der Verlegung deutscher U-Boote nach Norwegen Schlußfolgerungen gezogen und folgenden, für die späteren Ereignisse bedeutungsvollen Befehl erlassen (Message 524 vom 4. Januar 1942 des Commander-in-Chief, Home Fleet):

»1. Im Hinblick auf die Möglichkeit von U-Boot-Angriffen, insbesondere im Gebiet zwischen der Bären-Insel und Nordnorwegen, dürfen Kreuzer, die PQ- und QP-Konvois begleiten, zwischen dem 14. und 26. Längengrad nicht, ich wiederhole, nicht in unmittelbarer Nähe der Konvois fahren.

2. Wenn die Konvois diese Grenzen erreichen, haben die Kreuzer sie zu verlassen und das Gebiet im Zick-Zack-Kurs mit einer Geschwindigkeit von nicht weniger als 16,5 Knoten oder einer den Wetterverhältnissen angepaßten Geschwindigkeit zu passieren und sich dabei südlich des 73. nördlichen Breitengrades zu halten.

3. Solange keine Gefahr von Überwasserangriffen besteht, nehmen die Kreuzer erst wieder Fühlung mit den Konvois auf, wenn diese sich außerhalb der obengenannten Längengrade befinden.«

Und der Gegner schlug mit dreien seiner U-Boote zu! Am 2. Januar 1942 versenkte *U 134* einen der beiden Frachter des PQ 7 A. Acht Tage darauf vernichtete *U 584* nordwestlich der Halbinsel Rybatschi das sowjetische U-Boot *M-175* vom Typ *Maljutka*. Den dritten Schlag der in der *Ulan-Gruppe* zusammengefaßten Boote führte am 17. Januar *U 454*. Es griff nach Torpedierung des sowjetischen Minensuchbootes *TStsch-68* den PQ 8 an, versenkte einen Frachter und den britischen Zerstörer *Matabele*. Diese Aktion der deutschen U-Boote bildete den Auftakt des Kampfes gegen die Nordmeerkonvois, eines Kampfes, der mit Verbissenheit geführt werden, der allen Beteiligten Übermenschliches abverlangen sollte.

Alle Seekriegshandlungen in der Arktis spielten sich unter außergewöhnlichen Bedingungen ab: ständiges Tageslicht in den Sommermonaten, doch ununterbrochene Dunkelheit, extreme Kälte, dichte Schneeschauer, Nebelbänke und heftige Stürme während der Winterperiode. An 100 Tagen im Jahr schneit es, an weiteren 100 Tagen fällt Regen. In jedem Jahr gibt es rund 70 stürmische Tage. Wind der Stärken 10 oder 11 ist keineswegs eine Ausnahme, sondern die Regel. Von den vier Jahreszeiten können Frühling und Herbst gestrichen werden — im Polargebiet spricht man nur vom Sommer und vom Winter. Letzterer ist mit der Polarnacht verbunden, die laut Kalender vom 1. Dezember bis zum 19. Januar herrscht, während der Polartag vom 21. Mai bis 22. Juli währt. Die Durchschnittstemperaturen liegen im Winter bei -13° Celsius (Maximalwert -44 °C), im Sommer bei +12° Celsius (Maximalwert +30 °C). Während der Polarnacht geht die Sonne an 23 Tagen nicht auf, während der Sommerperiode 40 Tage lang nicht unter.

In den Wochen der Mitternachtssonne blieb der deutschen Luftaufklärung keine größere Schiffsbewegung verborgen. Die wie auf einem Präsentierteller fahrenden Handels- und Kriegsschiffbesatzungen erwarteten ständig den Angriff. Dieser blieb auch selten aus. Er erfolgte aus der Luft, über oder unter Wasser. Nicht besser als dem Seemann eines Überwasserschiffes erging es dem U-Boot-Fahrer. Nach jedem Unterwasseraufenthalt mußten die Batterien des Fahrzeugs aufgeladen werden — und das bei Betrieb des Dieselmotors in Überwasserlage. Wurde in jenen Stunden das Boot entdeckt, war es nicht selten verloren.

In der Zeit der langen arktischen Nächte blieben viele Schiffe häufig unbemerkt. Kam es jedoch zu einer Begegnung, versagten mitunter die Waffen. Die in jenen Breiten charakteristische hohe Luftfeuchtigkeit überzog bei strengem Frost die Schiffe mit einem Eispanzer, der weder die Geschütze noch die Torpedorohre, weder die Zieloptik noch die Entfernungsmeßgeräte verschonte. Den U-Booten erwuchs aus diesen Witterungserscheinungen eine zusätzliche Gefahr. In zahlreichen Ventilen bildete sich Eis, so daß sie nicht ordnungsgemäß funktionierten. Da half nur rechtzeitiges Tauchen, um einer Vereisung der für das Boot lebenswichtigen Teile vorzubeugen. Befand sich also während der Kälteperiode ein Boot auf Marsch, so bestand dieser aus einem ständigen Wechsel zwischen Über- und Unterwasserfahrt.

Zunächst hatten die arktischen Verhältnisse mit dazu beigetragen, daß besondere Seeoperationen im Hohen Norden unterblieben. Dies sollte sich mit Beginn des Jahres 1942 ändern. Nach den schweren Rückschlägen der Wehrmacht an der Hauptfront des Krieges, d.h. an der sowjetisch-deutschen Front, gruppierte die deutsche Seekriegsleitung Teile ihrer Flotte um. Wegen einer möglichen britischen Invasion in Norwegen und der intensiven Bekämpfung alliierter Transporte auf den nördlichen Seeverbindungen verlegte sie im Januar das neue Schlachtschiff *Tirpitz*, einige Wochen später die Schweren Kreuzer *Admiral Scheer, Prinz Eugen* und *Admiral Hipper* in die nordnorwegischen Fjorde. Zur Sicherung dieser Einheiten dienten zusätzlich Zerstörer, Torpedoboote, Minensucher und andere leichte Fahrzeuge. Gleichzeitig wurden weitere U-Boote in den nördlichen Einsatzraum befohlen — Hitler wollte dort ständig 24 U-Boote haben.[17]

Auch die Luftflotte 5 erhielt umfangreiche Verstärkungen, darunter die Elitegeschwader 26 und 30. Bereits im Februar konzentrierten die deutschen Streitkräfte an den Küsten der Barentssee und des Nordmeers neunzig Torpedo- und Bombenflugzeuge vom Typ He 111 und Ju 88, dreißig Sturzkampfflugzeuge vom Typ Ju 87, fünfzehn Schwimmerflugzeuge vom Typ He 115 als Torpedoträger sowie etwa vierzig Jäger Me 109 und Aufklärer.

In der »Schicksalszone des Krieges«, wie Hitler wiederholt den nordskandinavischen Raum bezeichnet hatte, lagen nun alle noch verfügbaren größeren deutschen Kriegsschiffe.

Die sowjetischen Marinebasen und Hafenstädte gewannen nach dem Scheitern der Blitzkriegspläne und des mißglückten Vorstoßes zu Lande im Hohen Norden zunehmend für die deutsche Kriegsführung an Bedeutung. Schließlich waren sie das Ziel alliierter Nachschubtransporte, die angesichts eines sich länger hinziehenden Krieges großes Gewicht erlangten. Beruhte doch die Strategie des OKW nun auf der irrigen Annahme,

[17] Die vorgesehene Stärke von 24 Booten wurde erst im Juni 1942 erreicht. In den Vormonaten des Jahres 1942 schwankte die Zahl der im Nordmeer operierenden U-Boote zwischen sechs und zwanzig.

Der deutsche Schwere Kreuzer *Admiral Scheer*

Ebenfalls für den Einsatzbereich Norwegen vorgesehen gewesen:
Das deutsche Schlachtschiff *Gneisenau*. Ende Februar 1942 wurde die *Gneisenau* jedoch während eines britischen Luftangriffs auf Kiel beschädigt und mußte deshalb in die Werft nach Gotenhafen.

daß die UdSSR in ihrer Verteidigungsfähigkeit soweit geschwächt wäre, daß sie sich aus eigener Kraft nicht mehr erholen könne. Deshalb sollte jegliche Zufuhr von Kriegsmaterial aus Großbritannien und den USA unterbunden werden. Zum anderen störten die sowjetischen und britischen Flotteneinheiten erheblich die Küstenschiffahrt zur Versorgung der deutschen Truppen im Norden.

Derartige Kräfteverschiebungen forderten Gegenmaßnahmen heraus: Die britische Admiralität verbesserte das System der Geleitzugsicherung, sowjetische Bomber griffen von Murmansk aus öfter als bisher deutsche Rollbahnen in der Polarregion an; sowjetische und britische U-Boote sowie Bomber der *Royal Air Force* versuchten, die im Hohen Norden hinzugekommenen deutschen Kriegsschiffe zu vernichten.[18]

Die deutsche Seekriegsleitung befand sich in keiner sehr angenehmen Lage. Neben den gesteigerten Aktivitäten der Alliierten mußte sie einen weiteren Umstand bei allen strategischen Überlegungen berücksichtigen: Der Ausbildungsstand der Besatzungen auf den Zerstörern, Kreuzern und Schlachtschiffen ließ zu wünschen übrig — eine Folge der häufigen Werftaufenthalte, des immer spürbareren Kraftstoffmangels und der somit automatisch reduzierten Einsatztage in See sowie der ständigen Umkommandierungen von Angehörigen des Stammpersonals. Ein weiteres Dilemma bestand für sie in der seit langem — wegen Kompetenzstreitigkeiten mit der Luftwaffenführung — ungenügend durchgeführten Luftaufklärung für die Seestreitkräfte: Ohne intensive Luftaufklärung waren vor allem die raren schweren Einheiten praktisch jedem Überraschungsangriff überlegener alliierter Flottenkräfte hilflos ausgesetzt.

Alle Fakten sprachen eindeutig dafür, daß die deutsche Kriegsmarine die ihr im Nordmeerraum zugedachten beiden Aufgaben — Invasionsschutz und Konvoibekämpfung — nicht gleichzeitig erfüllen konnte. Der generelle Fronteinsatz der schweren Schiffe blieb für die Strategen in der Operationsabteilung der Seekriegsleitung sowieso illusorisch. Seit dem Verlust der *Bismarck* im Verlauf des Unternehmens *Rheinübung* im Frühjahr 1941 hieß der Befehl: Kein Risiko eingehen! Aus Prestigegründen sollten künftig ausnahmslos schwächere Gegner bekämpft und unter allen Umständen besiegt werden, um die Schlagkraft und die strategische Rolle der Flotte propagandistisch aufzuwerten.

Ein anderer Zwang beeinträchtigte die Entscheidungsfreiheit der Kriegsmarineführung in noch viel stärkerem Maße: Alle großen Schiffe mußten um jeden Preis erhalten bleiben, da sich eine Erschöpfung des ökonomischen Potentials rasch abzuzeichnen begann — verschlang doch die *Ostfront* in immer stärkerem Maße den Hauptteil der deutschen Kriegsproduktion. Deshalb würden künftig vor allem U-Boote und darüber hinaus nur noch leichte Überwasserkräfte, wie Schnellboote, Minensuch- und Minenräumboote, die Werften verlassen.

In jenen Tagen, als sich die Offiziere der Seekriegsleitung den Kopf über die Einsatzmöglichkeiten der *Tirpitz* zerbrachen, stach am 1. März 1942 mit PQ 12 und QP 8 ein neues Geleitzugpaar in See. Ein Fernaufklärungsflugzeug vom Typ FW-200 erfaßte den nach vier

[18] Am 23. Februar 1942 kam bei Drontheim das britische U-Boot *Trident* zum Schuß. Es beschädigte die *Prinz Eugen* so schwer, daß sie nach behelfsmäßiger Reparatur in eine Kieler Werft überführt werden mußte.

Das deutsche Schlachtschiff *Tirpitz* im Nordmeer

Tagen inzwischen bei Jan Mayen angelangten PQ 12 und löste mit seiner Meldung bei den deutschen Luftwaffen- und Marinestäben hektische Betriebsamkeit aus. Sofort wurden die vier in der Nähe operierenden U-Boote *U 134, U 377, U 403* und *U 584* auf den Geleitzug angesetzt. 24 Stunden später hieß es auch für die in Trondheim liegende *Tirpitz* »Anker auf!«. Als Sicherungskräfte marschierten die drei Zerstörer *Z 7, Z 14* und *Z 25* sowie die beiden Torpedoboote *T 5* und *T 12* nordwärts.

Das Auslaufen des Verbandes blieb dem Gegner allerdings nicht verborgen. In den Schärengewässern von Trondheim lauerten fünf britische U-Boote. Eines davon, die *Seawolf*, machte die Flottenbewegung aus. Kommandant des Bootes war Lieutenant P. R. Raikes. Er informierte umgehend über Funk seine Admiralität, so daß rechtzeitig geeignete Gegenmaßnahmen eingeleitet werden konnten.

Während die von Vizeadmiral Otto Ciliax befehligte *Tirpitz*-Gruppe den zehnten Längengrad entlang zur Treibeisgrenze marschierte, hatte die britische Admiralität ihre Flottenkräfte umgruppiert. Das Gros der *Home Fleet* unter dem Befehl von Admiral John Leach Tovey war zu der von Vice-Admiral Alban Curteis geführten Ferndeckungsgruppe gestoßen, so daß etwa 200 Seemeilen südlich des Konvoi-Begegnungspunktes eine recht ansehnliche Streitmacht operierte: die drei Schlachtschiffe *Renown, Duke of York* und *King George V.*, der Flugzeugträger *Victorious*, die beiden Kreuzer *Kenya* und *Berwick* sowie zwölf Zerstörer.

Ein seltenes Foto — aufgenommen am 1. Mai 1933:
Das von der Konstruktionsabteilung des Reichsmarine-Amtes hergestellte Modell der künftigen *Tirpitz*. Die Entwicklungsarbeiten befanden sich in einem Zwischenstadium (in amtlichen Dokumenten als Kreuzer *G* bezeichnet). Das Schlachtschiff wurde zum letzten Mal am 22. November 1944 angegriffen — es sank bei Tromsö.

Mangels Luftaufklärung erhielt die deutsche Marineführung von dieser Flottenkonzentration keine Kenntnis, wurde die *Tirpitz* nicht zur Umkehr aufgefordert.
Auf britischer Seite wußte man wiederum nicht, was der Gegner vorhatte: Durchbruch in den Atlantik oder Angriff auf den Geleitzugverkehr. Beides mußte auf jeden Fall verhindert werden. Und da sich der *Royal Navy* unverhofft die Chance bot, auch die *Tirpitz* auf den Meeresgrund zu schicken, strebte Admiral Tovey ein Treffen mit ihr an. Doch vergebens! Schlechtes Wetter machte alle strategischen Schachzüge wirkungslos. Vom Flugdeck der *Victorious* konnten keine Aufklärungsmaschinen starten, so blieb die *Tirpitz* unentdeckt.
Dem deutschen Verband war ebenfalls kein Erfolg beschieden. Die nach Murmansk dampfenden Frachter, bzw. die von dort kommenden, wurden wegen des Sturmes und des zeitweise herrschenden Nebels nicht ausgemacht. Lediglich der hinter dem QP 8 fahrende unbewaffnete sowjetische 2815-BRT-Transporter *Ishora* traf mit *Z 14* zusammen und zog logischerweise den kürzeren. Bevor die Wellen des Nordmeeres über dem sowjetischen Dampfer zusammenschlugen, vermochte sein Funker noch einen Spruch über den Zerstörerangriff abzusetzen. Hierdurch erfuhren die britischen Militärs den ungefähren Standort der *Tirpitz*. Damit traten nun auch die Absichten des Gegners deutlicher zutage. Man suchte jedoch in der sturmgepeitschten See die *Tirpitz* und ihre Begleitung vergebens. Erst zwei Tage später wußte die britische Funkaufklärung, daß sich die *Tirpitz* wieder entlang der norwegischen Küste südwärts bewegte. Vom Träger *Victorious* stiegen daraufhin zwölf »Albacore«-Torpedoflugzeuge auf und griffen das auf den West-Fjord von Narvik zuhaltende Schlachtschiff an — allerdings fand keiner der abgeworfenen Torpedos sein Ziel.

Das dilettantisch vorbereitete und für die *Tirpitz* noch einmal glimpflich verlaufene Unternehmen wurde als ein ausgesprochener Fehlschlag eingeschätzt. Admiral Ciliax machte in seinem diesbezüglichen Bericht deutlich, daß der Vorstoß »weder erfolgversprechend noch hohen Einsatz lohnend« gewesen war, daß allerdings die ständige »Kontrolle Feindlage einschließlich Einsichtnahme Scapa und Kola-Stützpunkte neben Bereitstellung ausreichender Kampf- und Jagd-Verbände *eine* (G.L.) unerläßliche Vorbedingung für *das* (G. L.) Operieren in vom Gegner zur Zeit stärkemäßig beherrschten Nordraum« sei.
Tatsächlich stellte die Luftflotte 5 zur Unterstützung des Vorstoßes lediglich sechs Maschinen bereit, von denen aus unterschiedlichen Gründen nur zwei starteten. Ein Resultat brachten beide Flüge nicht. Und sicher bezeichnend für die Arbeit der deutschen Funkaufklärung: Es gelang nicht, aus der Beobachtung des britischen Funkverkehrs Schlüsse auf das Verhalten der *Home Fleet* zu ziehen.

Z 14 — Friedrich Ihn — versenkt am 7. März 1942 den Nachzügler des QP 8, den sowjetischen Frachter *Ishora* (im Vordergrund *Z 25*)

Fazit aller Fakten: Zum Zeitpunkt des *Tirpitz*-Einsatzes und auch danach kannte die deutsche Seekriegsleitung selten das volle Ausmaß des britischen Flottenaufmarsches im Nordmeer. Am 12. März erschien Großadmiral Erich Raeder zum strategischen Lagevortrag im *Führerhauptquartier*. Der Oberbefehlshaber der deutschen Kriegsmarine brachte unter anderem seine Besorgnis über die Situation im Nordraum zum Ausdruck. Unumwunden machte er deutlich, daß der Alleingang eines jeden einsatzfähigen großen Kriegsschiffes aussichtslos und riskant sei, unter Umständen sogar mit einer Niederlage enden könne.

Im Ergebnis der Besprechung bei Hitler ordnete das Oberkommando der Wehrmacht zwei Tage darauf eine verschärfte Schwerpunktbildung von Luftwaffe und Kriegsmarine — insbesondere der U-Boot-Waffe — im Polargebiet an.

Der Befehl bewirkte die allmähliche Auffüllung der Luftflotte 5 mit weiteren Teilen ihrer Stammverbände bis Anfang April 1942. Die Stärke der in Norwegen stationierten Flugzeuge sollte dann rund 300 Maschinen betragen. Während das Sturzkampfgeschwader 5 (Ju 87) sich von diesem Zeitpunkt an vorrangig auf Murmansk konzentrierte, gehörte es zu den generellen Aufgaben der Kampfgeschwader 26 (He 111) und 30 (Ju 88) sowie einiger Seefliegerstaffeln (Schwimmerflugzeuge und Flugboote), Seeziele anzugreifen.[19]

In Auswertung des *Tirpitz*-Vorstoßes, der sich durchaus wiederholen konnte, leiteten sowohl die britische Admiralität als auch der Befehlshaber der sowjetischen Nordflotte verstärkte Abwehrmaßnahmen auf der Geleitzugroute ein:

1. Im Gegensatz zur üblichen Verfahrensweise, mitunter Geleitzüge mit weniger Sicherungsfahrzeugen als ursprünglich vorgesehen auslaufen zu lassen,[20] würde man künftig die Anzahl der Eskorteschiffe nicht mehr reduzieren.
2. Hatte die sowjetische Nordflotte bislang den Frachtverkehr in der Barentssee überwiegend im Rahmen ihres täglichen Gefechtseinsatzes gesichert, wurde der see- und luftseitige Schutz der Geleitzüge jetzt zu einer vorrangigen Aufgabe.

Bereits die nächsten Ereignisse im Zusammenhang mit PQ 13/QP 9 zeigten, daß sich im Kampfgeschehen auf der nördlichen Geleitzugroute eine Wende abzuzeichnen begann. Von diesem Zeitpunkt an übertrafen die Kriegshandlungen im Nordmeer bei weitem alle vorangegangenen. Erfolgten bisher von deutscher Seite aus durchweg sporadisch angesetzte Einzelaktionen, nahmen jetzt die zwischen Luftwaffe und Kriegsmarine abgestimmten Einsätze gegen den alliierten Güterstrom rapide zu.

PQ 13 verließ am 20. März den isländischen Hval-Fjord. Der Konvoi wurde von dem Kreuzer *Trinidad*, den Zerstörern *Fury* und *Eclipse* als Nahsicherungsgruppe sowie von den beiden zur U-Boot-Abwehr umgerüsteten Trawlern *Blackfly* und *Paynter*, weiterhin von den zu Minensuchern umgebauten norwegischen Walfangbooten *Sulla*, *Sumba* und *Silja*[21] eskortiert. Vice-Admiral Curteis stand mit den Schlachtschiffen *Renown* und *Duke of York*, dem Flugzeugträger *Victorious*, dem Kreuzer *Nigeria* und einigen Zerstörern als Ferndeckung nordöstlich von Island.

In der Gegenrichtung befand sich seit dem 21. März QP 9 auf dem Marsch. Er passierte ohne Verluste die bereits Tage zuvor aus den U-Booten *U 209, U 376, U 378* und *U 655* gebildete Aufklärungslinie. Das Minensuchboot *Sharpshooter*, das zum britischen Geleitschutz gehörte, zwang dabei *U 655* durch Wasserbomben zum Auftauchen und versenkte es am 24. März durch Rammstoß. Von der U-Boot-Besatzung überlebte niemand. Die weitere Fahrt des QP 9 verlief ohne Berührung mit dem Gegner. Dem PQ 13 blieb soviel Glück versagt. Bis zum 24. März geschah nichts Besonderes. Dann kam starker Sturm auf. Er sollte bis in die Nacht zum 27. anhalten und zur Auflösung der Konvoi-Formation führen. Am Morgen — die im Umkreis von 150 Seemeilen verstreuten Frachter dampften einzeln nach Osten — sichtete man ein deutsches Aufklärungsflugboot vom Typ BV-138. Ein Angriff des Gegners war jetzt nur noch eine Frage der Zeit ...

Diesmal trafen die deutschen Stäbe keine voreilige Entscheidung. Erst nach weiteren Luftaufklärungsmeldungen erteilten sie den Flotten- und Fliegerkräften am 28. März den Einsatzbefehl. Sechs U-Boote (*U 435, U 436, U 454, U 456, U 585* und *U 589*) nahmen ebenso wie die aus Kirkenes ausgelaufene 8. Zerstörerflottille (*Z 24, Z 25* und *Z 26*) Kurs auf den Geleitzug. In den Abendstunden des gleichen Tages starteten vom Flugplatz Banak 22 Ju-88-Maschinen des Kampfgeschwaders 30, versenkten aus dem Konvoi die *Empire Ranger* mit 7007 BRT, die *Raceland* mit 4815 BRT und die nur 200 BRT große *Sulla*. Kurz nach Mitternacht stieß *Z 26* auf den panamesischen Dampfer *Bateau* (4687 BRT) und versenkte ihn.

---

[19] Die Regelung schloß nicht aus, daß Teile des Kampfgeschwaders (KG) 30 gegen sowjetische Häfen und Nachschublinien zum Einsatz kamen.

[20] Zum Beispiel begleiteten den QP 8 nur zwei M-Boote und zwei Korvetten.

[21] Diese drei Boote sollten bei der sowjetischen Nordflotte verbleiben.

Das Auslaufen der drei deutschen Zerstörer war von einem sowjetischen U-Boot bemerkt worden. Es meldete die Schiffsbewegung nach Poljarny, wo man ebenfalls drei Zerstörer nach Nordwesten in Marsch setzte. Die vom Kapitän 2. Ranges P. I. Koltschin geführte Abteilung bestand aus den sowjetischen Schiffen *Sokruschitelny* und *Gremjastschi* sowie dem britischen Zerstörer *Oribi*. Entsprechend ihrer Sicherungsaufgabe erreichten Koltschins Schiffe in den frühen Morgenstunden des 29. März die *Trinidad* als zusätzliche Eskorte.

Mittlerweile hatte sich der zersprengte Geleitzug wieder einigermaßen formiert: Die Spitze bildeten sechs Frachter, begleitet von der *Blackfly* und der *Silja*. Dieser Gruppe folgte das etwa 60 Seemeilen entfernte und von der *Trinidad*, *Fury*, *Eclipse* und *Paynter* eskortierte Gros mit acht Handelsschiffen. Zu zwei Dampfern und der *Sumba* gab es seit dem Sturm keinen Kontakt mehr.

Während Koltschins Abteilung bei dem Hauptfeld verblieb, wollten *Trinidad* und *Fury* zur vorderen Gruppe aufschließen. In dieser Situation tauchten nur 3 000 Meter querab des Kreuzers die deutschen Zerstörer aus einer Schneebö auf. Unmittelbar zuvor war auf dem Radarschirm der *Trinidad* der anlaufende Gegner bereits erkannt worden, so daß man rechtzeitig alle notwendigen Verteidigungsvorbereitungen hatte treffen können. Die Kreuzersalven richteten auf dem führenden *Z 26* verheerende Schäden an. Ein in Richtung des angeschlagenen Zerstörers abgefeuerter Torpedo des Kreuzers erwies sich jedoch als Kreisläufer. Er detonierte an der Backbordseite der *Trinidad* und erzwang den Abbruch des Gefechtes, zumal nach einem kurzen Schußwechsel auch die anderen beiden Zerstörer im Schneegestöber verschwanden.

Kurze Zeit später sichtete die *Sokruschitelny* den beschädigten deutschen Zerstörer. Abermals mußte *Z 26* mehrere Treffer hinnehmen, bevor ihm dichter Flockenwirbel Zuflucht bot. Doch nur für kurze Zeit, dann holte die *Eclipse* den nach Süden dampfenden *Z 26* ein. Erneut bohrten Granaten Loch um Loch in das gegnerische Schiff, dessen starke Schlagseite das nahende Ende anzeigte. Unvermittelt griffen *Z 24* und *Z 25* wieder in den Kampf ein — die *Eclipse* drehte, ebenfalls beschädigt, ab. Trotzdem, *Z 26* war nicht mehr über Wasser zu halten. Mit vielen Schiffbrüchigen an Bord kehrten *Z 24* und *Z 25* unangefochten nach Kirkenes zurück.

Nach dem Überwasserscharmützel kam die Stunde für die U-Boote. Ihre Attacken schlugen am Nachmittag des 29. März noch fehl — grobe See, heftiges Schneetreiben und wachsame Eskortefahrzeuge erstickten jeden Angriffsversuch bereits im Keim.

Die für die U-Boote so widrigen Witterungsverhältnisse begünstigten die *Trinidad*: Sie entging allen Angriffen. Mit Unterstützung von *Fury* und *Oribi* erreichte der Kreuzer unbehelligt den Kola-Fjord, wo er das Trockendock der Werft von Rosta ansteuerte.

Am 30. März traf die von Poljarny ausgelaufene 6. britische Minensuchbootflottille mit *Gossamer, Hussar* und *Speedwell* beim Geleitzug ein.[22] An ihre Fersen hatten sich aber mit *U 209* und *U 376* zwei der auf QP 9 angesetzten deutschen U-Boote geheftet. Sie verstärkten nun das *Rudel*, das den Geleitzug verfolgte. Im Laufe des Tages mußten drei Handelsschiffe ihre letzte Reise antreten: *U 376* versenkte die *Induna* mit 5 086 BRT, *U 435* die *Effingham* mit 6 421 BRT und *U 456* die *Mana* mit 3 283 BRT. Die schließlich nach Murmansk gelangten restlichen Frachtschiffe waren dort mehreren Luftangriffen ausgesetzt. Dabei schlug für die *Tobruk*, die *New Westminster City* und die *Empire Starlight* die Schicksalsstunde.

Auch die deutschen U-Boote nahmen am 1. April Kurs auf ihre Stützpunkte. Unterwegs kam es zu einem letzten Zwischenfall: *U 436* versenkte das zur Eskorte gehörende ehemalige Walfangboot *Sumba*.

Soweit die Ereignisse um das Geleitzugpaar PQ 13/ QP 9. Von den in Nordnorwegen stationierten deutschen Flottenkräften gelangten nur drei Zerstörer und neun U-Boote zum Einsatz. Zwei U-Boote samt ihrer Besatzungen und ein Zerstörer mit einem großen Teil der Besatzung mußten auf die Verlustliste gesetzt werden. »Ein Ergebnis«, so die Seekriegsleitung in ihrem Kriegstagebuch, »das in keinem Verhältnis zum Erfolg stand!«. An die nachgeordneten Befehlshaber erging erneut die Weisung, bei der Planung von Operationen mit Überwassereinheiten äußerst zurückhaltend zu sein.

Wie die deutschen, so werteten auch die britischen und sowjetischen Führungsstäbe das Geschehen aus. Mit den koordinierten Luft-, Über- und Unterwasserangriffen des Gegners zeichnete sich für sie eine weitere Eskalation des Krieges im Operationsraum Nordmeer ab. Man kam zu dem Schluß, daß die Sicherung der Geleitzüge immer noch unzureichend war. Die zur Zeit einzige, für die britische Seite allerdings sehr unbefriedigende Lösung bestand im Abzug von Kräften aus dem Atlantik zugunsten der Murmansk-Route.[23] Ehe jedoch wesentliche Entscheidungen getroffen werden konnten, stach

---

22 Das vierte Boot, die *Harrier*, half den beiden Zerstörern, die havarierte *Trinidad* nach Murmansk zu bringen.

23 Die zur U-Abwehr eingesetzten Zerstörer und Korvetten des *Western Approaches Command* hatten entsprechend ihrer bisherigen Aufgabenstellung eine sehr schwache Flak-Bewaffnung — im Nordmeer aber war eine starke erforderlich.

März 1942:
Z 24 und *Z 25*
im Bök-Fjord (Kirkenes)

das neue Geleitzugduo PQ 14/QP 10 am 8. April bzw. am 10. April in See. Den westwärts gehenden QP 10 sicherten der Kreuzer *Liverpool*, die Zerstörer *Oribi*, *Punjabi*, *Marne*, *Fury* und *Eclipse*, die beiden zur U-Boot-Abwehr eingesetzten Trawler *Blackfly* und *Paynter* sowie das M-Boot *Speedwell*.[24]

Der sechzehn Frachter umfassende Konvoi war noch keine 24 Stunden unterwegs, als die Ju-88-Maschinen des Kampfgeschwaders 30 am Himmel erschienen. Ihren Bomben folgten am nächsten Tag von *U 435* abgeschossene Torpedos. Wiederum einen Tag später kam *U 435* erneut zum Schuß. Vier Handelsschiffe überstanden diese Angriffe nicht. Zwischen den Überwassereinheiten beider Seiten gab es diesmal keine Auseinandersetzung, da *Z 7*, *Z 24* und *Z 25* wegen des schlechten

24 In der Barentssee sicherten zwei sowjetische Zerstörer und drei britische M-Boote zusätzlich den Konvoi.

Verluste deutscher Kriegsschiffe im Zusammenhang mit Operationen gegen den alliierten Geleitzugverkehr im Nordmeer (21. August 1941 bis 7. Mai 1942):

QP 9: Das britische M-Boot *Sharpshooter* versenkte durch Rammstoß *U 655* (24. März 1942).

PQ 13: Nach Gefechten mit dem britischen Kreuzer *Trinidad*, dem sowjetischen Zerstörer *Sokruschitelny* und dem britischen Zerstörer *Eclipse* mußte *Z 26* aufgegeben werden (29. März 1942). Der britische Zerstörer *Fury* bekämpfte am 29. März 1942, der sowjetische Zerstörer *Gremjastschi* am 30. März 1942 mit Wasserbomben ein getauchtes U-Boot. Entweder infolge eines dieser Angriffe oder durch eine deutsche Treibmine blieb *U 585* für immer in der Tiefe.

QP 11: *Z 7* wurde nach dem Gefecht mit dem britischen Kreuzer *Edinburgh* und den sichernden britischen Zerstörern *Forester* und *Foresight* aufgegeben (2. Mai 1942).

Allierte Verluste auf der nördlichen Geleitzugroute (21. August 1941 bis 7. Mai 1942):

PQ 7 A: Das deutsche U-Boot *U 134* versenkte den britischen Frachter *Waziristan* (2. Januar 1942).

PQ 8: *U 454* versenkte den britischen Frachter *Harmatis* sowie den Zerstörer *Matabele* (17. Januar 1942).

QP 8: Der deutsche Zerstörer *Z 14* versenkte den sowjetischen Frachter *Ishora* (7. März 1942).

PQ 13: Ju-88-Bomber versenkten die britischen Frachter *Raceland* und *Empire Ranger* sowie den zum Minensuchboot umgerüsteten norwegischen Walfänger *Sulla* (28. März 1942).
Z 26 versenkte den panamesischen Dampfer *Bateau* (29. März 1942).
U 376 versenkte den britischen Frachter *Induna*, *U 456* den honduranischen Tanker *Mana* und *U 435* den britischen Frachter *Effingham* (30. März 1942).
U 436 versenkte das norwegische Minensuchboot *Sumba*, einen ehemaligen Walfänger (1. April 1942).
Ju-88-Bomber versenkten die bereits im Hafen von Murmansk eingelaufenen britischen Frachter *Tobruk* (2. April 1942), *New Westminster City* und *Empire Starlight* (3. April 1942).

QP 10: Ju-88-Bomber versenkten die beiden britischen Frachter *Empire Cooper* (11. April 1942) und *Harpalion* (13. April 1942).
U 435 versenkte den panamesischen Dampfer *El Occidente* (12. April 1942) und den sowjetischen Frachter *Kiew* (13. April 1942).

PQ 14: *U 403* versenkte den britischen Frachter *Empire Howard* (18. April 1942).

QP 11: Bei Angriffen durch die deutschen Zerstörer *Z 24* und *Z 25* wurde der sowjetische Frachter *Ziolkowski* versenkt (1. Mai 1942).
Nach vorangegangener Beschädigung durch *U 456* (Topedoangriff am 30. April 1942) und durch Gefechtsschäden (*Z 25* am 2. Mai 1942) wurde der britische Kreuzer *Edinburgh* aufgegeben und versenkt.

PQ 15: Deutsche Torpedoflugzeuge versenkten die britischen Frachter *Botavon* und *Cape Corso* (2. Mai 1942).
U 251 versenkte den durch vorangegangenen Torpedoluftangriff beschädigten britischen Frachter *Jutland* (3. Mai 1942).
Im Zusammenhang mit Gefechtsoperationen wurde der britische Zerstörer *Punjabi* durch das zur Deckungsgruppe gehörende Schlachtschiff *King George V.* versehentlich gerammt und versenkt.

Ein sowjetisches U-Boot kehrt von einer Operation im Nordmeer nach Poljarny zurück

Luftaufnahme des britischen Kreuzers *Edinburgh*

Captain Faulkner (links) und Rear-Admiral Bonham-Carter auf der Brücke der *Edinburgh* — aufgenommen während der Sicherung von PQ 14

Wetters die Alliierten nicht ausmachen konnten. Auch *U 376, U 377* und *U 456*, die ebenfalls gegen QP 10 operierten, konnten keine Versenkung melden.

In Islands Fjorden ankerten Anfang April zwei Dutzend Frachter — britische, sowjetische, amerikanische und ein griechischer. Ihre Laderäume waren mit Kriegsmaterial für die Rote Armee gefüllt. Die Dampfer sollten demnächst im Konvoi — als PQ 14 — Murmansk ansteuern. Den Hval-Fjord verließen am 8. April siebzehn Handelsschiffe. Sie fuhren in Begleitung einiger Minensuchboote und Trawler zur U-Boot-Abwehr entlang der Nordküste Islands zum befohlenen Sammelraum: 69° 10′ N, 11° 02′ W. Hier trafen am 12. April, zusammen mit der aus dem Seidis-Fjord gekommenen Eskorte (die Zerstörer *Bulldog, Foresight, Forester, Beagle, Beverley* und *Amazon* sowie die Korvetten *Oxlip, Saxifrage, Campanula* und *Snowflake*), noch sieben weitere Schiffe ein.

Der aus Süd-Süd-Ost wehende starke Wind hatte die übliche Treibeiszone im Seegebiet von Jan Mayen unerwartet rasch so verändert, daß sich der Geleitzug unverhofft von dicken, driftenden Eisschollen umgeben sah. Schäden an den Schiffsrümpfen — vor allem an den Schrauben — blieben nicht aus. Schließlich mußten sechzehn Dampfer und die beiden M-Boote *Hebe* und *Speedy* ausscheren und nach Island zurückkehren.

Während sich der Konvoi im Polarmeer formierte, setzte in Scapa Flow Rear-Admiral Stuart Bonham-Carter, Kommandierender des 18. Kreuzergeschwaders, auf der *Edinburgh* seine Flagge. Die Order für den Kreuzer lautete: Nahsicherung für PQ 14 ab 13. April 1942 bei Jan Mayen. Die weiteren Ereignisse um den Konvoi vermitteln ein recht eindrucksvolles Bild von der neuerlichen Standardsituation auf der Nordmeerroute:

14. April: Ein Einzelfahrer, der U-Boot-Abwehr-Trawler *Lord Middleton*, schloß sich der Eskorte an.

15. April, 09.55 Uhr: Ein deutscher Fernaufklärer vom Typ FW-200 erschien und umflog bis zu seiner Ablösung den Geleitzug. Bis 19.55 Uhr beschatteten Aufklärungsmaschinen die Frachter, setzten in dieser Zeit regelmäßig Lagemeldungen und Fühlungshaltersignale auf 364 kHz und 410 kHz ab.
20.00 Uhr: Die Alliierten befanden sich in Position 74° 13′ N, 13° 00′ O, Kurs 90 Grad, Geschwindigkeit neun Knoten. Man näherte sich dem gefährlichen Seegebiet zwischen dem 15. und 24. östlichen Längengrad.
21.45 Uhr: Kursänderung auf 119 Grad. Der Eskorte-Führer informierte den Commodore des Konvois, Edward Rees, daß die Dampfer von Punkt »F« (73° 45′ N, 16° 50′ O) den Punkt »G« (73° 50′ N, 30° 05′ O) des Routenplanes 9[25] anzusteuern hätten, während die Kriegsschiffe parallel zu den Frachtern diese weiter südlich sichern würden.

25 Die britische Admiralität hatte für die Konvois Routenpläne ausgearbeitet, die strengster Geheimhaltung unterlagen. Hauptbestandteil dieser Pläne waren verschiedene, mit Großbuchstaben gekennzeichnete Ansteuerungspunkte. In der Praxis bedeutete dies, daß nie nautische Daten, sondern stets nur Plannummer und Großbuchstabe benutzt wurden (ähnlich dem Prinzip der geheimen Marinequadratkarte der deutschen Kriegsmarine).

Der britische Zerstörer *Beagle*

Der britische Zerstörer *Amazon*

16. April, 04.45 Uhr: Auf der *Amazon* wurde ein U-Boot gepeilt — es sendete entweder aus 340 oder 160 Grad.

05.00 Uhr: Die Zerstörer *Foresight* und *Forester* fuhren in die ermittelten Richtungen. 15 Minuten später machte die *Forester* in der 160-Grad-Position ein U-Boot aus, das bei Annäherung des Zerstörers tauchte.

05.50 Uhr: Die *Campanula* meldete in 70 Grad ein anderes feindliches U-Boot. Die Zerstörer *Bulldog* und *Beagle* nahmen die Verfolgung auf, drückten das Boot unter Wasser. Wegen Versagens der Unterwasserortungsgeräte erfolgte kein Wasserbombenwurf.

12.47 Uhr: Das Funkpeilgerät auf dem Zerstörer *Bulldog* registrierte in 83 Grad ein auf 434 kHz abgesetztes Fühlungshaltersignal des Gegners. Abermals mußten sich *Bulldog* und *Foresight* einem U-Boot widmen. Es konnten sogar zwei ausgemacht werden, die jedoch beide entkamen.

13.04 Uhr: *Forester* sichtete in 216 Grad ein U-Boot und jagte es gemeinsam mit der *Amazon* annähernd drei Stunden lang.

14.50 Uhr: Drei Torpedos trafen die *Empire Howard* — das Schiff vom Commodore des Konvois sank sofort.

20.00 Uhr: Der mit acht Knoten fahrende Konvoi passierte die Position 73° 51′ N, 24° 00′ O. Mit einbrechender Dunkelheit kam es zu keiner U-Boot-Attacke mehr, obwohl abgefangene Funksprüche auf die Anwesenheit von vier oder fünf Booten hinwiesen.

17. April, 05.26 Uhr: Ein deutsches Aufklärungsflugzeug bemerkte den Geleitzug, hielt mit ihm Fühlung und führte Bomber heran. Sie griffen um 06.48 Uhr den Frachter *Athol Templar* und den Zerstörer *Beverly* ohne Erfolg an.

07.30 Uhr: Die sowjetischen Zerstörer *Sokruschitelny* und *Gremjastschi* stießen zum Geleitzug.

08.00 Uhr: Die Handelsschiffe steuerten ab Punkt »G« nunmehr mit Kurs 133 Grad den neuen Zielpunkt »H« an (Position 71° 33′ N, 38° 18′ O). Wiederum leiteten auf 434 kHz empfangene Funksignale um 09.38 Uhr einen Wasserbombenangriff des Zerstörers *Bulldog* auf ein U-Boot ein.

12.40 Uhr: Auf der *Forester* entdeckte man einen auf die Frachter zulaufenden Torpedo. Der Zerstörer machte sofort mit der *Bulldog* Jagd auf das U-Boot. Es konnte vom Sonargerät erfaßt und mit Wasserbomben belegt werden, jedoch ohne Anzeichen eines Erfolges.

15.30 Uhr: Der Geleitzug fuhr seit etwa einer Stunde durch dichten Nebel, welcher nun langsam fiel und sich aufzulösen begann. In dieser Situation näherten sich deutsche Aufklärungsmaschinen. Während man auf den Schiffen die Flugzeuge zwar hören, aber nicht sehen konnte, mußten die aus dem Dunst herausragenden Schiffsmasten eine gute Zielscheibe bieten. Wider Erwarten blieb der Bombenangriff aber aus.

23.00 Uhr: Die Funkstelle Poljarny warnte den Geleitzug vor drei deutschen Zerstörern, die aus Kirkenes ausgelaufen waren.

18. April, 13.15 Uhr: Die 6. britische M-Boot-Flottille mit *Hussar, Niger* und *Gossamer* traf auf den alliierten Schiffsverband, eskortierte ihn südwärts.

19. April, 09.20 Uhr: PQ 14 lief mit sieben Handelsschiffen in den Kola-Fjord ein.

Während die Dampfer nach Murmansk gelotst wurden, machten die Kriegsschiffe in der Militärbasis Poljarny fest — bis auf die *Edinburgh*. Sie mußte nach Rosta, zu dem im Trockendock liegenden Kreuzer *Trinidad*. Ihre Aufgabe bestand nicht ausschließlich in der Sicherung des Geleitzuges PQ 14. An Bord befanden sich Spezialisten der *Königlichen Marine-Werft,* Devonport, die mit aus dem Vereinigten Königreich herbeigeschafften Ersatzteilen den sowjetischen Weftarbeitern bei der Reparatur der *Trinidad* helfen sollten.

Außerdem war die *Edinburgh* für eine streng geheime Mission vorgesehen, die eine baldige Rückfahrt des Kreuzers nach Großbritannien bedeutete ...

Archangelsk und Murmansk — Zielhäfen alliierter Konvois

Zum Zeitpunkt des im Buch beschriebenen Geschehens war Archangelsk schon ein sehr alter, Murmansk dagegen noch ein sehr junger Hafen. Um die damalige Situation richtig verstehen zu können, sind an dieser Stelle einige weiterführende Informationen angebracht. Gleich nach dem Ausbruch des Ersten Weltkrieges war das zaristische Rußland auch schon von seinen Verbündeten abgeschnitten: Türkische Truppen kontrollierten den Bosporus, verhinderten den alliierten Nachschubtransport durch das Schwarze Meer, und die kaiserlich-deutsche Marine beherrschte die westliche Ostsee. Da zudem der Petrograder Hafen während harter Winter zufriert, kam die letztgenannte Route als ständige Seeverbindung nach Frankreich und Großbritannien ohnehin nicht in Betracht. Eine solche war nur im äußersten Norden über die Barentssee möglich.

So rückte der unbedeutende Fischerhafen Bakariza von Archangelsk mit seiner ins Landesinnere führenden Schmalspurbahn plötzlich in den Mittelpunkt des strategischen Interesses der Militärs. Eilends beorderte der Zarenhof Georgi Jakowlewitsch Naliwaiko, Absolvent der Petrograder Hochschule für Verkehrswesen, mit einem Erkundungstrupp zur Nördlichen Dwina. Er sollte prüfen, inwieweit ein schneller Ausbau des Hafens möglich sei. Seine Untersuchungen bildeten zwar unter anderem die Basis für den späteren Außenhafen Ekonomija, doch außer einer bescheidenen Erweiterung und Modernisierung der überalterten Kaianlagen vermochte er wenig auszurichten. Trotzdem löschten britische und französische Frachter bis zum Winterbeginn 1914 immerhin 450 000 Tonnen englischer Kohle sowie 9 000 Tonnen Kriegsmaterial. Wegen der im Januar/Februar 1915 einsetzenden Vereisung des Weißen Meeres mußte aber auch Archangelsk aus den weiteren militärischen Plänen der Entente ausgeklammert werden. Doch Naliwaiko gab nicht auf. Mit einem Vermessungsschiff forschte er nach geeigneten Stellen, um Zar Nikolaus II. den günstigsten Platz für einen stets eisfreien Hafen melden zu können. Dieser mußte seiner Meinung nach auf der Halbinsel Kola gebaut werden, da der Nordatlantische Strom — ein Ausläufer des Golfstromes — *wärmeres Wasser* über das Europäische Nordmeer bis in die Barentssee und das Polarbecken befördert. Die nördliche Küste der Halbinsel Kola ist deshalb frei von Treibeis. Außerdem gibt es dort mehrere Buchten, deren Wassertiefe zur Anlage eines Hafens geradezu einladen. Es kam darauf an, die Stelle mit den besten Voraussetzungen zu finden. Naliwaikos Vermessungstrupp entschied sich schließlich für den Kola-Fjord mit einer durchschnittlichen Wassertiefe von 10 Metern. Dort sollte das Zentrum eines künftigen Großhafens entstehen.

In Petrograd wurde Naliwaikos Bericht mit gemischten Gefühlen aufgenommen: Konnte man denn in der eisigen Kälte längere Zeit einen Hafenbetrieb aufrechterhalten? Und — gesetzt den Fall, man würde in jener Region einen Hafen bauen wollen — woher das dazu benötigte Material nehmen bzw. wie es dahin transportieren? Es existierten weder eine Eisenbahnverbindung noch eine Straße dorthin. Der Seeweg war zu aufwendig und zu gefährlich. So müßten also nicht nur der Hafen, sondern auch eine nach Petrograd führende Eisenbahnlinie gebaut werden. Wer sollte das in so kurzer Zeit bewerkstelligen?

Manche vorschnell geäußerten Einwände ließen sich zwar widerlegen. Trotzdem durfte man die Bedenken hinsichtlich der klimatischen Bedingungen nicht von der Hand weisen. Immerhin lag der vorgesehene Hafenplatz rund 300 Kilometer jenseits des Polarkreises. Nicht umsonst sprachen erfahrene Seemänner von der Barentssee als einer üblen Wetterküche.

Da außerdem der Boden an bis zu 200 Tagen im Jahr von mitunter meterhohem Schnee bedeckt ist, kann man verstehen, daß in jener Region auf den kahlen, zerklüfteten Felsen nur eine kümmerliche Vegetation gedeiht: Gras, Beerenstauden, Gestrüpp, Kuckucksflachse, Svanum-, Jagel- und Islandflechten sowie an einigen geschützten Stellen Kiefern, Tannen oder Birken.

Fruchtlose Diskussionen umgingen die Militärs geschickt, indem sie den Zaren alternativ zu einer raschen Entscheidung drängten. Entweder entschloß man sich für eine Verbindung zu den Verbündeten über die Barentssee, oder Rußland verzichtete grundsätzlich auf jegliches alliiertes Kriegsgut. Die Generalstäbler lieferten Argumente, die den Zaren schließlich veranlaßten, Naliwaikos Vorschlag zu akzeptieren: Österreichische Kriegsgefangene und zur Verbannung verurteilte Tataren sollten als billige Arbeitskräfte sowohl die Eisenbahnlinie fertigstellen als auch einen provisorischen Hafen anlegen. Das benötigte Baumaterial ließe sich ab

Kriegsgefangene Österreicher wurden beim Bau der Eisenbahnstrecke Petrograd - Kola-Fjord eingesetzt (1915)

Mai von Archangelsk bequem zum Kola-Fjord verschiffen. Ein großer Teil der Gleise, etliche Waggons sowie eine Lokomotive würden die USA über eine norwegische Reederei nach Nordrußland schaffen lassen — fehlte also nur eine kleine Anzahl Facharbeiter und Ingenieure, die man für das kriegswichtige Projekt verpflichten müsse. Und die Bewachung der Kriegsgefangenen und Verbannten übernehme ohnehin die Armee, man brauche sich also darüber keine Gedanken zu machen. Von den Militärstrategen sorgfältig erwogen, wurde das Projekt umgehend realisiert. Zehntausende Österreicher und Tataren rangen unter großen Opfern (viele Zwangsarbeiter erlagen den Strapazen, wurden durch Krankheiten und Unfälle dahingerafft) den fast undurchdringlichen Urwäldern und Sümpfen Kareliens sowie der Polartundra Meter für Meter Boden ab, verlegten ein

1916: Eine norwegische Reederei übernahm den Transport einer amerikanischen Lokomotive zum Kola-Fjord. Die Aufnahme wurde kurz nach Ankunft der Lok auf dem provisorischen »Bahnhof« von Romanow-na-Murman gemacht.

4. Oktober 1916 am Kola-Fjord: Grundsteinlegung für die Siedlung Romanow-na-Murman

Gleisstück nach dem anderen. Dies geschah gleichzeitig von Norden und von Süden aus — in Petrosawodsk traf man sich. Nach 15 Monaten hatten die Arbeiter das gewaltige Werk vollbracht. Die 1 450 Kilometer lange Eisenbahnlinie zum 69. Grad nördlicher Breite konnte eröffnet werden.

Am 4. Oktober 1916 trafen kirchliche Würdenträger, Vertreter vom Zarenhof sowie ranghohe Militärs im Hohen Norden ein. An der Stelle, wo heute der Kulturpalast von Murmansk steht, legten sie den Grundstein für eine Kirche. Zu Ehren des Zaren nannten sie die Barackensiedlung großspurig Romanow-na-Murman. Holzhäuschen schossen wie Pilze aus dem Boden, und 1918 nahm die Siedlung mit ihren 1 500 Einwohnern — Fischern, Hafenarbeitern und Armeeangehörigen (während des Ersten Weltkrieges hielten sich in Murmansk zeitweilig russische Truppenkontingente bis zu einer Stärke von

Die ersten Eisenbahnanlagen des Hafens von Murmansk im Sommer 1916

Die Stadt Murmansk im Jahre 1920

10 000 Mann auf) — allmählich kleinstädtischen Charakter an.

Nachdem die Rote Armee am 21. Februar 1920 sowohl den letzten Weißgardisten von Kola verjagt als auch die im Hohen Norden operierenden Entente-Truppen zum Abzug gezwungen hatte, begann für Murmansk — wie das 2500 Einwohner zählende Städtchen nun hieß — der eigentliche Aufstieg. 1928 wohnten bereits 11 000 Menschen in dem terrassenförmig angelegten Ort, wurden die ersten größeren Steingebäude errichtet — vor allem an der unteren der beiden Hauptstraßen.

Das rapide Ansteigen der Bevölkerungszahl ist auf die damaligen Bestrebungen der Sowjetregierung zurückzuführen, die arktische Region zu erforschen, den Nördlichen Seeweg nach Osten auszubauen, den Fischreichtum des Nordmeeres besser als bisher zu nutzen und die Bodenschätze der nördlichen Polargebiete zu erschließen.

Für immer mehr Eisbrecher, Frachter und Fischereifahrzeuge wurde Murmansk zum Heimathafen. In unmittelbarer Umgebung der Stadt wuchsen aus kleinen Dörfern größere Siedlungen hervor, wurden Forschungsstationen errichtet: So war das am östlichen Ufer des Kola-Fjords gelegene, 1896 gegründete Fischerdorf Waenga (später Seweromorsk) bald nicht mehr wiederzuerkennen, erhielt das seit 1899 existierende Dörfchen Poljarny (das ehemalige Alexandrowsk am Murman) an der Westküste des Saida-Guba-Fjords plötzlich eine Außenstelle des Forschungsinstitutes für Hochseefischerei und Ozeanographie der Polarregion.

Einige Jahre danach führten vier recht unterschiedliche Ereignisse zu wesentlichen Veränderungen in Murmansk: Erstens bezwang 1932 der Eisbrecher-Frachter *Sibirjakow* in nur einer Navigationsperiode den Nördlichen Seeweg und leitete damit den regelmäßigen Schiffsverkehr auf dieser Route ein. Zweitens bildete die Sowjetregierung am 1. Juni 1933 in Murmansk aus allen in der Polarregion stationierten Flottenkräften die *Nordflottille*, aus der am 12. Mai 1937 die noch heute so genannte *Nordflotte* hervorgehen sollte. Drittens ließ Professor Kluge — Direktor des *Forschungsinstitutes für Hochseefischerei und Ozeanographie der Polarregion* — 1933 in Poljarny für seine Forschungsschiffe einen Hilfshafen anlegen, den er im November 1935 mit allen Gebäuden den sowjetischen Seestreitkräften zur Verfügung stellte. 14 Jahre lang blieb Poljarny die Hauptbasis der Nordflotte, ehe man sie 1949 nach Seweromorsk verlegte. Viertens und letztens verabschiedete die Sowjetregierung 1932 das Gesetz über den Polarzuschlag, der einen materiellen Anreiz für Berufstätige jenseits des Polarkreises beinhaltete und noch heute in vollem Umfang Gültigkeit besitzt.[26]

[26] »Die Werktätigen erhalten sofort 40 % mehr Lohn, in den anschließenden 3 Jahren nach je 6 Monaten weitere 10 %. Die folgenden beiden Jahre werden mit je 10 % zusätzlich vergütet, so daß nach fünfjähriger ununterbrochener Tätigkeit ein Gesamtzuschlag von 120 % gezahlt wird. Außerdem beträgt der Jahresurlaub 42 Tage, können nach 15jähriger Arbeit im Polargebiet Frauen mit 50, Männer mit 55 Jahren in Rente gehen.«

Murmansk platzte bald aus allen Nähten. Je mehr Menschen kamen, umso mehr vergrößerte sich die Flotte, die Betriebe, die Institute und das Wohnungsbaukombinat sowie ferner die Einrichtungen der Volksbildung, des Gesundheitswesens, des Dienstleistungsbereiches u. a. m. — eine moderne Stadt wuchs stetig heran.

Den mächtigsten Menschenandrang erlebte Murmansk im Sommer 1938. In jener Zeit bekam die Arktisflotte viele neue Schiffe, befanden sich vier für damalige Verhältnisse starke Linieneisbrecher im Bau. Ein leistungsfähiger Reparaturbetrieb jenseits des Polarkreises machte sich dringend erforderlich. Zwar war bei Murmansk, in Rosta, bereits der Grundstein für eine Großwerft gelegt worden, doch die Arbeiten gingen mangels Fachpersonals nur schleppend voran.

Das *Zentralkomitee der KPdSU* und der *Rat der Volkskommissare* hatten angesichts der unbefriedigenden Situation beschlossen, die Jugend des Landes für das Unternehmen zu mobilisieren und Iwan Dmitrijewisch Papanin, den populären Arktisforscher und stellvertretenden Leiter der *Hauptabteilung Nördlicher Seeweg,* die Lösung dieser Aufgabe zu übertragen.

20 000 junge Enthusiasten trafen binnen weniger Tage in Murmansk ein und gingen mit Elan ans Werk.

Die Fertigstellung der Docks, Hallen und Werkstätten erfolgte in mehreren Etappen. Noch ehe der Werftbau 1939 vollendet war, setzte man in Rosta bereits die ersten Schiffe instand. Die Hoffnungen, die sowohl die Regierung als auch die *Hauptabteilung Nördlicher Seeweg* an die Werft knüpften, erfüllten sich — der Aufwand machte sich sehr rasch bezahlt. Für die sich wie ein Schlauch nach Norden ausdehnende Stadt bedeutete der Werftbetrieb nicht nur neue Arbeitsplätze, sondern auch neu hinzukommende Einwohner. Kurz vor Beginn des Großen Vaterländischen Krieges konnte der hunderttausendste Murmansker Bürger registriert werden.

Dann kam der 17. Juni 1941. Unter Verletzung des sowjetischen Luftraumes tauchten deutsche Aufklärungsflugzeuge über Murmansk, Poljarny und Waenga auf, drangen bis zur östlichen Kola-Küste vor und kehrten über die Barentssee zu ihren Stützpunkten im besetzten Norwegen zurück. Ähnliches wiederholte sich an den nächsten Tagen — bis zum 21. Juni. In der darauffolgenden Nacht kamen jedoch keine Aufklärer, sondern Bomberverbände mit ihrer tödlichen Last. Ziel der Angriffe waren in erster Linie die Anlagen in der Hauptbasis der Nordflotte sowie die an den Kais vertäuten oder auf der Binnenreede — zwischen Kap Mischkukow und der Salnyi-Insel — ankernden Frachter, ferner die Flugplätze und Standorte der Luftstreitkräfte. Die mit diesen Angriffen angestrebte Luftüberlegenheit sollte den deutschen Truppen ein schnelles Vordringen ermöglichen. Weit kamen die Verbände des Generals Dietl allerdings nicht, sie litten in der unwegsamen Tundra unter erheblichen Nachschubschwierigkeiten. Die Verteidiger des sowjetischen Polargebietes rangen zudem an den fernen

Murmansk im Jahre 1935

Zugängen zu Murmansk aufopferungsvoll um jede Bergkuppe, ja um jeden Stein auf diesen Kuppen. Besonders erbitterte Kämpfe tobten an der Westlichen Liza, einem kleinen Flüßchen, das bis zum Rückzug der deutschen Truppen im Jahre 1944 die Frontlinie bilden sollte.

An anderen Abschnitten der karelischen Front gelang es sowohl deutschen Einheiten, den Weißmeer-Ostsee-Kanal zu erreichen, als auch dem finnischen III. Armeekorps, vom Raum Suomussalmi/Kuhmo aus die Kirow-Eisenbahnlinie zu überschreiten. Für Murmansk hatte das zur Folge, daß es zweier wichtiger Lebensadern beraubt war. Die Versorgung der Stadt wurde zunehmend schwieriger, und über den Nördlichen Seeweg eingetroffene Güter konnten nur noch über Archangelsk — also praktisch wieder zurück — weiterbefördert werden. Hinzu kam, daß vom nahen finnischen Flughafen Luostari fast täglich deutsche Bomber aufstiegen, um die Schiffahrt im Kola-Fjord zum Erliegen zu bringen.

Und je mehr die sowjetischen Streitkräfte, insbesondere die 14. Armee und Marineinfanteristen der Nordflotte, die Gebirgsjäger des Generals Dietl am Vorwärtskommen hinderten, um so heftiger wurden die Luftüberfälle auf die Hafenstadt, denen von den Kräften der *Luftverteidigung Murmansk* heldenhaft begegnet wurde. Bis zum Herbst 1941 waren durch die barbarischen Bombenangriffe und die daraus resultierenden verheerenden Brände vier Fünftel aller Gebäude zerstört worden. Von 44 700 Quadratmetern Wohnraum blieben nur 9 100 übrig. Von Tag zu Tag wurde das Leben in der bedrängten Stadt schwerer und entbehrungsreicher. Hunger und Obdachlosigkeit waren das eine Übel, die angebrochene Kälteperiode — der Winter hatte frühzeitig Einzug gehalten — das andere. Dazu bewegte jeden Murmansker die bange Frage: Wann wird die nur 70 bis 100 Kilometer entfernte Front näherrücken?

Vorsorglich evakuierten die staatlichen Behörden etwa 65 000 Frauen, Kinder und Greise. Man demontierte wichtige Werks- und Hafeneinrichtungen und transportierte sie ins sichere Hinterland. Schließlich verstärkte man die Nordflotte mit einem Teil der hier beheimateten 150 Schiffe aller Art und Größe und ließ den Rest mit Kurs auf Archangelsk in See stechen. Seeleute, Hafen- und Fabrikarbeiter zogen den Waffenrock an, um ihre Heimat verteidigen zu helfen. In der Werft von Rosta überholten die Werktätigen nur noch Kriegsschiffe und produzierten zusätzlich leichte Waffen. Mit einem Wort: Der Handelshafen war völlig stillgelegt, Murmansk Frontstadt geworden.

Der Güterstrom auf dem Nördlichen Seeweg hatte bislang überwiegend in Murmansk seinen Anfang genommen oder dort geendet. Nun hingegen sollte Archangelsk den Ausgangs- bzw. Endpunkt der Transporte bilden. Der zwar flächenmäßig recht große Hafen konnte dieser Aufgabe jedoch kaum gerecht werden — er war auf den plötzlich eintretenden gewaltigen Güterumschlag nicht vorbereitet. Es existierte keine einheitliche Hafenwirtschaft, da sich das Gebiet in einzelne, kilometerlange Bezirke und Bereiche unterteilte, die alle ihre eigene Verwaltung besaßen. Der wichtigste Hafenbezirk hieß Bakariza. Er lag am rechten Ufer der Dwina oberhalb der Stadt, 50 Kilometer von der Flußmündung entfernt. Jenseits ein weiterer kleiner Bereich: Lewy Bereg,

Frühjahr 1942:
Das Zentrum
von Murmansk

das Kohlelager für die Schiffahrt. Der Verkehr zwischen beiden Hafenregionen und mit Archangelsk konnte in Ermangelung einer Brücke und geeigneter Straßen nur mit Fähren und Barkassen aufrechterhalten werden.
Die eigentliche Stadt befand sich am rechten Flußufer. Nahe ihrem Zentrum gab es den Hafenbereich Krasnaja Pristan. Hier wurden nur Nahverkehrsboote und Fahrgastschiffe abgefertigt. Ekonomija, der an der Nördlichen Dwina gelegene Umschlagplatz für Holz, war der zweite bedeutende Hafenbezirk. Schließlich sei ein damals noch namenloser Bezirk (das spätere Sewerodwinsk) erwähnt, der gerade aufgebaut werden sollte.
Die Wassertiefen im gesamten Hafengebiet waren relativ gering. So konnten nur kleinere Schiffe festmachen. Lediglich Bakariza vermochte bis zu fünf mittelgroße Frachter gleichzeitig aufzunehmen, vorausgesetzt, deren Tiefgang überschritt nicht die 5,5-Meter-Marke.
Schon aus diesen objektiven Gegebenheiten kann man erkennen, daß Archangelsk mit seinen unzureichenden Kai- und Gleisanlagen sowie den ungenügenden Mechanisierungsmitteln nur schwerlich in der Lage war, den rapide angestiegenen Güterverkehr ordnungsgemäß zu bewältigen. Doch damit nicht genug: Alliierte Konvois brachten gemäß dem zwischen der UdSSR und ihren westlichen Verbündeten (USA und Großbritannien) geschlossenen Abkommen seit August 1941 Kriegsmaterial nach Archangelsk. Die Entladung der ersten Transporter fand unter komplizierten Bedingungen statt — es gab zum Beispiel keinen Portalkran, der »Matilda«- oder »Valentine«-Panzer aus einer Ladeluke hieven konnte. Auch die zügige Weiterleitung der alliierten Sendungen ließ zu wünschen übrig. Oft war man gezwungen zu improvisieren.
In jenen, für die Sowjetunion so kritischen Tagen faßte das Staatliche Verteidigungskomitee der UdSSR einen bedeutenden Beschluß: Der Archangelsker Hafen sei unverzüglich so auszubauen und zu erweitern, daß Frachter alliierter Geleitzüge aufgenommen, ihre Ladungen schnell gelöscht und an die Front weitergeleitet werden können. Mit dieser ungemein wichtigen Aufgabe wurde am 15. Oktober 1941 der inzwischen zum Leiter der *Hauptabteilung Nördlicher Seeweg* berufene Kapitän zur See Iwan Dmitrijewitsch Papanin durch Josef Wissarionowitsch Stalin persönlich betraut.[27]
Noch am gleichen Abend fuhr Papanin nach Archangelsk, begleitet von einigen bewährten Mitarbeitern seiner Hauptverwaltung. Sie sollten ihm bei der grundlegenden Rekonstruktion der Hafengebiete mit Rat und Tat zur Seite stehen. Letztendlich galt es, die vorhandenen Kaianlagen auszubauen und umzugestalten, die Gleisanlagen zu erneuern, neue Anlegeplätze an der Dwinamündung zu schaffen, alle Bezirke zu modernisieren, die Zahl der Schauerleute, Kranführer und Mechaniker stark zu erhöhen, sowie Fahrrinnen und Hafenbecken auszubaggern — und dies alles innerhalb kürzester Zeit, bei laufendem Hafenbetrieb. Kühne Pläne zu entwerfen, war die eine Sache — sie unter den extrem schwierigen Kriegsbedingungen zu realisieren, die andere. Das wußte Papanin aus eigener Anschauung, denn er hatte im letzten bewaffneten Konflikt mit Finnland während der Wintermonate 1939/40 die Militärtransporte auf dem Weißen Meer organisiert. Zwischen beiden Kriegen bestand allerdings ein entscheidender Unterschied: Im sowjetisch-finnischen Winterkrieg gab es nur eine räumlich eng begrenzte Front im Nordwesten, 1941 verlief sie jedoch vom äußersten Süden bis zum Hohen Norden, waren die westlichen Landesteile vom Feind okkupiert, stand er mit starken Truppenverbänden vor Moskau. In Archangelsk vermochte Papanin mit seiner Vollmacht als Beauftragter des *Staatlichen Verteidigungskomitees* die Arbeit der Gebietsparteiorganisation, der Staatsorgane, der Hafenwirtschaftsbetriebe und der regionalen Militärführung positiv zu beeinflussen. Innerhalb weniger Tage waren nicht nur alle Reserven an Material, Technik und Arbeitskräften erfaßt, sondern bereits die grundlegende Rekonstruktion der verschiedenen Hafenkomplexe eingeleitet worden. Den rund 1 000 Beschäftigten wurde die Bedeutung des Projektes eingehend erläutert und klargemacht, daß die Front nicht warten konnte — die Arbeiter antworteten mit gewaltigen Leistungen. Es ging zügig voran.
Zuerst hatte man sich Bakariza mit seinen 20 Piers von etwa zwei Kilometern Länge vorgenommen. Bis Mitte November 1941 wurden entlang der gesamten Kaianlagen zwei Bahngleise verlegt. Das eine Gleis lag im Schwenkbereich der Ladebäume, so daß die Transportgüter direkt von Bord der Frachtschiffe in die Eisenbahnwaggons verladen werden konnten.
Den eigenen Schatten vermag bekanntlich niemand zu überspringen. Auch Papanin erkannte, mit örtlichen Ressourcen allein war das gesteckte Ziel nicht zu erreichen, wären alle Anstrengungen vergeblich. In seinem täglichen Telefonbericht an Mikojan machte der Beauftragte deutlich, daß er ohne Hilfe von außen auf halbem Wege stehenbleiben würde. Die erbetene Unterstützung ließ nicht lange auf sich warten.

---

27 Im Beisein von Anastas Iwanowitsch Mikojan und Wjatscheslaw Michailowitsch Molotow.
Die *Hauptverwaltung Nördlicher Seeweg* unterstand in den ersten Kriegsjahren dem Mitglied des Staatlichen Verteidigungskomitees Molotow. Mikojan war zu dieser Zeit Stellvertretender Vorsitzender des *Rates der Volkskommissare*.

Am 9. November 1941 nahm das *Staatliche Verteidigungskomitee der UdSSR* den Beschluß über den Hafen von Archangelsk an. In ihm wurden u.a. folgende Hilfsmaßnahmen aufgeführt:
Das *Volkskommissariat für die Seekriegsflotte* hatte Eisbrecher und Schlepper abzugeben, die *Volkskommissariate für die Binnenschiffahrt* und *für das Verkehrswesen* mußten Schwimm- und Eisenbahnkräne beisteuern. Verschiedene Betriebe und Militärbezirke hatten Lastkraftwagen und Traktoren zur Verfügung zu stellen. Außerdem wurde das *Volkskommissariat für das Verkehrswesen* verpflichtet, von der Station Issakogorka zum Hafenbezirk Ekonomija eine Stichbahn zu bauen.

Noch im November 1941 wurde jeder Punkt des Beschlusses mit Leben erfüllt. Dies gab den Ausschlag dafür, daß aus dem abgelegenen Hafen systematisch ein mechanisierter Komplex für den internationalen Verkehr entstand: Ekonomija erhielt sechs sehr gut ausgestattete Kaianlagen, an denen Schiffe mit einem Tiefgang bis zu 8,5 Metern entladen werden konnten. In Bakariza baggerte man das Hafenbecken aus (die Wassertiefe nahm um 2,5 Meter zu) und installierte auf den Kais Portalkräne, um die ankommenden und abgehenden Geleitzüge rasch abfertigen zu können. Hochseeschiffe mit großem Tiefgang mußten jedoch immer noch einen Teil ihrer Ladung an den drei behelfsmäßigen Piers von Sewerodwinsk löschen, ehe sie nach Bakariza weiterfahren konnten. Dieses umständliche Verfahren brachte einen erheblichen Zeitverlust mit sich, den man nicht gewillt war, lange hinzunehmen. Für März 1942 stand deshalb der Beginn des Ausbaus von Sewerodwinsk auf dem Programm.
Papanins zweites Sorgenkind war der Eisenbahntransport. Was nützte es, die Schiffe rasch zu entladen, wenn die Güter nicht sofort weiterbefördert werden konnten? Auf allen Stationen des Knotenpunktes Archangelsk erfolgten daher umfangreiche Erweiterungsarbeiten — besonders in Issakogorka, das sich so zu einem wichtigen Verschiebebahnhof entwickelte.
Sämtliche im Hafen abgefertigten Waggons gelangten nach Issakogorka, wo man die Transporte zusammenstellte. Von da aus rollten die Züge mit Panzern, Flugzeugen, Geschützen, Munition und Lebensmitteln Tag und Nacht an die Front. Aber noch harrte eine ungelöste Aufgabe auf Papanin: Ekonomija durch eine Bahnlinie mit der Hauptstrecke zu verbinden, die am linken Ufer der Nördlichen Dwina verlief. Die Problematik bestand darin, daß die anzulegende Strecke durch die Tundra führen sollte. Trotzdem entstand in mühevoller Arbeit, nicht zuletzt dank einer eilends herbeibeorderten Bauspezialeinheit (Gorem-20), ein 43 Kilometer langer Schienenweg — mit sechs Brücken und sechs Abzweigungen — von Ekonomija bis Sharowicha. Hier stieß die Linie auf die Nördliche Dwina, die irgendwie überquert werden mußte. Eine Pontonbrücke und der Trajektverkehr wurden wegen der immer strenger werdenden Kälte verworfen. Es blieb nichts anderes übrig, als vorerst die Gleise über das Eis zu verlegen — ein Wagnis, das gelang ...
Die Abnahme alliierter Schiffe wurde von den beiden Vertretern der britischen Militärmission, Mr. Macley und Captain Bond, den Beauftragten des *Volkskommissariats für den Außenhandel,* Wassili Nikolajewitsch Gerassimow, sowie dem Bevollmächtigten des *Volkskommissariats für die Verteidigung*, Oberst Pjotr Iljitsch Chrjajew, beaufsichtigt. Bei letzterem meldeten sich entsprechend der Art des jeweils angekündigten Militärgutes Offiziere verschiedener Waffengattungen, um mit dem Kriegsmaterial direkt an die Front zu fahren. Die zivilen Güter dagegen — Lebensmittel, Kleidung, flüssige Brennstoffe, Metalle und Betriebseinrichtungen — gelangten auf dem üblichen Transportweg ins Landesinnere. Gemäß einer Vereinbarung mit den westlichen Alliierten gewährte die UdSSR in dem Seegebiet östlich des Meridians der Bären-Insel (20 Grad östlicher Länge) allen eintreffenden bzw. abgehenden Konvois zusätzlichen Schutz. Dieser bezog sich nicht allein auf das militärische Geleit, sondern auch auf das der Eisbrecher im Weißen Meer. Schon PQ 2 war auf die Hilfe der eisbrechenden sowjetischen Schiffe angewiesen. Bei PQ 5 traten erstmals Schwierigkeiten auf, weil die Eisstärke enorm zugenommen hatte.

Die Eisbrecher vermochten vieles, doch bei extrem strengem Frost die Fahrrinne nach Archangelsk ständig offen zu halten, überstieg ihr Leistungsvermögen. Da die Vergrößerung der Eisbrecherflotte in Ermangelung von Schiffen nicht möglich war, gab es nur eines: Die Konvois mußten künftig Murmansk anlaufen. Papanin unterbreitete Mikojan diesen verwegenen Vorschlag mit der Bitte um Prüfung und baldige Entscheidung. Etwa zur gleichen Zeit dirigierte man wegen der im Weißen Meer herrschenden Eisverhältnisse alle sieben Schiffe des PQ 6 zum Kola-Fjord um. Eines von ihnen, der Tanker *Mirlow*, konnte mit primitiven Mitteln in Waenga entladen werden. Während der sowjetische 7363-BRT-Dampfer *Dekabrist* mit amerikanischen Waffen nach Murmansk geleitet wurde. Die übrigen mußten auf besseres Wetter warten. Schließlich setzten die fünf Frachter ihre unterbrochene Fahrt nach Archangelsk fort und wurden unterwegs vom Eis eingeschlossen.
Anastas Mikojan hatte indessen unverzüglich mit dem Zentralkomitee der Partei, mit der Regierung der Karelo-

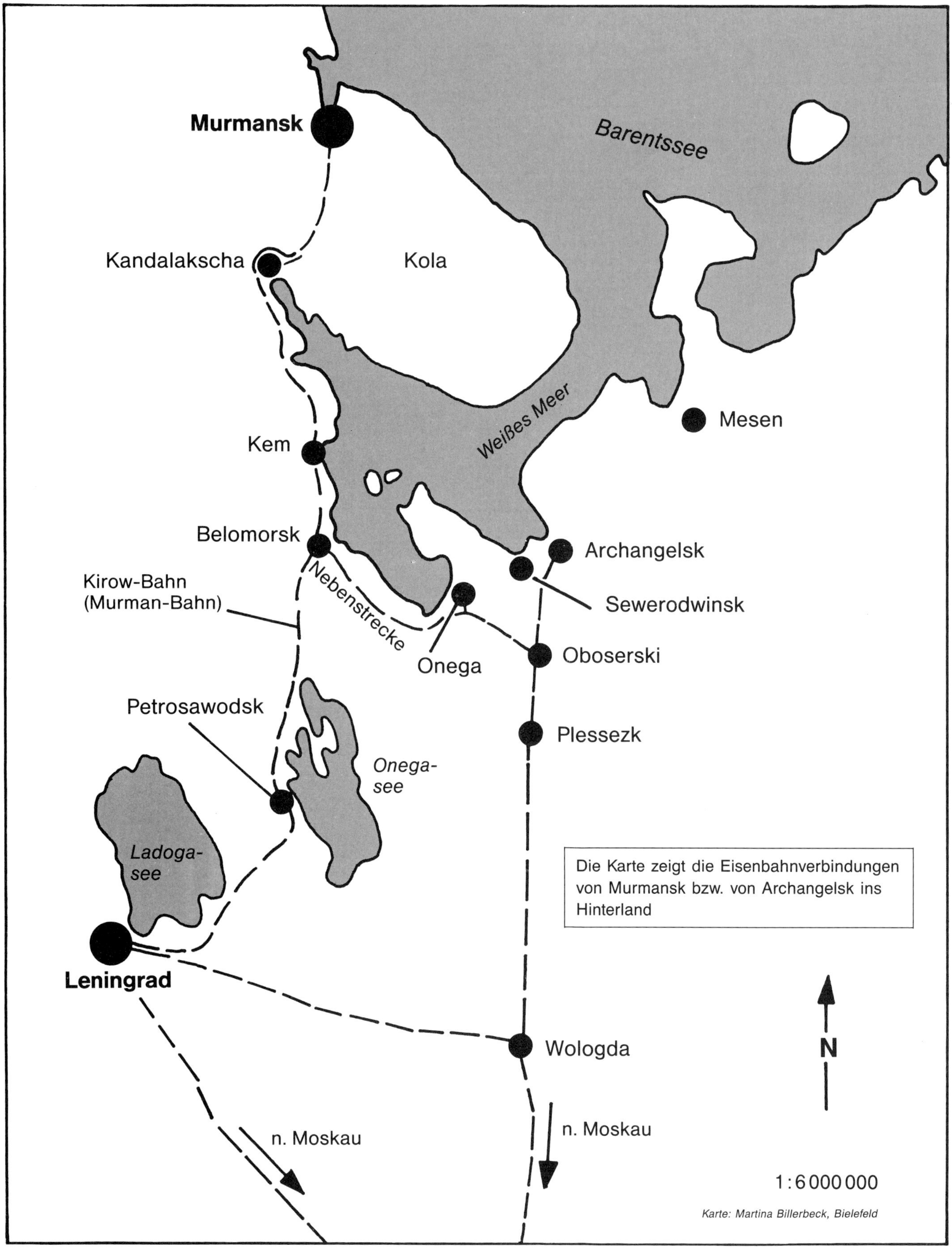
Murmansk
Barentssee
Kandalakscha
Kola
Weißes Meer
Mesen
Kem
Belomorsk
Archangelsk
Kirow-Bahn
(Murman-Bahn)
Nebenstrecke
Sewerodwinsk
Onega
Oboserski
Petrosawodsk
Plessezk
Onega-
see
Ladoga-
see
Die Karte zeigt die Eisenbahnverbindungen von Murmansk bzw. von Archangelsk ins Hinterland
Leningrad
N
Wologda
n. Moskau
n. Moskau
1:6000000
Karte: Martina Billerbeck, Bielefeld

Finnischen SSR[28] und mit dem Stab der Karelischen Front Papanins Anregung erörtert. Anschließend befaßte sich das *Staatliche Verteidigungskomitee* mit der Angelegenheit. Das Ergebnis dieser Beratungen war der Beschluß über die Inbetriebnahme und den damit verbundenen Wiederaufbau des Hafens von Murmansk. Das alles geschah in den Tagen, da erbittert vor Moskau gekämpft wurde ...

Zum Jahreswechsel erhielt Papanin grünes Licht für das neue Vorhaben. Gleichzeitig teilte ihm die Regierung der Karelo-Finnischen SSR mit, daß sie 1 000 Soldaten zum Hafenbau abkommandiert habe. Die Soldaten sollten sich als äußerst spürbare Hilfe erweisen, da sie im Zivilleben in metall- oder holzverarbeitenden Berufen tätig gewesen bzw. Kraftfahrer oder Maschinisten waren. Da Papanin aus Archangelsk zudem 1 160 bewährte Hafenarbeiter sowie Kräne und Lastkraftwagen mitbrachte, konnte umgehend mit den dringendsten Instandsetzungsarbeiten begonnen und die *Dekabrist* entladen werden.

In allen Bereichen lief die Arbeit auf Hochtouren, sowohl im Hafen als auch außerhalb desselben — trotz klirrenden Frostes, ununterbrochener Dunkelheit und feindlicher Luftangriffe. Binnen weniger Tage wurden alle Voraussetzungen für die ordnungsgemäße Abfertigung der angekündigten Teilgeleitzüge PQ 7 A/B geschaffen. Am 11. Januar lief der gesamte, aus 10 Frachtern bestehende Konvoi in den Kola-Fjord ein. 29 500 Tonnen verschiedenartiger Güter galt es zu entladen. Viel Zeit stand dafür nicht zur Verfügung, denn die Rückfahrt sollte in knapp zwei Wochen erfolgen. Hinzu kam, daß die Beladungszeit zu berücksichtigen war, denn die Schiffe der nach Westen laufenden Geleitzüge verließen Murmansk nicht mit leeren Laderäumen. Fehlte es an einer erforderlichen Menge Rückfracht, nahmen einige Schiffe als Ballast Wasser, andere Schotter auf — stets die Menge, welche dem Schiff bei möglichst geringer

[28] Ab 16. Juni 1956 Karelische Autonome Sowjetrepublik.

Ein alliierter Geleitzug verläßt den Kola-Fjord

Masse eine dem Seegang entsprechende ruhige Lage verlieh. Selbst eine solch unscheinbare Kleinigkeit wie die Schotterfrage bereitete den Verantwortlichen Sorgen. Immerhin lag der einzige Steinbruch bei Kola seit Monaten still. Er mußte ebenfalls wieder seinen Betrieb aufnehmen. Das war schon deshalb unerläßlich, weil auch für den unumgänglichen Ausbau der Eisenbahnnebenstrecke Sorokskaja - Oboserskaja[29], die Verbindungslinie der Kirow-Bahn zur Nord-Bahn, gewaltige Mengen an Bettungsmaterial benötigt wurden.
Der Erfolg aller Arbeiten hing wie stets und überall von den Menschen ab. Die etwa 2500 Leute, die in den ersten Januartagen das Hafenkollektiv bildeten, reichten bei weitem nicht aus. Auf Papanins Ersuchen hin mobilisierte das *Volkskommissariat für die Verteidigung* in den Gebieten Rjasan und Tula 2000 Reservisten, die nicht als Offiziere, Unteroffiziere oder Soldaten, sondern als Brigadiere, Stauer oder Schauerleute im nördlichsten Hafen der Heimat ihren Wehrdienst leisteten. Hinzu kamen noch rund 1500 Murmansker, so daß in unmittelbarer Frontnähe fast 6000 Männer und Frauen damit beschäftigt waren, den für das Land so wichtigen Hafen neu zu gestalten.
Abgesehen davon, daß die auf engstem Raum konzentrierten alten Kaianlagen des Hauptbereiches von den deutschen Bomberpiloten selbst während der Polarnacht zielsicher angeflogen wurden, war die gleichzeitige Abfertigung mehrerer Schiffe dort kaum möglich. Neue Hafenabschnitte — Seljony Mys und Lesnoi — mußten rekonstruiert und außerhalb des Weichbildes der Stadt die Treibstoff- und Munitionspiers gebaut werden. Den einzelnen Hafenbereichen merkte man die Frontnähe an: Bombentrichter reihte sich an Bombentrichter, überall gab es Splitterschutzgräben und Flakstellungen sowie insgesamt neun Luftschutzbunker, in denen 1750 Personen Schutz fanden.
Als am 10. Februar die Geleitzüge PQ 9 und 10 mit insgesamt zehn Frachtern den Kola-Fjord erreichten, erlebten die ausländischen Seeleute einen fast normalen Hafenbetrieb. Wofür in Friedenszeiten mindestens ein Jahr benötigt worden wäre, das hatten Papanins Brigaden in nur fünf Wochen geschafft. Zwei Tage später konnten acht der angekommenen Handelsschiffe wieder in See stechen und Kurs auf Island nehmen. Lediglich bei zwei Tankern dauerte die Ladungsübernahme etwas länger. Wegen der Bombenangriffe hatte man auf das Anlegen umfangreicher Treibstofflager von vornherein verzichtet. Das Benzin mußte deshalb vom Schiff direkt in Kesselwagen gepumpt werden. Das war zwar zeitaufwendig, aber verhältnismäßig sicher. Die Gütertransporte wurden auch nicht in Murmansk, sondern auf den Nachbarstationen Kola, Wychodnoi, Schongui und Loparskaja zusammengestellt. Dadurch dezentralisierte man die beladenen Waggons und machte es der gegnerischen Luftaufklärung schwer — während der Polarnacht sogar unmöglich —, sie zu erfassen.
Gelang es dem Feind jedoch, die Transporte auszumachen, folgte bald darauf der Luftangriff. Die deutschen Bomber starteten von den in nächster Nähe gelegenen Flugbasen und erschienen bereits nach 20 bis 30 Minuten im Zielgebiet. Jagdfliegerverbände der sowjetischen Nordflotte, der 14. Armee und der zwei im Rahmen des Leih- und Pachtgesetzes bei Murmansk stationierten britischen Fliegerstaffeln (mit 40 »Hurricanes«) verwickelten den angreifenden Gegner in meist erbitterte Luftkämpfe. Waren allerdings die Transportzüge unterwegs, entfiel oft der Jagdschutz, da dieser sich hauptsächlich auf das Umfeld des Kola-Fjords konzentrierte. Man behalf sich, indem an jeden Güterzug zwei mit Flakgeschützen und Maschinengewehren bestückte Plattformwaggons angehängt wurden. Die Flakartilleristen vereitelten wiederholt gezielte Bombenabwürfe — ein Volltreffer und damit eine wirkungsvolle Unterbrechung der Eisenbahnstrecke gelang selten.
Mit Beginn der alliierten Güterlieferungen nach Murmansk wurden in Poljarny eine amerikanische[30] und eine britische Militärmission eingerichtet. Die amerikanische Mission leitete der Navy-Offizier Samuel Frankly, für die britische zeichnete Rear-Admiral Robert Hesketh Bevan als *Senior British Naval Officer (S.B.N.O.), North Russia*, verantwortlich. Letzterem standen drei Stabsoffiziere, der Commander Davis und die Lieutnants R. H. Hurt und A. Fisher, sowie mit Mr. Cormack ein Beauftragter des *Ministry of War Transport* zur Seite. Die Missionen kümmerten sich nicht nur um die rein militärischen Angelegenheiten und die Gütertransporte, sondern um alles, was mit dem Aufenthalt ausländischer Seeleute in der Sowjetunion zusammenhing.[31] Da die britische Admiralität die volle Verantwortung für die Organisierung des Geleitzugverkehrs trug, standen ihren Missionen in Archangelsk ein Offizier im Range eines Captain (Kapitän zur See), in Murmansk im Range eines Admirals vor. Beide Offiziere erhielten ihre Befehle vom Chef der britischen Militärmission in Moskau.
Sowohl der Stab des Befehlshabers der Nordflotte als auch Papanin bzw. Alexej Nikiforowitsch Fottschenko

---

29 Sorokskaja — heute Belomorsk; Oboserskaja = Oboserski

30 Deutschland hatte am 11. Dezember 1941 den USA den Krieg erklärt.

31 Die ausländischen Schiffsbesatzungen bestanden aus Angehörigen vieler Nationen — vor allem aber aus Briten, Amerikanern, Polen und Norwegern.

(als Beauftragter des *Volkskommissariats für den Außenhandel* gehörte er zum engsten Mitarbeiterkreis Papanins) hielten ständig Kontakt zu den verbündeten Marineoffizieren. Gemeinsam entschieden sie anstehende Fragen der Löscharbeiten und der Schiffsversorgung (Treibstoff, Proviant, Rückladung). Vor jeder Ausfahrt eines Geleitzuges fand zudem eine Beratung mit den Handelsschiffskapitänen und den britischen Kriegsschiffskommandanten statt. Bei dieser Gelegenheit informierten Stabsoffiziere der Nordflotte in Anwesenheit beider Missionsvertreter über die gegenwärtige Seelage, teilten sie die Kurse für den Geleitzug im Verantwortungsbereich der UdSSR mit, nannten sie die begleitenden sowjetischen Sicherungskräfte und vereinbarten die Nachrichtenverbindungen zwischen den Schiffen.

Mitunter mußten ausländische Seeleute über eine Woche lang in Murmansk ausharren. Das war bei eisigem Wind, Schneegestöber oder ununterbrochener Nacht keine allzu angenehme Sache. Sicher, ihnen stand das moderne Hotel *Arktika* mit seinen Klub- und Gasträumen zur Verfügung — aber auch der nahegelegene Luftschutzbunker. Letzteren lernten sie bald besser kennen als das Restaurant. Und einige mußten für immer in Murmansk bleiben: Im Bombenhagel gefallen, fanden sie auf dem am nördlichen Stadtrand gelegenen Militärfriedhof ihre letzte Ruhestätte.

Zeitweilig unterstanden den Leitern der Militärmissionen zu Sonderaufgaben abkommandierte Offiziere. Im Frühjahr 1942 erschien unter anderem Captain Axel Pearson aus den USA in Murmansk. Er sollte im Auftrag des Pressebüros des Kriegstransportdienstes überprüfen, wie die Arbeit im Hafen voranging, ob die entsprechend dem *Leih- und Pachtgesetz* in die Sowjetunion entsandten Güter nicht zulange auf den Kais oder in den Lagerhallen liegenblieben, und ob sie nicht im Hafen bzw. auf der Bahn von feindlichen Fliegerkräften vernichtet würden. Nach Pearsons Rückkehr in die USA wurden seine Eindrücke in einem Bulletin veröffentlicht. Zur Frage der Luftangriffe äußerte er:

»... wir erlebten bis zu vierzehn Bombenangriffe pro Tag. Ich habe die Angriffe achtunddreißig Tage lang gezählt. Dann gab ich es auf, die Bombardierungen festzuhalten ... Hier ist es zur Gewohnheit geworden, bis zum allerletzten Alarmsignal zu arbeiten, viele arbeiten auch während der Angriffe weiter ...
Die Russen schlüpfen in den ersten besten Unterstand und verfluchen den Feind. Doch für sie bedeutet das Auftauchen der Flugzeuge lediglich eine Unterbrechung ihrer Arbeit. Die Schauerleute im Hafen arbeiten, bis es zu brennen beginnt. Die Arbeiter schaffen so lange weiter, bis der Qualm von den Bombenexplosionen derartig dick ist, daß man nichts mehr erkennen kann. Die Soldaten an den Kais sind Fronturlauber. Statt sich zu erholen,

Am nördlichen Stadtrand von Murmansk befindet sich der *Westalliierte Friedhof*. Hier ruhen vor allem in Murmansk bei Bombenangriffen gefallene bzw. ihren Verletzungen erlegene britische Seeleute.

Frühjahr 1942: Luftangriff auf Murmansk

kommen sie in den Hafen arbeiten, damit die Front reibungslos versorgt wird. Was für Menschen! Jede Arbeit, wie gefährlich sie auch immer sein mag, tun sie fröhlich. Ich habe niemals beobachten können, daß die Stimmung bei den Russen gedrückt gewesen wäre ...«
Wahrlich, Pearson hatte nicht übertrieben. Trotz systematischer Bombardierung wurden weder der Hafenbau noch die Löscharbeiten ernsthaft beeinträchtigt. Während der Winterperiode — nach dem Weichen der Polarnacht bestehen die Tage bis Mitte Februar aus einem trüben Morgen mit anschließender, bis zu vier Stunden andauernder Dämmerung — arbeiteten die Menschen bei künstlicher Beleuchtung. Sobald die Sirenen zu heulen begannen, verlosch das Licht. Die Ladebäume auf den Schiffen und die Winden bewegten sich jedoch weiter, holten Güter aus den Laderäumen. Erst wenn in der Nähe Bomben fielen, suchten die Männer Deckung. Fast alle ausländischen Kapitäne hatten begriffen, daß

Derselbe Fjord-Abschnitt wie oben: heute

die Menschen der Sowjetunion tapfer Not und Elend ertrugen. Aus eigener Anschauung lernten sie in Murmansk Leiden und Entbehrungen kennen, sie bildeten sich dementsprechend ihre Meinung und handelten immer bewußter im Sinne der Anti-Hitler-Koalition. Da überließ ein amerikanischer Kapitän, ohne sich mit seinem Reeder in Verbindung setzen zu können, Papanin sofort einen 60-Tonnen-Ladebaum, nachdem er miterleben mußte, wie der einzige 45-Tonnen-Schwimmkran während eines Bombenangriffes versenkt worden war. Andere legten stets mit betriebsbereiten Ladebäumen und in Gang gesetzten Winden am Kai an. Im Nu konnten die Schiffe entladen werden, Platz für die nächsten schaffen.

Nachdem die Wehrmacht vor Moskau eine schwere Niederlage hatte hinnehmen müssen, sah der Plan des deutschen Generalstabes einen Hauptstoß in Richtung Süden der Sowjetunion vor: Im Zuge der Sommeroffensive 1942 sollten die Armeen unter anderem im Süden auf die Wolga vorstoßen, den Kaukasus erobern, das

Das legendäre sowjetische U-Boot *M-172* vom Typ »Maljutka« mit dem erfolgreichen Kommandanten I.I. Fisanowitsch

Kaspische Meer mit seinen Ölfeldern unter Kontrolle bringen und im Hohen Norden endlich Murmansk einnehmen. In Vorbereitung der Offensive steigerten auch die in Nordnorwegen stationierten Einheiten der deutschen Kriegsmarine und Luftwaffe ihre Aktivitäten.
Als die Tage zunehmend heller wurden, bombardierten die Deutschen Murmansk, die in der Nähe gelegenen Eisenbahnknotenpunkte sowie die in der Barentssee verkehrenden Schiffe. Deutsche U-Boote und Überwassereinheiten erweiterten ihren Aktionsradius und griffen die Geleitzüge auf der Nordmeerroute an. Ende März war ihr Ziel PQ 13. Erstmals kam es zum Gefecht zwischen deutschen, britischen und sowjetischen Kriegsschiffen, in dessen Folge die *Trinidad* durch einen Torpedo-Kreisläufer beschädigt wurde. Nach seiner Ankunft in Murmansk mußte der britische Kreuzer ins Trockendock von Rosta verholt werden. In jenen Tagen reparierten die Werftarbeiter zunehmend durch Eis und Bomben beschädigte Dampfer, waren sie völlig auf die Instandsetzung alliierter Schiffe und Fahrzeuge der Nordflotte eingestellt.

Die Lage in und um Murmansk spitzte sich bedrohlich zu. Anfang April ging deshalb die sowjetische 14. Armee zur Gegenoffensive über. Die Gebirgsjägerverbände des Generals Dietl mußten erkämpftes Terrain wieder räumen und sich auf einen langen Stellungskrieg einrichten. Der bisherige Frontverlauf erfuhr also keine wesentliche Veränderung. Die Mißerfolge der deutschen Truppen im sowjetischen Norden hatten zur Folge, daß Murmansk heftiger als bisher mit Bomben belegt wurde. Die Zielstellung der deutschen Strategen war nunmehr, die Hafenstadt dem Erdboden gleichzumachen. Zu Beginn dieser neuen Phase des Kampfgeschehens erreichte am 19. April 1942 der Geleitzug PQ 14 mit dem Kreuzer *Edinburgh* den Kola-Fjord.

»U 456« torpediert die »Edinburgh«

Das zur norwegischen Provinz Finnmark gehörende, nur rund 150 Kilometer Luftlinie von Murmansk entfernte Kirkenes wurde nach dem heimtückischen Überfall auf die Sowjetunion ein operativ-strategisch bedeutsamer Stützpunkt der deutschen Luftwaffe und Kriegsmarine. Knapp 4500 Einwohner zählte der Ort. Farbenfroh gestrichene Häuschen schmiegten sich an die kahlen Felsen, welche sanft zum Bök-Fjord hin abfallen, der seinerseits in den langgestreckten Varanger-Fjord der Barentssee einmündet.

Bislang hatten die Bewohner von Kirkenes ihren Lebensunterhalt hauptsächlich durch Fischfang und Fischverarbeitung oder durch Arbeit im nahen Eisenerzbergbau bestritten. Mit dem Fischfang war es nunmehr vorbei: Sowohl der Varanger-Fjord als auch die weitverzweigten Nebenfjorde waren von den deutschen Besatzungsbehörden zum militärischen Sperrgebiet erklärt, außerdem alle hier vorgefundenen Fischkutter beschlagnahmt und zu Hilfsfahrzeugen von der deutschen Kriegsmarine umgerüstet worden.

Im April 1942 lagen in Kirkenes im Schutze der Felshänge des Bök- und des benachbarten Neiden-Fjords die unterschiedlichsten Schiffe vor Anker. Das größte von ihnen war zu diesem Zeitpunkt zweifelsohne die *Südmeer* mit 8133 BRT. Noch vor wenigen Jahren hatte der Name *Sydis* den Bug des 1902 vom Stapel gelaufenen norwegischen Kabellegers geziert, den man später zur Walkocherei umbauen ließ. 1937 erwarb das Hamburger Walfangkontor diesen Dampfer mitsamt den fünf jeweils 250 BRT großen Fangbooten. Derartige Walfangflottillen stellten für die deutschen Kriegsvorbereitungen eine erhebliche militärische Reserve dar. Nach Ausbruch des Zweiten Weltkrieges wurden sie, einschließlich ihrer Besatzungen, von der Kriegsmarine übernommen. Die äußerst wendigen und seetüchtigen Fangboote brauchten nur geringfügig verändert zu werden — und schon konnte die Kriegsmarine einen schnellen Zuwachs von annähernd sechzig Vorposten-, U-, Jagd- und Minensuchbooten verzeichnen, deren Besatzungen zudem durchweg aus qualifizierten Seeleuten bestanden. So kam es, daß die *Südmeer*-Fangboote Teil des — wie es im damaligen Sprachgebrauch hieß — *Netzsperrverbandes Norwegen* wurden, daß sich an Bord des einstigen Walfangmutterschiffes der nach Kirkenes kommandierte *Admiral Nordmeer* Vizeadmiral Hubert Schmundt mit seinem Stab eingerichtet hatte. Von diesem Schiff aus wurden alle Seeoperationen der deutschen Kriegsmarine in den nördlichen Polargewässern geleitet.[32] Mitte 1942 verlegte der Admiral seinen Sitz nach Narvik — auf den Aviso *Grille*.

Die meisten der zeitweilig in Kirkenes stationierten Kriegsschiffe waren leichte Einheiten: U-Boot-Jäger, Minensuch- und -räumboote. Mitunter hielten sich auch einige Zerstörer in Kirkenes auf, ankerten im Neiden-Fjord oder südlich der Reynö-Insel im Bök-Fjord — so auch in jenen Wochen die aus den drei Kriegsschiffen *Z 7*, *Z 24* und *Z 25* gebildete *Zerstörergruppe Nordmeer*. Ferner lag im Bök-Fjord noch ein weiteres mittelgroßes Kriegsschiff mit Namen *Adolf Lüderitz* vertäut, ein 2900-t-Schnellbootbegleitschiff, das nun als Unterkunft für U-Boot-Besatzungen diente. Längsseits dieses Hulks befand sich seit dem 20. April *U 456*. Während der letzten Unternehmungen gegen die Konvois QP 10 und PQ 14, in der Sprache der Seekriegsleitung *Robbenschlag* und *Blutrausch* genannt, hatte das Boot geringfügige Beschädigungen erhalten; deshalb mußten Reparaturarbeiten durchgeführt werden. Am 28. April waren diese abgeschlossen, das U-Boot vom Typ VIIC, dem mit

---

[32] Der Einsatz nahezu aller Front-U-Boote erfolgte durch die Operationsabteilung des Befehlshabers der U-Boote (Chef der B.d.U. — op. war Eberhard Godt). Zu den Ausnahmen zählten u.a. auch die in der Barentssee operierenden U-Boote. Sie sind durch den *Admiral Nordmeer* geführt worden. Die Dienststelle des *Admirals Nordmeer* befand sich im April/Mai 1942 in Kirkenes. Es handelte sich um eine Außenstelle des Marine-Gruppen-Kommandos Nord, das die Verantwortung für die Deutsche Bucht, die Nordsee und die Gewässer Nordnorwegens übertragen bekommen hatte.
Dem *Admiral Nordmeer* unterstanden die Kommandanten der Seeverteidigung Tromsö, Kirkenes, Havstad, Narvik und Hammerfest sowie das Marineartilleriezeugamt Tromsö und der Marineausrüstungs- und Reparaturbetrieb Narvik. Konnten beschädigte U-Boote mit eigenen Mitteln nicht wieder voll einsatzfähig gemacht werden, mußten die Boote in die Werften von Bergen (unterstellt dem *Admiral norwegische Westküste*) oder von Trondheim (unterstellt dem *Admiral norwegische Nordküste*) gebracht werden.
Zum Beispiel machte sich für *U 456* nach der Operation gegen die *Edinburgh* eine Werftreparatur notwendig. *U 456* verließ am 7. Mai Kirkenes, lag vom 12. Mai bis zum 24. Juni in der Werft von Bergen, lief dort am 25. Juni zum Unternehmen *Eisteufel* (Operation gegen PQ 17) aus und kehrte am 6. Juli nach Kirkenes zurück.

Kirkenes April 1942: Die *Südmeer* im Bök-Fjord — längsseits einige U-Boote

der größten Stückzahl gebauten Typ, war wieder mit allem Notwendigen für das nächste Unternehmen ausgerüstet worden.

Am gleichen Tag nahm der Kommandant von *U 456*, Kapitänleutnant Max-Martin Teichert, von dem Ersten Wachoffzier (IWO) die Meldung über die Seeklarbereitschaft des Bootes entgegen. Anschließend wurden die Räume des Tauchfahrzeugs inspiziert. Durch den Turm gelangte man in die zum Vor- und Achterschiff abschottbare Zentrale. Die Schotte waren für einen Wasserdruck von 100 Metern Tiefe (die absolute Grenze lag zu dieser Zeit bei 165 Metern) konstruiert, im Gegensatz zu allen übrigen Türen im Boot, deren Druckfestigkeitsgrenze, nur bei rund 20 Metern Tiefe lag. Während der Unterwasserfahrt war es üblich, daß sich sowohl der Kommandant als auch der Leitende Ingenieur (LI) grundsätzlich

April 1942: *U 378* — ein Boot vom Typ VII C — in Kirkenes (Kapitänleutnant Hoschatt)

in der Zentrale aufhielten, weil dort die Bedienung solcher wichtigen Geräte wie des Tiefensteuers, des Trimmschalters oder der Pumpen erfolgte.
Von der Zentrale nach achtern gehend, erreichte man zuerst den Unteroffiziersraum mit acht Kojen, die im Wechsel von den Maaten benutzt werden mußten. Dahinter auf der rechten Seite die Kombüse. Dann der Dieselmaschinen- und anschließend der Elektromaschinenraum mit dem Hecktorpedorohr und einem Ersatztorpedo unter den Flurplatten.
Das Vorschiff war ebenfalls von der Zentrale aus zugänglich. Unmittelbar hinter dem Zentralschott befand sich auf der linken Seite die Hauptmaschinenschalttafel, neben ihr die nur durch einen dicken, grünen Vorhang abgetrennte Kommandantennische. Gegenüber lagen das Funkschapp und der Horchraum mit der wichtigen Vorrichtung zur aktiven Unterwasserschallortung und dem passiven Unterwasserhorchgerät.
Daran schlossen sich die Räume für die beiden nautischen Offiziere (IWO, IIWO) und den LI sowie für die drei Oberfeldwebel, den Obersteuermann und zwei Obermaschinisten an, danach folgten ein weiteres WC und der gegenüberliegende Kühlraum. Den Abschluß bildete der Bugraum. Dort befanden sich zwölf hochklappbare Kojen — jeweils zwei Schlafstätten übereinander. Entsprechend dem Wachdienst teilten sich zwei oder drei Matrosen eine Koje. In diesen Raum ragten die vier Bugtorpedorohre, in denen — ebenso wie im Heckrohr auch — je ein Torpedo lag. Weitere vier waren unter, zwei über den Flurplatten gelagert — letztere durch einen hölzernen Fußboden geschützt.
Kapitänleutnant Teichert wurde auf die *Südmeer* befohlen. Da die *Funkhorchabteilung Ost* einen Murmansk verlassenden alliierten Geleitzug gemeldet und nach Angaben des Beobachtungsdienstes (B-Dienstes) auch der fällige Gegenkonvoi das Seegebiet der Bären-Insel erreicht hatte, wurden im Stab die U-Boot-Kommandanten mit den Details der vorbereiteten Operationspläne gegen die Geleitzüge QP 11 und PQ 15 vertraut gemacht. *U 456* gehörte mit sechs anderen Booten zu einer Gruppierung, die unter dem Decknamen *Strauchrittergruppe* (zwei weitere Boote kamen später hinzu) in den fünfziger

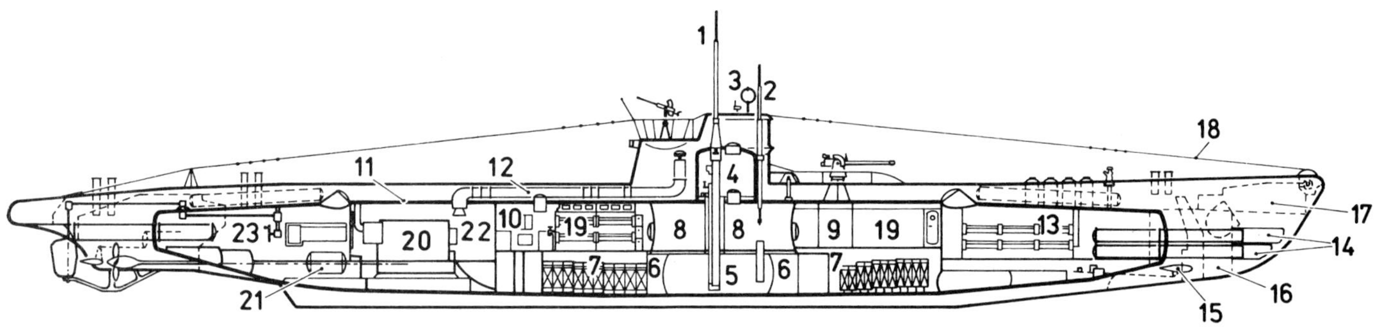

Ausgewählte Daten des deutschen U-Bootes *U 456* vom Typ VIIC (Indienststellung am 18. September 1941)
Zeichnung: K. Huhndorf

Wasserverdrängung (ü.W.)	769 t
Wasserverdrängung (u.W.)	871 t
Tauchtiefe, max. zul.	250 m
Tauchzeit (bis 10 m)	50 s
Alarmtauchzeit in Fahrt	30 s
Treibstoffvorrat	114 t
Länge über alles	67,15 m
Breite, max.	9,20 m
Tiefgang	4,70 m
Fronteinsätze	10

Geschwindigkeit
max 17,25 kn über Wasser
max. 7,6 kn unter Wasser

Bewaffnung
5 TR 53,35 cm (4 x Bug, 1 x Heck), max. 14 Torpedos oder 39 Minen, 1 2-cm-FlaMW (4380 Schuß), 8,8-cm-Buggeschütz (250 Schuß)

Besatzung
44 bis 56 Mann (gegen QP 11 : 48 Mann)

Verbleib
Am 13. Mai 1943 im Nordatlantik durch britischen Angriff (Fregatte *Lagan*, Korvette *Drumheller* und Flugzeug) versenkt.

Kommandant
Vom 18. September 1941 bis zum 13. Mai 1943 Kapitänleutnant Max-Martin Teichert.

1 Angriffssehrohr, 2 Luftziel- und Navigations-Sehrohr, 3 Langwellen-Funkpeiler, 4 druckfester Raum im Kommandantenturm, 5 Tauchtank III, 6 Ölzelle, 7 Batterieraum, 8 Zentrale, 9 Kommandanten-Schapp, 10 Kombüse, 11 Hülle des Druckkörpers, 12 Zuluftleitung zum Maschinenraum, 13 Bugtorpedo- und Mannschaftswohnraum, 14 Torpedorohre, 15 Tiefenruder, 16 Lage des Tauchtanks II, 17 Ausgleichtank, 18 Netzabweiser und Antenne, 19 Wohnraum, 20 Dieselmotor, 21 E-Motor, 22 Dieselmotorenraum, 23 achterer Torpedoraum

März 1942: *U 378* (Kapitänleutnant Hoschatt) neben *Z 25* im Bök-Fjord

Quadraten der geheimen Marinequadratkarte quer zum erwarteten Kurs des Geleitzugpaares Aufstellung beziehen sollte.[33] Das Boot von Kapitänleutnant Teichert war für das Planquadrat AC 5739, sein Auslaufen für 04.00 Uhr am kommenden Morgen vorgesehen — ein M-Boot würde *U 456* durch die deutschen Minensperren in den Varanger-Fjord geleiten. Anhand von erhalten gebliebenen Kriegstagebüchern soll hier der für das Geschehen im Buch entscheidende Einsatz des U-Bootes nachvollzogen werden, um so die Sinnlosigkeit des deutschen U-Boot-Krieges, von der NS-Propaganda als Heldentum verherrlicht, deutlich werden zu lassen. Den wenigsten Besatzungsmitgliedern kam es in den Sinn, daß sie schamlos mißbraucht wurden und eines Tages selbst die Opfer des von ihnen verursachten Grauens werden würden. Andererseits waren sie in dem engen Boot einer extremen Belastung ausgesetzt. So war [9, S. 103]

»... das Leben in dieser Stahlröhre, in der ständig feuchten, stickigen und durch alle möglichen Ausdünstungen und Gerüche geschwängerten Luft, bei unentwegt schwankendem Fußboden nicht nur eine physische, sondern auch eine psychische Belastung für die Besatzung. Diese Belastung steigerte sich während des Kriegseinsatzes noch. Die Nerven aller waren jede Sekunde

Auf einem deutschen U-Boot:
Beratung in der Nische des Kommandanten

33 Gegen das Geleitzugpaar PQ 15/QP 11 unter dem Decknamen *Strauchrittergruppe* operierende deutsche U-Boote: *U 88* (Kapitänleutnant Bohmann), *U 251* (Kapitänleutnant Timm), *U 376* (Kapitänleutnant Marks), *U 378* (Kapitänleutnant Hoschatt), *U 405* (Korvettenkapitän Hopmann), *U 436* (Kapitänleutnant Seibicke), *U 456, U 589* (Kapitänleutnant Horrer), *U 703* (Kapitänleutnant Bielfeld)

Gegen PQ 15/PQ 11 eingesetzt: *U 376* unter Kapitänleutnant Friedrich-Karl Marks

angespannt, eine Mine, eine Bombe oder ein Torpedo konnte den Stahlmantel auseinanderreißen, und ohne daß sie das Tageslicht noch einmal zu Gesicht bekämen, sanken sie dann ... mit dem Boot in die Tiefe. Das alles hatte zur Folge, daß nicht selten an Bord eines U-Bootes die ›Blechkrankheit‹ ausbrach. Ihre leichteste Form äußerte sich oft nur in Zanksucht, aber manche Kranke versanken bald in einen apathischen Stumpfsinn. Bei anderen dagegen führte die ›Blechkrankheit‹ zur hysterischen Gereiztheit, die sich bis zum Verfolgungswahn steigern konnte. Manchmal konnte nicht einmal die Nervenheilanstalt mehr helfen ... Die Persönlichkeit war in der Stahlröhre ausgelöscht. Nur der Sekundenzeiger, der Tiefenmesser, das Horchsignal, die Augenschärfe und die Umdrehungszahlen der Motoren zählten. Das Essen, die Notdurft, das schlafersetzende Dahindämmern waren die gleichen mechanischen Vorgänge wie Tiefenrudersteuern, Torpedopflege oder Wachen, im Stehen oder Liegen. Die Minuten, wenn die Lüfter Frischluft ins Boot saugten, waren für die meisten im Boot der einzige unmittelbare Kontakt mit der Außenwelt. Doch auch das war längst zum mechanischen Vorgang geworden. Die Lungen saugten sich voll Luft, und der speiüble Geschmack auf der Zunge verlor sich vorübergehend etwas. Das Hirn nahm diesen sich in bestimmten Abständen wiederholenden Wechsel bald nicht mehr wahr ...«

Am 29.4.1942 zur festgesetzten Zeit legte *U 456* von der *Adolf Lüderitz* ab. Im Kielwasser des M-Bootes gelangte es in den Varanger-Fjord, danach allein — auf dem *Zwangsweg* — in die Barentssee. Um 08.00 Uhr steuerte das Fahrzeug bereits bei normaler Marschfahrt nördlichen Kurs. Die dritte Brückenwache, wozu der Obersteuermann, der Bootsmaat und zwei Matrosen gehörten (die ersten beiden Seewachen wurden von den WOs geführt), war gerade aufgezogen. Vier Stunden lang mußte jeder Brückenposten aufmerksam den ihm zugeteilten 90-Grad-Sektor beobachten. Ausmachen konnten sie vermutlich nichts in dieser grauen Wasserwüste. Plötzlich einsetzende Schneeschauer, vermischt mit Regen, ließen zudem die Sichtweite merklich schrumpfen. Nichts geschah ...

Gegen 11.00 Uhr fiel einer der beiden Dieselmotoren aus. Seine Reparatur sollte länger dauern, als zunächst angenommen — bis kurz vor Mitternacht hatten die Maschinisten zu tun, um ihn wieder klar zu bekommen. In der Zwischenzeit setzte das U-Boot seinen Weg nach Norden zwar mit verminderter Marschgeschwindigkeit, jedoch zielsicher fort. Es gab nur unwesentliche Unterbrechungen: Da der Stab des *Admirals Nordmeer* über Funk ein neues Ziel, nämlich das Planquadrat AC 5851, nannte, mußte der Kurs etwas verändert werden. Und um 20.00 Uhr erfolgte das vom Kommandanten befohlene Prüfungstauchen. 45 Minuten blieb das Boot unter Wasser — sämtliche Anlagen funktionierten einwandfrei. Nach dem Auftauchen ließ der Kommandant in der Spalte »Angabe des Ortes, Wind, Wetter, Seegang, Beleuchtung, Sichtigkeit der Luft, Mondschein usw.« des Kriegstagebuches (KTB) vermerken: »WNW 7–8, See 6–7, bedeckt, Sicht 10 sm.«

Erneut forderte der Stab zur Kursänderung auf. *U 456* legte sechs Seemeilen mit Kurs 145 Grad, also Richtung Südosten, zurück. Das Manöver diente einzig und allein dem Zweck, einem gemeldeten gegnerischen Zerstörer auszuweichen.

Die operative Führung in See befindlicher U-Boote vom Festland aus hatte Vor- und Nachteile. Der Vorteil dieses Verfahrens bestand vor allem darin, die eigenen Einheiten an ein gegnerisches Schiff heranzuführen bzw. einem überlegenen Kriegsschiff des Gegners (wie z.B. U-Boot-Jäger, Zerstörer) auszuweichen.

Das war möglich, da man in der Operationszentrale des Führungsstabes die Meldungen der Luft- und Funkaufklärung sowie der unterwegs befindlichen Frontboote auswertete. Im Prinzip galt also für ein U-Boot niemals das bei Kommandounternehmen gültige Gesetz der völligen Funkstille. Funksignale konnten allerdings nur während der Überwasserfahrt oder bei Tauchtiefen bis zu 20 Metern abgesetzt bzw. empfangen werden. Die eigentliche Problematik der Nachrichtenübermittlung für ein U-Boot bestand aber weniger in der durch längeres Tauchen bedingten Schweigezeit als vielmehr darin, daß es beim Senden von in der Nähe befindlichen gegnerischen Schiffen angepeilt werden konnte. In einem solchen Fall wurde das einmal erfaßte U-Boot meistens bis zu seiner Vernichtung gejagt.

Jeder deutsche U-Boot-Kommandant war deshalb verpflichtet, sich streng an den ständigen Kriegsbefehl Nr. 243 *des Befehlshabers der U-Boote* (B. d. U.) vom 9. Juni 1941 zu halten, in dem es hieß:[34]

»Im Angriffsraum:
Funksspruchabgabe nur bei taktisch wichtigen Meldungen oder auf Anordnung der Führung oder wenn die Positionen ohnehin dem Gegner bekannt geworden waren.

Auf dem Marsch:
Wie vorher. Gelegentliche Funkspruchabgabe von weniger wichtigen Nachrichten: Hierbei beachten, daß durch das Senden nicht das Gebiet für folgende oder dort stehende Boote vergrämt wird.

Technisch:
Häufiger Wellenwechsel, zusätzliche Verkehrskreise, Funkdisziplin, um Gegner das Einpeilen zu erschweren.«

Dieser Kriegsbefehl wurde noch durch andere ergänzt, z.B. den mit der Nummer 209. In ihm wurde untersagt, Fühlungshaltermeldungen durch Funksignal zu geben. Der Funkgast setzte außer den beim Fühlungshalten geforderten Peilzeichen normalerweise nur aus maximal 20 Buchstaben bestehende Kurzsignale und Funksprüche ab. Das Peilzeichen — Kurz- oder Langtöne eines bestimmten Buchstabens des Morsealphabets — wurde in regelmäßigen Zeitabständen auf Langwelle abgegeben. Das codierte Kurzsignal dagegen enthielt zum Beispiel außer Angaben zur Wetterlage solche zu einem Geleitzug: Standort, Kurs, Geschwindigkeit, Anzahl und Typen der Frachter sowie der Sicherungsfahrzeuge. Da jeder Buchstabe des Alphabets für einen bestimmten Begriff stand (die Buchstaben wechselten zudem täglich), konnte der Gegner mit aufgenommenen Signalen dieser Art — ohne Kenntnis des Geheimcodes — kaum etwas anfangen. Der über das Kurzsignal hinausgehende, im Telegrammstil gehaltene und verschlüsselte Funkspruch verhalf der eigenen Führung und den in der Nähe stehenden anderen Booten nicht nur zu genaueren Informationen, sondern bot dem Gegner eine gute Chance, das sendende Boot anzupeilen. Außerdem interessierte sich letzterer für jeden dieser, wenn auch noch so kurzen Funksprüche — galt es für ihn doch, so schnell wie möglich den Code zu brechen.

Die Codierung aller Funkmeldungen geschah mit Hilfe der Verschlüsselungsmaschine Enigma »M«. In den zwanziger Jahren hatte der Berliner Ingenieur Dr. Arthur Scherbius eine Maschine entwickelt, die in der Lage war, auf elektromagnetischem Wege Nachrichten zu verschlüsseln. Er benannte sie mit dem griechischen Wort für Rätsel: *Enigma*. Derartige Verschlüsselungsmaschinen — allerdings zu außerordentlicher Raffinesse wei-

[34] Die britische Marineleitung hatte im ersten Halbjahr 1941 ein weitmaschiges Peilnetz aufgebaut, das den gesamten Nordatlantik überspannte. Die Peilstationen hörten den Funkverkehr der deutschen U-Boote ab und stellten deren ungefähren Standort fest. Dadurch konnte die Admiralität der Royal Navy geeignete Gegenmaßnahmen ergreifen. Des weiteren sind die britischen Kriegsschiffe (später auch einige Handelsschiffe) mit ständig verbesserten Radargeräten ausgestattet worden. Ab Frühjahr 1942 kam zudem das Kurzwellen-Sichtpeilgerät HF/DF vom Typ FH 3 zum Einsatz; (*High Frequency Direction Finding*). Mit HF/DF konnten bereits 20 bis 25 sm entfernte U-Boote, die nur sehr kurze Fühlungshaltersignale absetzten, eingepeilt werden.

terentwickelt — wurden in allen deutschen Waffengattungen verwendet. Die bei der Kriegsmarine eingesetzte Enigma — zusätzlich mit einem »M« bezeichnet — war mit mehr Schlüsselwalzen versehen als die bei Heer und Luftwaffe verwendete.

Das Gerät besaß eine Schreibmaschinentastatur mit einigen — darüber angeordneten — kleinen Fenstern. Beim Drücken einer Taste erschien im Fenster ein entsprechender Buchstabe, der in mehreren rotierenden Walzen in der Maschine elektrisch umgesetzt wurde. Die Walzen konnten in jeder möglichen Stellung eingesetzt werden und drehten sich im Tempo des Tippens. Jede Walze besaß analog der Buchstabenanzahl des Alphabets je 26 Kontaktstifte und -flächen. Das Netz der elektrischen Verbindungen war in jeder Walze verschieden. Beim Drücken einer Buchstabentaste ging ein Stromsignal durch eine der 26 Möglichkeiten der ersten Walze und weiter durch die vielen Möglichkeiten der anderen Walzen, bis schließlich in einem Fenster ein vielfach umgesetzter Buchstabe erschien. Da bei jedem Tastendruck sich eine der Walzen weiterbewegte, erschien beim Drücken desselben Buchstabens durch den veränderten Stromdurchlauf im Fenster stets ein anderer Buchstabe. Die im Klartext eingegebene Nachricht wurde also in der Enigma in eine scheinbar sinnlose Zusammenstellung von Buchstaben und Ziffern verwandelt. Um es noch komplizierter zu machen, erfolgte zusätzlich eine sich laufend ändernde Tageseinstellung. Der Funkgast erhielt zur Weitergabe stets die codierte Meldung. Der Empfänger solcher verschlüsselten Nachricht konnte die Buchstabenreihen nur dann mit Hilfe einer Enigma zurückverwandeln, wenn er die Ausgangsstellung der Schlüsselwalzen kannte.

Trotz dieser Kompliziertheit und der strengsten Geheimhaltung des gesamten Systems gelang britischen Dechiffrierexperten im Sommer 1941 der Einbruch in den deutschen U-Boot-Schlüssel *Hydra*.[35]

Jedoch führte man bei den deutschen U-Booten ab 1. Februar 1942 die neue Schlüsselmaschine Enigma »M 4« ein. Zu den üblichen drei Walzen kam nun eine vierte hinzu, die sogenannte Griechenwalze (die bisherigen Walzen waren mit römischen Ziffern bezeichnet worden, die neue mit dem griechischen Buchstaben Alpha). Die vier Walzen, die in die Maschine eingelegt wurden, konnten zudem aus einer Gesamtzahl von 12 Walzen ausgewählt werden. Das ab 1. Februar 1942 geltende Schlüsselverfahren *Triton* wurde im Dezember 1942 von der britischen Funkaufklärung gebrochen. Von diesem Zeitpunkt an wußte die Admiralität der *Royal Navy* — und wußten logischerweise auch die Verbündeten — über alle Operationen deutscher U-Boote Bescheid.

Die im Operationsgebiet befindlichen oder darauf zufahrenden deutschen U-Boote wurden zwar über Funk an den Gegner herangeführt, doch in der eigentlichen Angriffsphase mußte jeder Kommandant allein entscheiden. Das Handicap in dieser Situation — vor allem bei längerer Unterwasserfahrt — bestand in dem unterbrochenen Funkkontakt. Während es der operativen Führung in diesem Fall in erster Linie um Versenkungsmeldungen ging, machten sich für den U-Boot-Kommandanten die nunmehr nicht zu empfangenden Nachrichten von in der Nähe stehenden Booten unangenehm bemerkbar — ihre Hinweise vervollständigten normalerweise das Lagebild im Operationsgebiet und waren mitunter für das Überleben von entscheidender Bedeutung. Aus gewissen taktischen Erwägungen heraus begann deshalb auf der U-Boot-Welle jeder Funkspruch und jedes Funksignal mit vier Ziffern: Die Uhrzeit, zu der die Meldung codiert worden war. Obwohl der Funker die Nachricht erst viel später abgesetzt hatte, konnte so der Empfänger — wenn auch nachträglich — gewisse taktische bzw. operative Bezüge herstellen. Hinter der Uhrzeit wurde von der Leitstelle bei Wiederholung des Funkspruchs (F.T.) eine dreistellige Leitnummer beigefügt. Diese ermöglichte es den U-Boot-Funkern festzustellen, ob sie alle F.T.s. des Tages besaßen. Fehlende F.T.s. konnten auf Langwelle in den festgelegten Programmzeiten aufgenommen werden.

Für alle in der Barentssee eingesetzten deutschen U-Boote traf das vorstehend Gesagte über den Funkverkehr voll inhaltlich zu. Lediglich die Gefahr des Angepeiltwerdens von Landstationen aus bestand nicht, weil solche noch nicht ausgebaut worden waren. Dafür hatten die alliierten Konvoisicherungsfahrzeuge die besten, zu jener Zeit verfügbaren Ortungsgeräte an Bord. Außerdem arbeitete die Funkaufklärung von *Senior British Naval Officer, North Russia*, eng mit der sowjetischen zusammen, wurden gemeinsam gewonnene Erkenntnisse durch Informationen finnischer und norwegischer Widerstandskämpfer ergänzt. Alles in allem waren sowohl der britischen Admiralität als auch dem Stab der sowjetischen Nordflotte die Aktivitäten der in Nordnorwegen stationierten deutschen Kriegsmarineverbände relativ gut bekannt.

---

35 Das *Operational Intelligence Center* (OIC) — eine Abteilung der *Naval Intelligence Division* (NID) — hatte seinen Sitz in Bletchley Park und befaßte sich ausschließlich mit dem Entziffern feindlicher Funksprüche. Die Arbeit unterlag der höchsten Geheimhaltungsstufe *Ultra Secret*. Nachkriegsveröffentlichungen zu dieser Thematik nennen daher die gesamte britische Funkaufklärung nur *Ultra*.

Auch die in der *Strauchrittergruppe* zusammengefaßten U-Boote bekamen bald die Auswirkungen der gegnerischen Funkaufklärung und -abwehr zu spüren. Kurz vor Mitternacht des 29. April 1942 begannen die Alliierten, planmäßig die U-Boot-Welle zu stören: Wichtige Nachrichten erreichten ihre Empfänger nur bruchstückhaft, mußten deshalb mehrmals wiederholt werden. Schließlich blieb dem *Admiral Nordmeer* nichts anderes übrig, als einen Wellenwechsel zu befehlen.
30. April 1942: Um 00.00 Uhr lief *U 456* immer noch in südöstlicher Richtung. Es befand sich jetzt im Quadrat AC 5854. Aufmerksam versuchten die mit starken Nachtgläsern ausgestatteten Brückenposten, die Finsternis zu durchdringen, denn irgendwo konnte der gemeldete gegnerische Zerstörer lauern. Genau 80 Minuten war der neue Tag alt, als Kapitänleutnant Teichert geweckt wurde. Funkmaat Urbild übergab ihm das gerade von *U 88* (unter Kommandant Kapitänleutnant Heino Bohmann) abgesetzte und 25 Minuten zuvor codierte Kurzsignal:

»Feindlicher Geleitzug in Sicht Quadrat 5924. Feind steuert nordöstlichen Kurs.«

Teichert genügte ein kurzer Blick auf die Marinequadratkarte, um zu erkennen, daß sich der von *U 88* ausgemachte Konvoi rund 60 Seemeilen Ost-Nord-Ost von der eigenen Position befand. Erfahrungsgemäß würde der alliierte Geleitzug bald westwärts einschwenken. Für *U 456* wäre es deshalb günstig, auf nördlichen, auf Kollisionskurs zu gehen. Funkmaat Urbild hatte sich nun

U 376 auf Feindfahrt in der Barentssee

Kapitänleutnant
Max-Martin Teichert
auf *U 456*

speziell auf die von *U 88* zu erwartenden Peilzeichen sowie auf die Meldungen anderer Boote zu konzentrieren. Entsprechend der damaligen Weisung des B. d. U. mußte Kapitänleutnant Bohmann, der als erster nahe dem Konvoi war, mit diesem Fühlung halten und in regelmäßigen Abständen durch Peilzeichen seine Position melden. Diese taktische Maßnahme gestattete es den in der Nähe operierenden U-Booten, schnell an den Geleitzug heranzukommen. Von der *Strauchrittergruppe* sollten jedoch, wie sich später herausstellte, nur *U 251, U 436, U 456* und *U 589* den Konvoi sichten.
Die von *U 88* abgesetzten Peilzeichen und Kurzsignale zeigten, daß der Konvoi QP 11 im Zick-Zack-Kurs zur Treibeisgrenze fuhr:

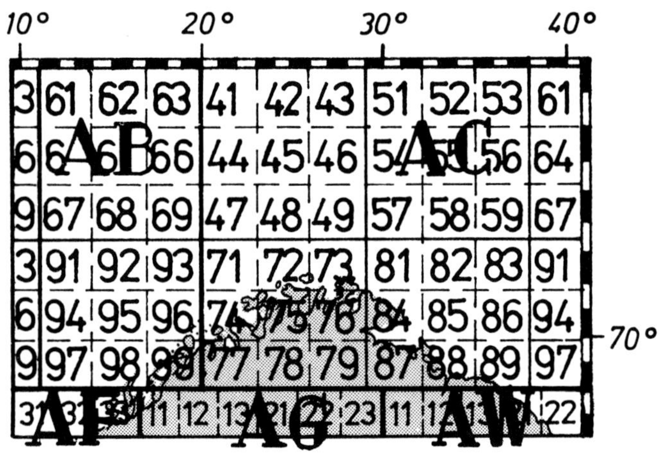

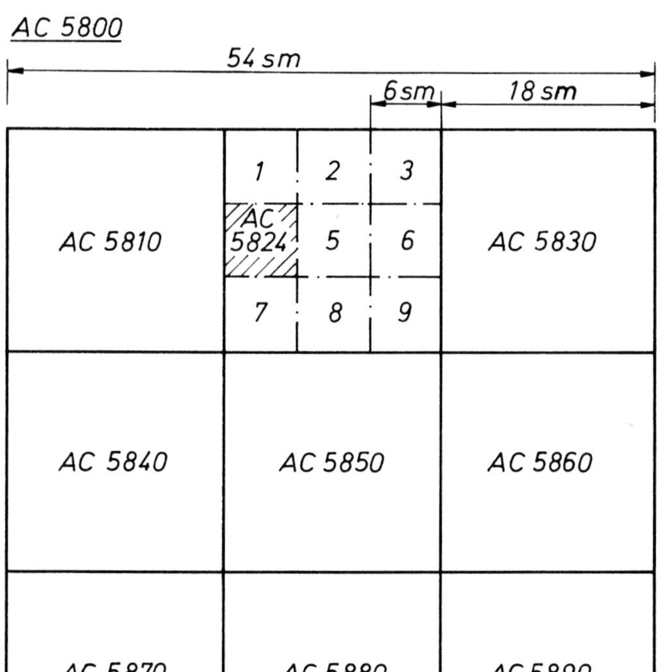

01.45 Uhr: »Geleitzug Quadrat AC 5913 mit NW-Kurs.«
03.40 Uhr: »Geleitzug Quadrat AC 5687 mit N-Kurs.«
04.00 Uhr: »Geleitzug hat Treibeisgrenze erreicht.«
05.03 Uhr: »Geleitzug Quadrat AC 5688, NW-Kurs, geringe Fahrt.«

Das Absetzen der Kurzsignale durch *U 88* bezeichnete Kapitänleutnant Teichert seinem KTB folgendermaßen:

»Fühlungshaltermeldungen durch Funksignal widerspricht st. Kr. Bef. Nr. 209 des B. d. U. und hat U-Boote verraten.«

Inzwischen hatten sich die Witterungsverhältnisse merklich verändert. Der nach wie vor aus Nordwest mit Stärke 7 wehende Wind war jetzt fast durchweg mit Schnee vermischt. Im Morgengrauen betrugen die Sichtweiten höchstens acht, meistens nur eine oder zwei Seemeilen. Zudem waren die Temperaturen spürbar unter den Gefrierpunkt gesunken. Kälte und die in dieser Seeregion vorherrschende hohe Luftfeuchtigkeit sorgten dafür, daß das U-Boot einen immer stärker werdenden Reif und Eispanzer erhielt. Wurde der Eisansatz zu groß, mußte der Kommandant zum Abtauen tauchenlassen. Nach dem Auftauchen begannen Frost, Brecher und Luftfeuchtigkeit erneut ihr Verwandlungsspiel mit dem Boot ...

Geheime deutsche Marinequadratkarte (Ausschnitt):
Alle Seegebiete wurden in mit Doppelgroßbuchstaben gekennzeichnete Großquadrate unterteilt (z.B. AA, AB, AC usw.). Das hier interessierende Großquadrat AC mit einer Kantenlänge von 486 sm war nautisch etwa wie folgt begrenzt: nördliche Kante 77° N, südliche Kante 69° N, westliche Kante 20° O, östliche Kante 48° O.
AC wiederum hatte 9 Quadrate von 162 sm Kantenlänge. Jedes dieser Quadrate wurde nochmals in 9 Quadrate von 54 sm Kantenlänge unterteilt. Die so entstandenen 81 Quadrate erhielten zwei fortlaufende Ziffern von 11 bis 99, allerdings ohne eine Null. Diese Zahlenquadrate wurden abermals in 9 Unterquadrate mit 18 sm Kantenlänge und diese schließlich in weitere 9 Kleinquadrate mit 6 sm Kantenlänge unterteilt. Beide zuletzt genannten Quadratarten bezeichnete man mit den Ziffern 1 bis 9.
Aus dem vorstehend Gesagten geht hervor, daß alle Standorte mit zwei Großbuchstaben und vier Ziffern angegeben werden konnten. Um ein 54-sm-Quadrat zu nennen, genügte z.B. AC 5800; sollte es dagegen ein 18-sm-Quadrat sein, mußte es z.B. AC 5820 heißen (nur in diesen Fällen wurde die bislang nicht benötigte 0 benutzt).
Das markierte 4. Kleinstquadrat im 2. Unterquadrat des Zahlenquadrates 58 nennt also das 36 Quadratseemeilen große Seegebiet AC 5824. Dieses konnte durch weitere Verweise (z.B.: r.o.E. = rechte obere Ecke) ergänzt werden, so daß man eine Position wie sonst im Besteck sehr exakt zu bestimmen vermochte.

Kurz nach 05.00 Uhr fiel auf *U 456* das Peilgerät aus. Es konnten keine Fühlungshaltersignale mehr empfangen werden. Das Boot fuhr dessen ungeachtet weiter nordwärts, bis es gegen 08.00 Uhr das Planquadrat AC 5561 erreicht hatte. Kapitänleutnant Teichert ließ die Dieselmotoren abstellen, ordnete absolute Stille im Boot an. Für den Horchposten galt dies als Zeichen, seine Tätigkeit aufzunehmen. Aber so sehr er sich auch bemühte, außer eintönigem Rauschen kam nichts aus den Kopfhörern — es gab keinen noch so geringen Hinweis auf den Geleitzug. Dabei hätte man eigentlich die Schraubengeräusche des Konvois wahrnehmen müssen, denn den bisherigen Meldungen von *U 88* nach zu urteilen, mußten die alliierten Frachter in allernächster Nähe nach Westen dampfen.
In 60 Metern Tiefe hätte der Horcher die Fahrgeräusche eines bis zu 50 Seemeilen entfernten Konvois hören können. Aber dann wäre ja während der Tauchzeit kein Funkempfang möglich, und darauf wollte der U-Boot-Kommandant nicht verzichten.
Endlich, um 09.42 Uhr, traf die langersehnte, allerdings bereits fast vier Stunden alte Fühlungshaltermeldung von Kapitänleutnant Bohmann ein:

»Geleitzug in Quadrat 5921, Kurs West, in zwei oder drei Gruppen geteilt, einzeln gesichert, ich hänge hinten.«
Kapitänleutnant Teichert stand mit seinem Boot also zu weit nördlich. Für ihn hieß es deshalb, seine Lauerstellung aufzugeben und auf den neuen QP-11-Kurs 290 Grad einzuschwenken.
Keine halbe Stunde mochte vergangen sein, als mit der durchs Sprachrohr kommenden Meldung »Brücke an Kommandant. Rauchwolke in Sicht!« der Kommandant auf den Turm gerufen wurde. Tatsächlich, Backbord voraus war eine dünne Rauchfahne zu sehen — ganz schwach, nur mit dem Glas erkennbar. Sie wuchs mit jeder Minute Fahrt, und bald konnte man die schemenhaften Umrisse eines westwärts ziehenden Schiffes ausmachen. Die geringe Höhe des eigenen Bootes über der Wasseroberfläche verminderte die Gefahr des Entdecktwerdens, so daß man sich bis auf etwa vier Seemeilen an den vermeintlichen Gegner heranwagen konnte.
11.20 Uhr: *U 456* hatte im Quadrat AC 5554 den 73. Breitengrad erreicht. Kapitänleutnant Teichert befahl, auf Parallelkurs zu dem nunmehr als britischen Kreuzer identifizierten Fahrzeug zu gehen. Genau um 12.00 Uhr setzte Funkmaat Urbild für die in der Nähe befindlichen Boote und für den Stab des Admirals Nordmeer den Funkspruch 1142/701 ab:
»Kr. Kr. Quadrat 5582 Kreuzer, Typ ›Belfast‹, westlicher Kurs, hohe Fahrt, stark zackend. — Teichert —« (Kr. war die Bezeichnung für »höchste Dringlichkeitsstufe«)

Der Zick-Zack-Kurs des britischen Fahrzeugs brachte es mit sich, daß das Kriegsschiff mal außer Sicht, mal bedenklich nahe kam. Nach fast zwei Stunden war der Generalkurs des Kreuzers ermittelt: 300 Grad. Um 13.45 Uhr drehte er plötzlich nach Südost ab — kehrte vermutlich zum QP 11 zurück.
Die Überlegungen des U-Boot-Kommandanten, das britische Schiff würde bald wieder zur Aufklärung des vor dem Konvoi liegenden Seegebietes auf seinem ursprünglichen Kurs weiterfahren, sollten sich bestätigen. Um 15.10 Uhr diktierte er für das KTB:

»Kreuzer wieder in Sicht rechtsweisend 120°, zackt um 300°« und anschließend: »Kreuzer mit Lage Null kommt schnell über die Kimm.«
Lage bedeutet hier Lagewinkel, d.h. der Winkel, in dem das andere Schiff zur Blickrichtung des Betrachters fährt. In dem konkreten Fall hielt der Kreuzer direkt auf das ihm entgegenfahrende U-Boot zu.
Auf *U 456* traf man die notwendigen Vorbereitungen für den bevorstehenden Angriff, ging um 15.48 Uhr auf Tauchstation.
Da das Angriffssehrohr wegen beschlagener Optik nicht benutzbar war, wurde das Boot mit Horchpeilung auf Kollisionskurs gelegt. Zunächst schien alles nach Plan zu verlaufen. Dann, nach zehn Minuten, änderte der Kreuzer seinen Kurs auf 330 Grad. *U 456* machte daraufhin über Steuerbord eine Schleife.
16.10 Uhr: Durch das Sehrohr erkannte Kommandant Teichert, wenn auch nur sehr verschwommen, daß der rund 4000 Meter entfernte Kreuzer abermals neuen Kurs steuerte diesmal 180 Grad. Er kam schnell auf, lief *U 456* direkt vor die schußbereiten Torpedorohre. Und um 16.18 Uhr erteilte dann auch der U-Boot-Kommandant den für den Kreuzer so verhängnisvollen Feuerbefehl, den er lakonisch wie folgt im KTB vermerkte:

»Quadrat AC 5519, NW 6–7, See 5–6, Sicht 8 sm. Dreierfächer aus Rohr I, II und IV.
E = 1000. v_g = 15, y = 60, v_t = 30, Tiefe = 4, Streubefehl = 4, Abkommpunkt vorderer Schornstein.
2 aufeinanderfolgende Detonationen, Laufzeit 80 Sek. = 1200 m. Boot schneidet unter.«

Die Geschwindigkeitswerte des Gegners, des Torpedos u. dgl., waren in eine Rechenanlage eingegeben worden, die mit der Zielsäule, dem Kreiselkompaß und den Torpedorohren zusammengeschaltet war. Die sich ständig ändernden Schußunterlagen wurden so automatisch den Torpedos übermittelt, ihr Steuermechanismus daher gleichfalls stets neu eingestellt. Es konnte also bei jedem beliebigen Kurs geschossen werden, sofern man

Anmerkungen: Unterbrochene Linien bedeuten Sichtkontakt, nach unten gerichtete Pfeile im U-Boot-Kurs Tauchen, nach oben gerichteter Pfeil Auftauchen.
15.45 Uhr: *U 456* sichtet den Kreuzer, taucht zum Angriff
15.58 Uhr: *U 456* stellt fest, daß der Kreuzer auf 330° gegangen ist
16.12 Uhr: *U 456* sieht Kreuzer in Lage O
16.18 Uhr: Dreierfächer
16.32 Uhr: Nach kurzem Auftauchen wird Kreuzerkurs mit Horchgerät bestimmt.

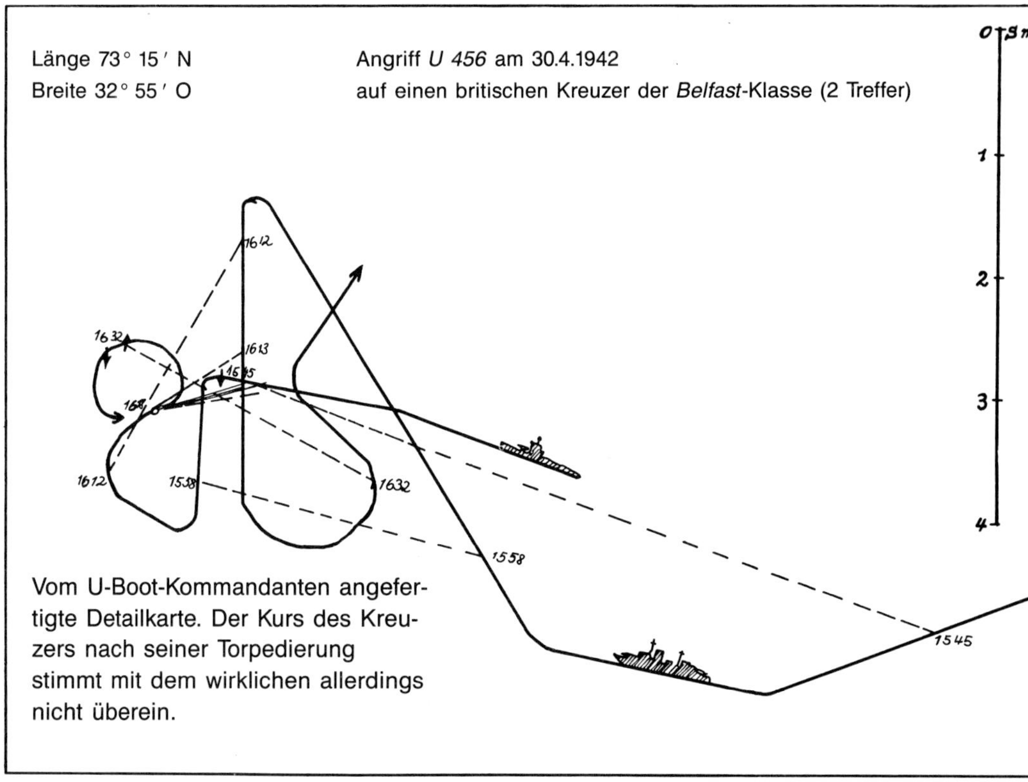

Vom U-Boot-Kommandanten angefertigte Detailkarte. Der Kurs des Kreuzers nach seiner Torpedierung stimmt mit dem wirklichen allerdings nicht überein.

nicht den Winkel von 90 Grad überschritt. Streubefehl 4 bedeutete, daß die Torpedos nach einer Laufstrecke von 1 000 Metern seitlich 40 Meter voneinander entfernt waren.
Wegen des unklaren Standsehrohres hatte Kapitänleutnant Teichert einen Schleifenkurs über Backbord und für 16.32 Uhr kurzes Auftauchen befohlen. Bei seinem Rundblick stellte er fest, daß der über Steuerbord ausgescherte, in hohe gelbe Qualmwolken gehüllte Kreuzer mit leichter Schlagseite und 5 bis 6 Knoten Fahrt nach Nordost ablief.
Da er keine anderen Schiffe des Gegners bemerkte, ließ er sein Boot sofort wieder fluten, um das angeschlagene Kriegsschiff unter Wasser verfolgen zu können, und um

Von Viktor Gernhard gemalt:
U 456 torpediert den Kreuzer *Edinburgh*

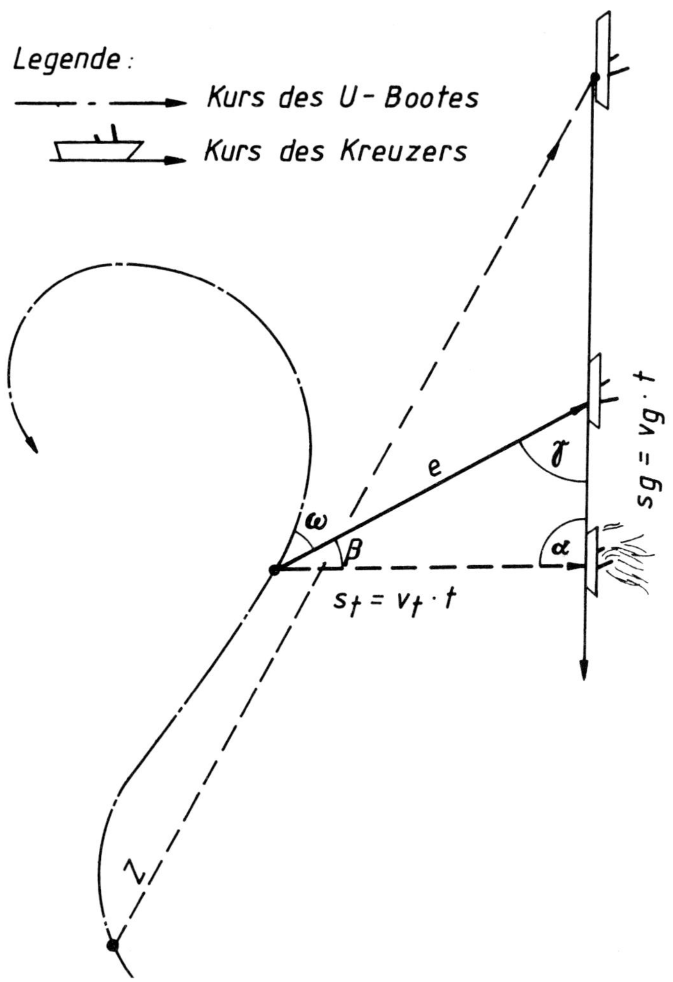

Legende: Im U-Boot-Kurs Z = Ziel gesichtet, mittlerer Punkt im U-Boot-Kurs bedeutet Standort beim Torpedoschuß.
e Entfernung beim Schuß (geschätzt 1 000 m),
1 geschätzter Lagewinkel γ 60°, 2 Scheidungswinkel α, 3 Vorhaltewinkel β (konnte mit Hilfe des Sinussatzes v_g, v_t und γ ermittelt werden, also

$\sin\beta = \frac{v_g}{v_t} \cdot \sin\gamma$), 4 Seitenwinkel ω, v_g Geschwindigkeit des Kreuzers (geschätzt 15 kn), v_t Geschwindigkeit des Torpedos (bekannt 30 kn), t Zeit s_t Schußweite Torpedo (ergab sich aus Geschwindigkeit mal Zeit), s_g Schuß Gegner (also der Treffpunkt des Torpedos, ergab sich aus der Geschwindigkeit des Gegners mal Zeit)

es evtl. mit weiteren Torpedos zu vernichten. Doch daraus sollte nichts werden, denn nach zwanzig Minuten meldete der Horchposten die immer stärker werdenden Schraubengeräusche von drei sich nähernden Zerstörern. *U 456* mußte sich, um einem drohenden Angriff mit Wasserbomben zu entgehen, in *Schleichfahrt* vom Ort des Geschehens entfernen.

Erst gegen 19.45 Uhr, nachdem der Horcher keine Geräusche von nahen feindlichen Überwassereinheiten mehr wahrgenommen hatte, ließ der Kommandant auftauchen und nach Osten in Richtung des vermuteten Kreuzers nachstoßen.
Nun konnte der Funkmaat die zwei Stunden zuvor vom Kommandanten chiffrierte Erfolgsmeldung in den Äther schicken:

»16.18 Uhr 2 Torpedotreffer auf Kreuzer *Belfast* Quadrat 5519 Entfernung 1 000 mtr., Tiefe 4, Schiff brennt stark, Schlagseite festgestellt bei kurzem Auftauchen. Läuft mit 1 Maschine noch 6 sm. 2. Angriff wegen Seegang und unklarem Angriffssehrohr ausgefallen. Nach 30 Minuten 3 Zerstörer in der Nähe ...«

Die Antwort vom Stab des Admirals Nordmeer ließ nicht allzulange auf sich warten. Sie sollte fortan das taktische Vorgehen des Kommandanten bestimmen:
»Teichert 1. Gut. 2. Sofort letzten Standort und Kurs des Kreuzers melden. Versuchen Fühlung zu halten.«
Die Ereignisse der folgenden Stunden überzeugten den Kommandanten, daß bei den herrschenden Witterungsverhältnissen schon das Fühlungshalten außerordentlich schwierig war, ein neuer Angriff kaum Aussicht auf Erfolg haben würde. Konnte die Brückenwache gegen 21.00 Uhr gerade noch bei einer Entfernung von rund acht Seemeilen die schemenhaften Umrisse des Kreuzers beziehungsweise der ihn beschützenden Zerstörer erkennen, nahm die Sicht danach von Minute zu Minute rapide ab. *U 456* rückte deshalb immer näher an die britischen Kriegsschiffe heran. Diese aber waren aufmerksam: Um 21.40 Uhr zwangen zwei Zerstörer das U-Boot mit Höchstfahrt zum Ablaufen, drückten es schließlich sogar unter Wasser. Als man in *U 456* einige Sekunden lang die typischen Ortungssignale hörte, rechnete jedes Besatzungsmitglied mit dem Abwurf der Wasserbomben — doch sie blieben wie durch ein Wunder aus. Während einer der beiden Zerstörer nach sechzig Minuten Suche zum Kreuzer zurückkehrte, blieb der andere noch bis kurz vor Mitternacht in der Nähe des getauchten U-Bootes. Dann verließ auch er das Seegebiet, dampfte nach Süden ab.
1. Mai 1942, 00.15 Uhr: *U 456* durchbrach auftauchend die Wasseroberfläche, setzte erneut dem britischen Kreuzer nach. Fünfzehn Minuten später machte die Brückenwache ein eigenes Boot aus: *U 88*. Beide Fahrzeuge näherten sich bis auf Rufweite. Die Kommandanten tauschten ihre Erlebnisse der letzten Stunden aus und machten sich mit der gegenwärtigen Lage vertraut. Den Kurzsignalen von *U 376* und *U 251* nach zu urteilen, mußte sich QP 11 bereits westlich von ihnen befinden. Die Frachter zogen hart an der Treibeisgrenze entlang,

die alliierten Kriegsschiffe dagegen nicht nur vor, sondern auch einige Seemeilen neben den Dampfern, d.h. südlich von ihnen. Wie aus den Positionssignalen anderer Boote der sogenannten *Strauchrittergruppe* hervorging, würden sie voraussichtlich an den Geleitzug herankommen. Wegen erschwerter Bedingungen beim Fühlungshalten zum beschädigten Kreuzer vereinbarten beide U-Boot-Kommandanten, dies von nun an gemeinsam zu versuchen.
00.50 Uhr: Auf *U 456* hatte man wieder den Havaristen gesichtet. Minuten darauf verfaßte Kapitänleutnant Teichert den Funkspruch:

»Kreuzer Quadrat 5528 zur Zeit etwa 210 Grad. Bohmann hat ebenfalls Fühlung. NW 3, See 2 Dünung, Sicht 8 sm.«

Eine knappe Stunde später meldete er, daß der Kreuzer mit gestoppten Maschinen im Planquadrat AC 5528 quer zur See treibe, sich bei ihm noch immer die Zerstörer befänden und man außerdem große Ölfelder ausgemacht hätte.
Seit Max-Martin Teicherts Erfolgsfunkspruch herrschte im Stab des *Admirals Nordmeer* fieberhafte Aktivität. Man stimmte sich zunächst mit dem Stab des *Fliegerführers Kirkenes* über zu ergreifende Maßnahmen im Zusammenhang mit den Angriffsplänen gegen QP 11 und den torpedierten Kreuzer ab. Da zwischen den einzelnen Waffengattungen eine starke Rivalität herrschte, wollte die Luftwaffe natürlich am Erfolg teilhaben. Sie plante für die frühen Morgenstunden des 1. Mai Einsätze und bat für diese Zeit um Peilzeichen aller Fühlungshalter auf Langwelle 442 kHz. Unmittelbar nach dem Luftangriff auf den Geleitzug sollten die dort operierenden U-Boote zum Zuge kommen. Für die im Bök-Fjord ankernde *Zerstörergruppe Nordmeer* wurde Seeklarbereitschaft befohlen, um die drei Zerstörer gegebenenfalls auf den manövrierunfähigen britischen Kreuzer und seine Begleitfahrzeuge ansetzen zu können, falls ein vorgesehener Bombenangriff aus Witterungsgründen nicht möglich wäre oder scheitern sollte.
Um 00.30 Uhr des 1. Mai legte ein R-Boot am führenden Zerstörer *Z 7* an. Der Kapitän zur See Schulze-Hinrichs empfing den seit Stunden erwarteten Einsatzbefehl. Die gegen 01.00 Uhr auslaufenden drei Schiffe nahmen anfangs Kurs auf die durch *U 456* übermittelte Position des Havaristen, steuerten dann aber auf einen Funkspruch des Stabes hin 310 Grad, nach Nordwest zum QP 11.
Der alliierte Geleitzug befand sich um 05.40 Uhr etwa 150 Seemeilen Ost-Süd-Ost der Bären-Insel, als vier deutsche Torpedoflugzeuge die Frachter im Tiefflug angriffen. Ihr erster Einsatz über der Barentssee war ein erfolgloser — kein Torpedo fand sein Ziel.[36]
Auch der von den U-Booten vorgetragene Angriff ging ins Leere. Sie wurden von der britischen Eskorte unter Wasser gedrückt und mußten ablaufen.

13.40 Uhr: Die Temperaturen schwankten zwischen -5 ° und -9 °Celsius, die Sicht betrug je nach Dichte der aus Nordost kommenden Schneeschauer mal 2, mal bis zu 10 Seemeilen. QP 11 steuerte Kurs 275 Grad. Auf den deutschen Zerstörern hatten die Ausguckposten bereits die Konvoi-Sicherungsfahrzeuge ausgemacht; man gab Gefechtsalarm.[37]
Um 14.07 feuerten *Z 24* und *Z 25* vier Torpedos in Richtung Konvoi ab — einer traf das 2 847 BRT große sowjetische Handelsschiff *Ziolkowski* —, ehe sie von den vier britischen Zerstörern und der Korvette *Snowflake* abgedrängt werden konnten. Innerhalb der nächsten vier Stunden versuchte die *Zerstörergruppe Nordmeer* noch fünfmal, an die Frachter heranzukommen, und fünfmal gingen die waffentechnisch weit schwächeren britischen Sicherungsfahrzeuge mit Rauch- und Nebelschleiern dazwischen, wehrten alle Angriffe erfolgreich ab. Schließlich gaben die deutschen Kriegsschiffe auf und liefen um 17.45 Uhr ab — Kurs 110 Grad.
Die Absicht des Führers der Zerstörergruppe Schulze-Hinrichs ging aus seinen nächsten beiden Funksprüchen eindeutig hervor:

»1823/773 Gegen Geleitzug ein bis zwei Drittel Munition und fünf Torpedos verschossen, mehrere Treffer beobachtet, keine eigenen Ausfälle. Beabsichtige Quadrat 55 anzusteuern.« und »1919/777 Stehe etwa 06.00 Uhr bei Kreuzer.«

Wie beurteilte man indessen auf *U 456* die Situation? Der britische Kreuzer hatte bis 03.20 Uhr gestoppt gelegen, anschließend ungefähr drei Stunden lang bei einer Geschwindigkeit von 6 bis 7 Knoten unregelmäßige Zick-Zack-Kurse nach Südost gesteuert. Während der gesamten Zeit beobachteten Brückenposten des U-Bootes die alliierten Kriegsschiffe, obwohl diese in der Dunkelheit und in dem Schneetreiben mitunter nur als Schemen auszumachen waren. Funkmaat Urbild sendete seit

---

36 Im Zuge der vorgesehenen intensiveren Bekämpfung der Nordmeerkonvois erhielt die Luftflotte 5 im März/April 1942 Teile ihrer im Mittelmeerraum eingesetzten Stammverbände (KG 26, KG 30 und KG 40) zurück (Maschinen der Typen He 111 , He 115, Ju 88, FW 200 und Me 109 — ursprünglich Bf 109).

37 Etwa zur gleichen Zeit meldete die *Snowflake* Radar-Kontakt mit drei Objekten in 185 Grad. Kurz darauf sichtete man auf der *Beverley* die deutschen Zerstörer in 210 Grad.

03.00 Uhr in regelmäßigen Abständen auf 442 kHz das für die deutsche Luftwaffe geforderte Peilzeichen *Jota* und für den Stab des *Admirats Nordmeer* die eigene Position. Andere Besatzungsangehörige unterstützten den LI in seinem Bemühen, das Standsehrohr wieder klar zu bekommen, jedoch vergebens.
In den Morgenstunden nahm das Schneetreiben an Heftigkeit zu. Der havarierte Kreuzer — er hatte von 06.30 bis 08.00 Uhr abermals gestoppt gelegen — verschwand immer öfter hinter dem weißen Vorhang. Schließlich, gegen 08.30 Uhr, war die Fühlung zu ihm verlorengegangen. Nach einer Stunde konnte er aber erneut geortet werden. *U 456* stand nunmehr mit *U 88* etwa 7 Seemeilen südlich vom Havaristen im Quadrat AC 5524.
Dieser ständige Wechsel zwischen fehlendem Sichtkontakt, angestrengter Suche und erneuter Fühlungnahme hielt die Brückenwache bis gegen Mittag in Atem.
Kapitänleutnant Teichert wollte dem nervenaufreibenden Spiel ein Ende bereiten und ersuchte deshalb beim Stab mit dem F. T. 1208/753 um Angriffsfreiheit:

»Kreuzer Quadrat 5559 rechte untere Ecke, Generalkurs 160 Grad, knapp 3 sm. Frage Angriff frei trotz unbrauchbarem Angriffssehrohr.«

Die Stabsoffiziere auf der *Südmeer* dachten jedoch nicht daran, eine Änderung des Operationsplanes vorzunehmen. Teicherts Ansinnen wiesen sie kategorisch mit dem F. T. 1322/755 »Zunächst Fühlung halten für späteren Zerstöreransatz« zurück. Der U-Boot-Kommandant sollte vorerst nicht dazu kommen, die aus dem Funkspruch zu ziehenden Schlußfolgerungen mit dem IWO zu besprechen. Um 13.50 Uhr bemerkte nämlich die Brückenwache einen gegnerischen Zerstörer. Er kam plötzlich aus einer Schneebö heraus, hielt mit Höchstfahrt auf das U-Boot zu und schoß mit seiner Artillerie. Für den Kommandanten Teichert gab es nur noch eins: Mit allem, was die Dieselmotoren hergaben, die Flucht anzutreten und um 14.07 Uhr — bei 4000 Metern Abstand zum Gegner — Alarmtauchen zu befehlen. Zehn Minuten später detonierten die ersten Wasserbomben, allerdings hinter dem Boot. Noch mehrmals erfaßte der britische Zerstörer *U 456* mit seinem Suchgerät, zum Zuge kam er jedoch nicht mehr, zumal es dem U-Boot gelang, sich in *Schleichfahrt* davonzustehlen.
Als nach längerer Horchpeilung klar wurde, daß sich der gegnerische Zerstörer bei seiner Suche offensichtlich auf ein etwa vier Seemeilen entferntes Gebiet konzentrierte, entschloß sich Kommandant Teichert dazu, das U-Boot auftauchen zu lassen. Er wollte vorläufig Fühlung zum Sicherungszerstörer halten, da ihm dieser den Weg zum Kreuzer weisen würde.

Die nun eingehenden Funksprüche vom Stab kündigten wichtige Entscheidungen an, machten aber auch deutlich, daß alles von den stündlich auf *U 456* abzusetzenden Fühlungshalter-, Wetter- und Feindstärkemeldungen abhängen würde. *U 88* hatte seit 17.30 Uhr keinen Kontakt mehr zum beschädigten Kreuzer.
Wie von der deutschen Operationszentrale in Kirkenes gewünscht, trafen in regelmäßigen Zeitabständen Funksprüche von Kapitänleutnant Teichert ein:
20.30 Uhr:
»1952/780 Kreuzer zur Zeit außer Sicht, wahrscheinlich Quadrat AC 5599, NO 4–5, See 3, Sicht 3–8 sm, wechselnd, Schneeschauer, Vereisung. Seit gestern nur 2 Zerstörer beobachtet ...«
20.56 Uhr:
»2047/782 Kreuzer in Sicht AC 5832, starke Zacks um Süd, steuert anscheinend mit den Maschinen, Wetter unverändert. Langwellensender unklar.«

Alle folgenden Funksprüche lauteten ähnlich. Mal konnte der Kreuzer fahrend, mal — unter hohen weißen Qualmwolken — liegend beobachtet werden, lediglich die Wetterverhältnisse blieben relativ konstant. Fühlung wurde meistens durch direkten Sichtkontakt gehalten. War dieser nicht mehr vorhanden, mußte zum Horchen getaucht und — nach Peilung — Kurs auf das britische Fahrzeug genommen werden. So verging die Nacht, lediglich durch eine Nachricht von der *Südmeer* unterbrochen: Die eigenen Zerstörer würden gegen 06.00 Uhr eintreffen. Sobald sie die feindlichen Zerstörer gebunden hätten, könnte *U 456* den Kreuzer angreifen.
2. Mai 1942, 05.48 Uhr: Eine dichte Schneebö hüllte das Boot *U 456* ein, die Sicht war schlecht. Für den Kommandanten bot sich dadurch eine günstige Gelegenheit, ungesehen an das britische Kriegsschiff heranzukommen, es eventuell mit einem gezielten Überwasserschuß zu versenken. Doch nach knapp 30 Minuten hörte es schlagartig auf zu schneien. *U 456* befand sich in unmittelbarer Nähe eines gegnerischen Zerstörers, mußte sofort unter Wasser. In 40 Metern Tiefe lief es nach Horchpeilung auf sein Ziel zu. Kapitänleutnant Teichert wollte mit dem Boot noch vor dem zu erwartenden Gefecht zwischen den Überwassereinheiten in guter Schußposition sein ...
Indessen marschierte die *Zerstörergruppe Nordmeer* nach Osten mit der Absicht, von Norden her mit achterlichem Wind den von *U 456* gemeldeten Standort zu erreichen. Dieses Vorhaben gab Kapitän zur See Schulze-Hinrichs um 05.07 Uhr allen eigenen Kräften mittels Kurzsignal bekannt:
»Beabsichtige von Norden her anzugreifen. U-Boote erst angreifen ab 08.00 Uhr.«

Um 06.00 Uhr passierten die nunmehr in Gefechtsformation laufenden drei Zerstörer große Ölfelder — ein Hinweis auf den gesuchten Kreuzer. Die Sicht betrug je nach den wechselnden Schneeschauern zwischen drei und acht Seemeilen.

06.17 Uhr: Auf *Z 25* sah man nicht nur in fünf Dezimetern Steuerbord den Havaristen, sondern auch die beiderseits von ihm hervorstoßenden Zerstörer. Eine Schneebö nahm den deutschen Angreifern die Sicht. Nur auf *Z 7* hatte man noch einigermaßen freien Blick. Die Entfernung zu dem treibenden britischen Kreuzer verringerte sich zusehends. Bei 78 Hektometern wollte gerade der Kommandant, Korvettenkapitän Hinrich Wittig, Feuererlaubnis für die Torpedowaffe erteilen, als hinter seinem Schiff drei Wassersäulen aufstiegen. Auf dem Kreuzer hatte man angesichts der anlaufenden Zerstörer blitzschnell reagiert und einem noch einsatzfähigen 15,2-cm-Drillingsturm den Feuerbefehl erteilt. Bereits die zweite Salve traf: Zwei Geschosse bohrten sich in die Turbinenräume des Zerstörers *Z 7*. Seine Maschinen fielen sofort aus, die Stromversorgung brach zusammen — alle Schiffsführungs- und Feuerleitgeräte wurden dadurch lahmgelegt. Das Fahrzeug drehte nach Steuerbord und blieb mit Schlagseite liegen. Es war nicht mehr zu retten, zumal es nun auch noch von den nahenden britischen Zerstörern beschossen wurde. Die Besatzung ging von Bord und sprengte um 08.30 Uhr *Z 7* (Position 72° N, 34° O im Quadrat AC 5917).

In der Zwischenzeit griffen die beiden anderen deutschen Zerstörer in das Gefecht ein, wobei man sich zudem um die Rettung der Zerstörer-Besatzung bemühte.[38] Im Verlauf der Kampfhandlungen fand um 07.02 Uhr — von deutscher Seite unbemerkt — einer der vier von *Z 25* abgefeuerten Torpedos sein Ziel. Er riß ein weiteres Loch in den angeschlagenen Kreuzer, und zwar auf der Backbordseite. Aber auch die übrigen an dem Gefecht beteiligten Zerstörer wiesen bald unterschiedlich starke Beschädigungen auf. Die deutschen Kriegsschiffe drehten schließlich ab und überließen *U 456* das Feld ...

Das Boot unter dem Kommando von Kapitänleutnant Teichert befand sich seit 06.15 Uhr unter Wasser, Kurs britischer Kreuzer. Die Eintragungen im Kriegstagebuch geben recht anschaulich die Situation wieder:

»06.29 Uhr:
An der Wasseroberfläche beginnt Artilleriegefecht. Fortwährend Artillerieeinschläge. Werde oft von Zerstörern überlaufen. Einschläge z.T. sehr laut. Ein Höllenkonzert.
07.02 Uhr:
Größere Detonation gehört. Artilleriegefecht dauert bis 08.25 Uhr.
08.00 Uhr:
Quadrat AC 5865. Laufe zunächst wieder etwas ab.
08.23 Uhr:
4 Wabos in großer Nähe. Starke Erschütterungen im Boot. Keine Ausfälle.
08.24 Uhr:
1 Wabo. Auf große Tiefe A + 80 gegangen.[39] Ortungsgeräte. 3 Zerstörer.
08.37 Uhr:
3 Wabos. Liegen gut, aber hoch.
08.48 Uhr:
2 Wabos.
08.52 Uhr:
Plötzlich starke Geräusche. Knirschen und Brechen, dann Rauschen wie von einem sinkenden Schiff ganz in der Nähe. Unheimlich. Der Kreuzer!
09.00 Uhr:
Anscheinend U-Jagd-Gruppe über mir. Zirp-S-Gerät und Kieselstein-S-Gerät.
Laufe auf geradem Kurs 170° ab. Werde mehrfach überlaufen, keine Wabos mehr ...«

Bis 16.27 Uhr mußte die Besatzung in der Tiefe ausharren — insgesamt zehn Stunden, die je nach den Schiffsbewegungen über ihnen mit Bangen und Hoffen angefüllt waren. Am späten Nachmittag wurden die mit dem Horchgerät aufgenommenen Schraubengeräusche schwächer. Wider Erwarten schien sich der Gegner zu entfernen. *U 456* konnte auftauchen. Kommandant und IWO kletterten durchs Turmluk, suchten das Meer ab, bemerkten keine feindlichen Fahrzeuge mehr.

Nachdem der U-Boot-Kommandant dem Stab seine Position gemeldet und wegen des defekten Standsehrohres um Anlaufgenehmigung für Kirkenes gebeten hatte, hoffte wohl jedes Besatzungsmitglied auf baldige Heimkehr.

Aber weit gefehlt! Die Funkleitstelle übermittelte *U 456* alle wichtigen Sprüche des Tages, so daß sich für die Besatzung das Bild der jüngsten Ereignisse abrundete, für sie der neue Auftrag klar wurde: Zuerst sollte die Suche nach Überlebenden von *Z 7* aufgenommen, danach der Kreuzer weiter verfolgt werden. Also war er nicht gesunken! Welches Schiff aber dann?

---

38 254 Marineangehörige wurden von *Z 24* aufgenommen, 56 später von *U 88* (15 starben an der Untergangsstelle, einer verstarb auf *U 88*).

39 A = 80 m Tiefe. A + 80 bedeutete, daß *U 456* 160 m tief war. Andere Eintragungen wie z.B. A - 30 = 50 m Tiefe, oder 2 A + 10 = 170 m Tiefe.

Gemälde
von Viktor Gernhard:
U 88 an der Eisgrenze

Ab 20.00 Uhr mußten die Brückenposten nicht mehr vergeblich nach Schiffbrüchigen Ausschau halten, der Stab hatte den Abbruch der Suchaktion befohlen. Die Aufmerksamkeit konzentrierte sich voll auf den Gegner. Es sollte nicht lange dauern, da wurde im Quadrat AC 5863 ein mächtiger Ölteppich entdeckt. Darin schwammen Balken, eine Stelling, Kisten, leere Rettungsflöße, Schwimmwesten und mehrere Tropenhelme — zwei davon ließ Kommandant Teichert aufnehmen. Sie wiesen jedoch keine Beschriftung auf, gaben keinerlei Auskunft über die Identität des untergegangenen Fahrzeuges. Im KTB vermerkte er deshalb:

»Also war Geräusch 08.52 von sinkendem Schiff ein Brite. Leider wohl nicht der Kreuzer, sondern ein von *Z 24* bewegungsunfähig geschossener Zerstörer, da die Luft im Quadrat AC 5897 ein großes und ein kleines Kriegsschiff gemeldet hat.« (Nach Angaben der Luftaufklärung sollte sich um 18.30 Uhr der Kreuzer dort befunden haben.)

Die Suche fortsetzend, steuerte *U 456* südwärts. Um 10.00 Uhr hatte es das Quadrat AC 8535 erreicht. Weit und breit war nichts auszumachen gewesen — trotz der merklich besseren Wetterverhältnisse. Die Fernsicht betrug annähernd 12 Seemeilen. Der Kreuzer konnte aufgrund seiner geringen Geschwindigkeit dieses Seegebiet unmöglich hinter sich gelassen haben. Er mußte irgendwo in der Nähe sein, vielleicht sogar mit abgestellten Maschinen treibend. Systematisch wurde das Planquadrat 85 abgefahren, danach im Nebenquadrat 86 mit der Suche begonnen und schließlich gemäß einem

Funkbefehl vom *Admiral Nordmeer* wieder Kurs Nord gesteuert.

Auch die Luftaufklärung vermochte nichts auszurichten, der britische Kreuzer blieb verschwunden. In den späten Abendstunden beschloß deshalb der Stab auf der *Südmeer*, das Unternehmen zu beenden, die Boote der *Strauchrittergruppe* zur Basis zurückkehren zu lassen.

4. Mai 1942, 00.00 Uhr: Kapitänleutnant Teichert hoffte, mit einem kleinen *Schlenker* über Nord doch noch ein Anzeichen vom britischen Kreuzer zu entdecken. Umsonst. Zwei Stunden später kündigte auch er seine Ankunft in Kirkenes an, damit man sein Boot durch die Minensperren lotsen könne:

»... stehe 12.00 Uhr — rot 92 —.«

Von nun an steuerte das U-Boot Kurs 270 Grad, nach einiger Zeit 220 Grad. Gegen 09.30 Uhr begegnete man deutschen U-Boot-Jägern, dreißig Minuten später sichtete die Brückenwache ein sowjetisches U-Boot (Teichert meldete dieses Vorkommnis mit dem »Kr«-F. T.: »Aufgetauchtes russisches U-Boot Quadrat 8486 untere rechte Ecke.«), dann traf man pünktlich um 12.00 Uhr am vereinbarten Ort auf das wartende M-Boot. Und um 12.45 Uhr lag *U 456* an seinem Liegeplatz, hatte mit 1 207,5 Seemeilen — davon 53,5 unter Wasser — den fünften Fronteinsatz beendet.

Am Abend des 4. Mai 1942 waren alle von Kirkenes aus gegen die Konvois PQ 15 und QP 11 eingesetzten deutschen U-Boote wieder im Bök-Fjord versammelt — mit Ausnahme von *U 436*. Wegen einer gebrochenen Stopfbuchsenbrille des Funkpeilers und dem dadurch möglichen Wassereinbruch beim Tauchen mußte es Trondheim anlaufen und dort in die Werft gehen. Seegang, Eis und Wasserbomben hatte keines der Boote verschont, jedoch hielten sich die Beschädigungen in Grenzen. Bei *U 456* kam außer dem reparaturbedürftigen Standsehrohr noch ein Schaden an der Entlüftungsleitung zwischen den Tauchtanks II und IV hinzu. Er hatte bewirkt, daß während der Unterwasserfahrt Öl ausgelau-

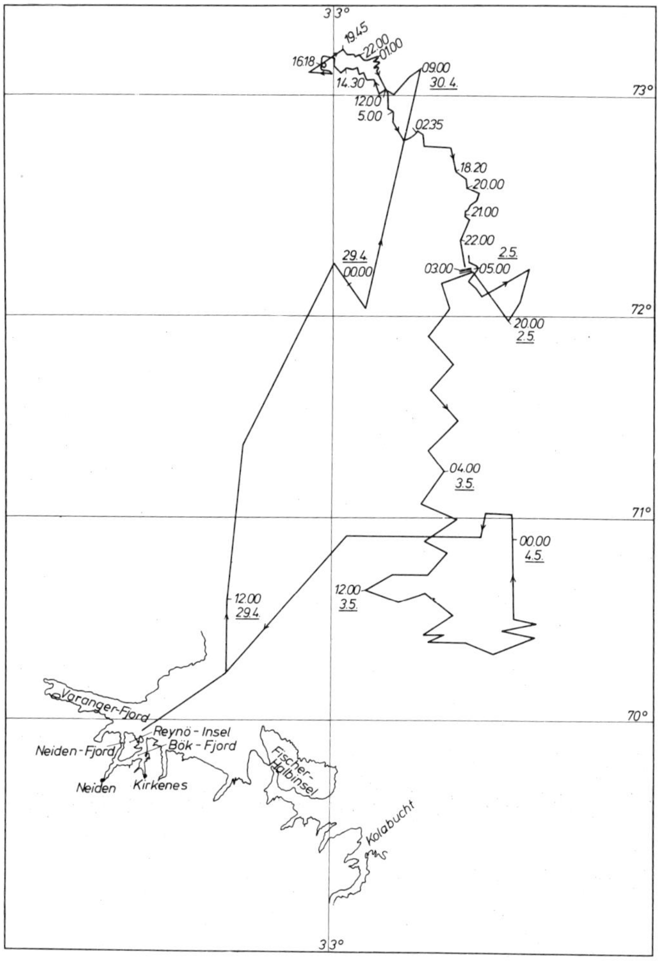

Die Wegekarte des deutschen U-Bootes *U 456* vom 29. April bis zum 4. Mai 1942

- 9 -

Datum und Uhrzeit	Angabe des Ortes, Wind, Wetter, Seegang, Beleuchtung, Sichtigkeit der Luft, Mondschein usw.	Vorkommnisse
		Das Fühlunghalten am Kreuzer bei den Nordmeersichtverhältnissen waren das schwierigste, was ich bisher in dieser Hinsicht erlebt habe. Der vorzüglichen Aufmerksamkeit der Brückenwachen, insbesondere der W.O.'s. ist zum guten Teil das Dranbleiben zu verdanken. Die gesamte ~~ganze~~ Besatzung hat sich wieder einmal gut bewährt. Teichert

Mit dieser Einschätzung vom fünften Fronteinsatz schloß Kapitänleutnant Max-Martin Teichert seine Eintragungen im Kriegstagebuch Nr. 5 ab

fen war. Das Boot sollte deshalb gleichfalls auf einer Werft repariert werden, und zwar fuhr es am 7. Mai nach Bergen.
Inzwischen debattierten die U-Boot-Kommandanten an Hand ihrer Wegekarten und Tagebücher über die vorangegangenen Kriegsereignisse in der Barentssee. Man schrieb Berichte und mutmaßte, was mit dem britischen Kreuzer geschehen sein konnte. Erst am 7. Mai löste eine Nachrichtenmeldung aus London das Rätsel: Die britische Admiralität gab im Zusammenhang mit der jüngsten Geleitzugfahrt den Verlust ihres Kreuzers *Edinburgh* bekannt.
Nunmehr sah sich auch der Befehlshaber, *Admiral Nordmeer,* zu einer entsprechenden Stellungnahme im Kriegstagebuch des Bootes *U 456* veranlaßt. Dort heißt es unter anderem:
»Versenkung des Kreuzers *Edinburgh* wird nach jetzt vorliegenden Unterlagen *U 456* zugesprochen. Eine Beteiligung eigener Zerstörer ist gar nicht eindeutig bewiesen, doch sehr wahrscheinlich ...«

Die Kämpfe um den Geleitzug QP 11

Kola-Fjord, Ende April 1942. In Poljarny erörterten Stabsoffiziere der sowjetischen Nordflotte mit ihrem Befehlshaber Vizeadmiral Golowko letzte Details einer geplanten umfangreichen Landeoperation in der Motowski-Bucht. Das Unternehmen sollte am 28. April beginnen und die 14. Armee in ihrem erbitterten Abwehrkampf gegen die deutschen Truppen entlasten. Für alle im Kola-Fjord stationierten sowjetischen Kriegsschiffe hieß deshalb der Befehl: »Seeklarbereitschaft ab 27. April, 20.00 Uhr!«

In dem Poljarny gegenüberliegenden Fjord-Arm — zwischen Kap Mischukew und Waenga — ankerten im Schutz der Hänge die Schiffe der britischen Eskorte[40] für den nächsten, westwärts gehenden Konvoi QP 11: sechs Zerstörer, vier Korvetten und ein Anti-Submarine-(A/S-)Trawler; außerdem der Kreuzer *Edinburgh* für die Nahsicherung. Auf allen Fahrzeugen verlief der Dienstbetrieb routinemäßig — Wachdienst, Geschützexerzieren, Frischwasser- und Treibstoffübernahme.

Im Hafen von Murmansk arbeiteten Schauerleute Tag und Nacht, um die an den Kais festgemachten Frachter so schnell wie möglich zu ent- oder zu beladen — denn für dreizehn von ihnen stand der Auslauftermin fest: der 28. April! Zu den dreizehn Handelsschiffen gehörten sieben britische (*Briarwood, Dan-y-Bryn, Trehatta, Athol Templar, Gallant Fox, Ballot, Dunboyne*), ein sowjetisches (*Ziolkowski*) und fünf amerikanische (*West Cheswald, Stone Street, El Dina, El Estra, Moomadmer*). Kurz vor diesem Datum fanden im Zusammenhang mit dem QP 11 drei erwähnenswerte Ereignisse statt:

1. Die Kapitäne der dreizehn Handelsschiffe versammelten sich im Hotel *Arktika*. In bewährter Weise erhielten sie von sowjetischen und britischen Marineoffizieren Informationen für die Heimfahrt nach Island. In den Vorträgen spielte das Seegebiet zwischen den Routenpunkten »C« (72° 38′ N, 38° 00′ O), »D« (73° 50′ N, 28° 58′ O) und »E« (73° 33′ N, 20° 05′ O) die wichtigste Rolle. In dem Abschnitt war nicht nur mit

---

40 Zur Eskorte der *Royal Navy* gehörten: Zerstörer *Bulldog* (Commander Maxwell Richmond, Eskorte-Führer), Zerstörer *Beagle* (Commander Lord Teynham), Zerstörer *Amazon* (Lieutenant-Commander N. E. G. Roper), Zerstörer *Beverley*, Zerstörer *Foresight* (Commander Jocelyn Stuart Cambridge Salter), Zerstörer *Forester* (Lieutenant-Commander George Pepys Huddart), Korvette *Oxlip* (Lieutenant-Commander Alfred Creighton Collinson), Korvette *Saxifrage* (Lieutenant-Commander Edmund Chapman), Korvette *Campanula* (Lieutenant-Commander Alfred Hine), Korvette *Snowflake* (Lieutenant-Commander Sidney Cuthbertson), A/S-Trawler *Lord Middleton* (Lieutenant P. Jameson)

Das Murmansker Hotel *Arktika* — aufgenommen 1940

dichtem Treibeis, sondern nach neuesten Erkenntnissen auch mit feindlichen Angriffen aus der Luft und zu Wasser zu rechnen.

2. Das Kommando der sowjetischen Nordflotte bat die gegenwärtig anwesenden ranghohen westalliierten Seeoffiziere zu einem Empfang, an dem unter anderen teilnahmen:
Vizeadmiral Arseni Grigorjewitsch Golowko, Befehlshaber der *Nordflotte*;
Generalmajor Nikolai Antonowitsch Torik, Chef der *Politischen Verwaltung der Nordflotte*;
Divisionskommissar Aleksander Andrejewitsch Nikolajew, Mitglied des *Kriegsrates der Nordflotte;*
Iwan Dimitrijewitsch Papanin, Beauftragter des *Staatlichen Verteidigungskomitees der UdSSR*;
Maxim Iwanowitsch Staroshin, Erster Sekretär des *Murmansker Gebietskomitees der KPdSU*;
Boris Grigorjewitsch Lytkin, Vorsitzender des *Exekutivkomitees des Murmansker Gebietssowjets;*
Sergej Sinowjew, Vertreter der *sowjetischen Militärmission* in London (Chef der *sowjetischen Marinemission* in London war Admiral Charlamow);
Mr. Cormack, Beauftragter des *britischen Ministeriums für Kriegstransporte* in Murmansk;
die Leiter der beiden *westalliierten Militärmissionen* in Murmansk;
alle Kommandanten der im Kola-Fjord liegenden britischen Kriegsschiffe;
Rear-Admiral Stuart Bonham-Carter, Befehlshaber des 18. Kreuzergeschwaders.
Bei dem zwanglosen Treffen sorgte die sich zuspitzende militärische Konfrontation im Polargebiet — speziell in der Barentssee — für ausreichenden Gesprächsstoff. Sowjetische Parteifunktionäre und Marineoffiziere betonten wiederholt ihre große Dankbarkeit für die bisher eingetroffenen westlichen Militärgüter, brachten aber auch zum Ausdruck, daß gerade jetzt — nachdem die deutsche Wehrmacht vor Moskau eine Niederlage erlitten hatte, und sie ihre Kräfte für eine neue Offensive umzugruppieren begann — kontinuierliche Waffenlieferungen für die UdSSR besonders bedeutungsvoll seien.
Rear-Admiral Bevan — der Leiter der britischen Militärmission — überraschte den Kommandanten der *Edinburgh*, Captain Hugh Webb Faulkner, mit der Nachricht, daß dieser auf der Rückfahrt nach Großbritannien außer 28 verwundeten englischen, kanadischen und amerikanischen Matrosen, deren Frachter versenkt worden waren, auch einen polnischen Diplomaten sowie tschechoslowakische und sowjetische Offiziere — darunter Sergej Sinowjew — an Bord haben würde. Außerdem sollte der Kreuzer eine sehr wertvolle Fracht transportieren: rund 5,5 Tonnen Gold — den Gegenwert für geliefertes amerikanisches Kriegsmaterial!

3. Im Laufe des 25. April traf aus Moskau das für die Vereinigten Staaten von Amerika bestimmte Gold in Murmansk ein — in einem Güterwagen. Der weitere Weg des Edelmetalls läßt sich anhand der Schilderungen ehemaliger Besatzungsmitglieder der *Edinburgh* verfolgen.

Petty Officer Arthur Start: »Ich hatte vielleicht eine gute Stunde geschlafen, als mich das Signal unseres Hornisten weckte. Es bedeutete: Beide Wachen sofort auf das Mitteldeck, Steuerbordseite! Die Uhr zeigte exakt 15 Minuten vor Mitternacht an. Als ich das Deck erreichte, wollte ich meinen Augen nicht trauen. Ich sah eine filmreife Szene. An unserer Steuerbordwand hatten zwei kleine Fluß-Lastkähne festgemacht. In ihnen befanden sich einige Stapel länglicher Kisten. Darauf saßen mit Maschinenpistolen bewaffnete Rotarmisten. Nachdem vom Flugdeck ein Fallreep herabgelassen worden war, enterten mehrere sowjetische Soldaten herauf. Man merkte, daß ihnen diese Art Kletterei große Mühe bereitete. Auf dem Flugdeck stand bereits eine Wache von uns. Wir mußten sie verstärken, das Deck völlig abriegeln. Mit dem Kran der ›Walrus‹-Katapultanlage hievte man aus den Lastkähnen alle Kisten an Bord — sie ähnelten Munitionsbehältern. Plötzlich rutschte eine Kiste vom Haken, schlug auf und brach auseinander. Heraus fielen rotes Papier und Goldbarren.«

Marinesoldat Bill Miles: »Die vom Haken gerutschte Kiste verfehlte mich nur knapp. Vor mir lagen vier Goldbarren. Ein junger Leutnant befahl, das Gold schnell wieder in die Kiste zu legen und diese zuzunageln.«

Chief Petty Officer Reginald Levick: »Ich war zu der Gruppe abkommandiert, die die Kisten mittschiffs im Bombenraum verstaute. Über ihren Inhalt hatten wir keine Ahnung, bis der aufsichtsführende Offizier, Commander Jefferies, zu mir sagte: ›Wenn eine dieser Kisten ins Wasser fallen sollte, gehen Sie runter und holen sie wieder herauf!‹ Ich gehörte zu den Tauchern des Kreuzers, deshalb seine Bemerkung. In jenem Moment wurde mir bewußt, daß wir etwas sehr Wertvolles im Bombenraum unterbrachten.«

Die Neuigkeit, daß Gold im Wert von etwa zwei Millionen Pfund im Bombenmagazin lagerte, ging in Windeseile von Mund zu Mund. Während Matrosen und Offiziere über das ungewöhnliche nächtliche Geschehen diskutierten, quittierten Captain Faulkner und Mr. Cormack

dem Murmansker Beauftragten der sowjetischen Staatsbank die Übernahme von 465 Goldbarren in 93 Kisten.[41]
Auf der *Edinburgh* kam an jenem 26. April niemand so recht zur Ruhe. In den Morgenstunden näherte sich dem Kreuzer eine Barkasse. Sie brachte die 28 verwundeten Seeleute, denen im Murmansker Marine-Lazarett erste Hilfe zuteil geworden war. Eine wirkungsvolle Behandlung mußte ihnen dort leider versagt bleiben. In der Frontstadt reichten weder medizinisches Personal noch Arzneimittel aus, um die zahlreichen Opfer deutscher Bombenangriffe ordnungsgemäß versorgen zu können — ganz abgesehen von den Militärangehörigen, die bei Land-, Luft- oder Seekämpfen Verwundungen erlitten hatten.
Der Zustand der an Bord gekommenen Kranken machte betroffen: Arm- und Beinbrüche, besonders starke Erfrierungen an Händen und Füßen. 24 von ihnen galten als bettlägerig. Einer kam sofort auf den Operationstisch — man nahm ihm beide Beine ab.
Aufopferungsvoll kümmerten sich die vier Schiffsärzte — Commander Lascelles sowie die Lieutenante Lillie, Svanson und Hexton — um ihre Patienten. Die schweren Fälle fanden in der Krankenstation Aufnahme, die übrigen in drei provisorisch eingerichteten Krankenzimmern — Messen der Matrosen und Maate.
27. April, nachmittags: Captain Faulkner ließ seine Mannschaft auf dem Hauptdeck antreten. In groben Zügen umriß er die Aufgaben der kommenden Tage. Auslaufen in etwa 24 Stunden, Nahsicherung für QP 11 bis zu den isländischen Gewässern, dann Heimfahrt nach Scapa Flow, Ankunft dort am 6. oder 7. Mai. Und schließlich gab er bekannt:
»... außer den bereits eingeschifften verwundeten Seeleuten klarieren sich bis morgen noch fast 50 Passagiere ein — ein Minister der polnischen Exilregierung mit seinem Sekretär, ein tschechoslowakischer Oberst mit drei Offizieren und elf sowjetische Offiziere mit dreißig Soldaten. Das bedeutet, wir müssen zusammenrücken, Platz für unsere Gäste schaffen ...«
28. April 1942: Seit Tagesanbruch hüllte dichtes Schneegestöber den Kola-Fjord ein. Im Schneetreiben zu fahren, noch dazu in der Nähe tückischer Felsen, ist stets riskant. Ganz anders reagierten jedoch die Besatzungen der dreizehn Handelsschiffe auf den Flockenfall. Sie hofften, er würde lange anhalten. Garantierte dieser natürliche Schirm doch ein von der deutschen Luftaufklärung unbemerktes Auslaufen.
Ein Frachter nach dem anderen legte von den Kais ab, dampfte unter sachkundiger Leitung des Lotsen nordwärts. Um 13.00 Uhr passierte das dreizehnte Schiff die in der Fjord-Mündung liegende kleine Insel Toros.
Am Sammelpunkt erwarteten außer den britischen Zerstörern, den Korvetten, dem A/S-Trawler sowie der aus vier Fahrzeugen bestehenden 6. M-Boot-Flottille noch zwei sowjetische Zerstörer die Transporter. Letztere nahmen unverzüglich ihre vorgesehene Position in der Kon-

[41] Das vom 25. April 1942 datierte Dokument galt aus versicherungsrechtlichen Gründen dem britischen *Ministerium für Kriegstransporte* — Abteilung Kriegs-Risiko-Versicherung — als Beweis, daß sich das Gold tatsächlich an Bord des Kreuzers befunden hatte. Eine durch das britische Außenministerium angeforderte Fotokopie der Quittung wurde im August 1942 von der Botschaft in Kuibyschew nach London geschickt.

Das britische Minensuchboot *Harrier*

Der britische Zerstörer *Bulldog*

voi-Formation ein, so daß QP 11 gegen 15.00 Uhr seine Fahrt nach Island aufnehmen konnte. Jedes Kriegsschiff sicherte einen bestimmten Sektor um den Geleitzug. Die Zerstörer und die M-Boote vorn und achtern, die Korvetten an beiden Seiten, der A/S-Trawler ebenfalls achtern. Dies war jedoch keineswegs dogmatisch zu betrachten. Bei entsprechender Notwendigkeit entschied der Eskorte-Führer über jede Art von Formationsänderung. Unmittelbar vor Abschluß der Gruppierungsphase ließ der Flockenwirbel nach, riß für kurze Zeit die Wolkendecke auf. Und noch ehe die Schiffe erneut im dichten Weiß verschwanden, überflog für Sekunden eine *Focke-Wulf-200* den Sammelpunkt. Diesen Typ, ursprünglich als Verkehrsflugzeug entwickelt und bis Kriegsbeginn so verwendet, hatte die deutsche Luftwaffe in Ermangelung einer geeigneteren Maschine als Fernaufklärer eingesetzt. War der Geleitzug bemerkt worden? Vorsorglich richtete man sich auf einen Luftangriff ein, der vorerst jedoch ausblieb.

Indessen durchkämmten die Zerstörer *Foresight, Sokruschitelny* und *Gremjastschi* das vor dem Konvoi liegende Seegebiet. Zu den Ortungsgeräten der *Foresight* zählte neben Asdic (**A**nti **s**ubmarine **d**etection **i**nvestigation **C**omitee) und Radar (**R**adio **d**etection **a**nd **r**anging)[42] neuerdings eine HF/DF-Anlage (Neuentwicklung zur Sofortpeilung von gegnerischen Funksignalen). Radarschirm und HF/DF-Leuchtröhre wurden aufmerksam beobachtet — aber noch gab es keinerlei Hinweise auf die Anwesenheit feindlicher Kriegsschiffe.

28. April, 21.30 Uhr: Für den noch bei Waenga liegenden Kreuzer *Edinburgh* hieß es endlich »Anker auf!«. Eskortiert von einem sowjetischen Schnellboot, strebte er der offenen See zu. Dann ein letzter Gruß von Bord zu Bord, und beide Schiffe trennten sich: Das Schnellboot nahm Kurs auf Poljarny, der Kreuzer auf QP 11.

22.05 Uhr: Nach wie vor kreuzten die drei Zerstörer etwa zwei Seemeilen vor dem Konvoi. Plötzlich bemerkten sie ein deutsches Aufklärungsflugzeug, nahmen es sofort unter Beschuß. Scheinbar mit Erfolg, denn das Steuerbordtriebwerk der Maschine setzte aus. Wegen der schlechten Sichtverhältnisse, so hoffte man auf britischer Seite, seien die Frachter vielleicht nicht entdeckt worden. Möglicherweise vermutete der Feind, er hätte es mit aus Archangelsk kommenden Kriegsschiffen zu tun gehabt — Verstärkung für das Landeunternehmen in der Motowski-Bucht. In dieser Annahme wurde man durch das beharrliche Schweigen des Richtung Nordnorwegen geflogenen Aufklärers bestärkt — dieser schickte weder einen Funkspruch noch ein Fühlungshaltersignal in den Äther.

---

42 Die britischen Kriegsschiffe waren damals meist mit verschiedenen Typen R. D. F.- Geräten (z.B. Typ 286 und 271) ausgestattet (R. D. F. — radio direction finder = Funkpeiler)

29. April: Mit dem neuen Tag setzte ein zaghafter Wetterumschwung ein. Regenschauer wechselten mit Schneeböen. Die Sicht betrug im besten Fall knapp zwei Seemeilen. Mehr denn je war man auf das *Funkmeß-Auge*, den Radar, angewiesen. Um 03.08 Uhr erschienen auf dem Schirm der *Edinburgh* die ersten hellen Punkte — QP 11. Dreißig Minuten später reihte sich der Kreuzer in die Eskorte ein. Bis zum Morgengrauen geschah nichts Außergewöhnliches, abgesehen von dem Registrieren eines Flugmotorengeräusches gegen 05.30 Uhr.
Die Sichtweite nahm immer weiter ab. Um 07.20 Uhr beschloß deshalb Rear-Admiral Bonham-Carter, die *Edinburgh* solle vorerst eine Position innerhalb der Konvoi-Formation beziehen. Plötzlich — 07.40 Uhr — erneutes Motorengebrumm und einzelne Schüsse. Der Zerstörer *Forester* hatte das Feuer auf zwei anfliegende Maschinen eröffnet. Es handelte sich jedoch um eigene Flugzeuge, wie die sowjetischen Begleitschiffe sofort signalisierten.
Nach zehn Minuten wurde abermals Fliegeralarm gegeben. Eine einzelne Ju 88 zog in einiger Entfernung westwärts — viel zu weit ab für die Schiffsflak.
Ohne weiteren Zwischenfall zog QP 11 nordwärts — Kurs 20 Grad. Zur Mittagszeit sorgte ein größeres Treibeisfeld für Abwechslung, bedeutete aber keine Gefahr. Um 18.00 Uhr ließ Eskorte-Führer Commander Richmond die nautische Position ins *Bulldog*-Logbuch eintragen: 72° 17′ N, 37° 47′ O. Gleichzeitig verabschiedete er die vier M-Boote. Sie traten unverzüglich den Rückmarsch zum Kola-Fjord an. Mit Reduzierung der Konvoi-Sicherung schwärmten die Zerstörer nicht mehr aus — alle Eskorte-Fahrzeuge blieben von nun an in unmittelbarer Nähe der Frachter. Lediglich die *Edinburgh* wechselte ständig ihre Position: mal achteraus, mal voraus oder mal seitlich des Geleitzuges.
29. April, 20.00 Uhr: Bonham-Carter erhielt einen Funkspruch der Londoner Admiralität von 18.22 Uhr. Man teilte ihm mit, der Konvoi sei mit an Sicherheit grenzender Wahrscheinlichkeit durch ein feindliches U-Boot entdeckt worden. Diesen Schluß hätte die Funkaufklärung aus einem um 14.59 Westeuropäischer Zeit (WEZ = G. M. T., Greenwich mean time) empfangenen deutschen Funksignal gezogen. Obwohl die Peilstationen der mit HF/DF versehenen Eskorte-Schiffe keinen derartigen Kontakt aufgezeichnet hatten, war besondere Vorsicht geboten, hielten die Bedienungsmannschaften ihre Wasserbomben-Wurfvorrichtungen ununterbrochen eisfrei.[43]
20.18 Uhr: Die Wachposten des an der Spitze des Konvois sichernden Zerstörers *Bulldog* sichteten voraus die

[43] Die Temperaturen lagen in jenen Tagen häufig zwischen fünf und zehn Grad unter dem Gefrierpunkt. Gischt und Regen sorgten auf den Schiffen für einen Eispanzer, der nur durch regelmäßiges Abklopfen beseitigt werden konnte.

Der britische Zerstörer *Forester*

Der britische Zerstörer *Foresight*

Treibeisgrenze. Nach weiteren zehn Minuten mußte das Geleit in Position 72° 33′ N, 37° 34′ O seinen Kurs ändern: 250 Grad entlang der Eiszone.
Der Kreuzer *Edinburgh* erkundete die Seeverhältnisse mit dem Ergebnis, daß die Frachter bald auf den zwischen den Routen-Punkten »C« und »D« festgelegten Kurs 295 Grad würden steuern können — nur eben einige Seemeilen südlicher.
Während der nächsten Stunden frischte der Wind merklich auf, blies schließlich mit Stärke acht aus West-Nord-West. Der Seegang nahm ebenfalls zu, erreichte den Wert sieben. Alle Dampfer fuhren jetzt mit verminderter Geschwindigkeit, das waren maximal etwa fünf Knoten.

23.25 Uhr: Die HF/DF-Anlage des Zerstörers *Bulldog* registrierte ein funkendes deutsches U-Boot. Der vom Commander Richmond in Peilrichtung ausgeschickte Zerstörer vermochte allerdings den Feind in der tobenden See nicht zu finden und mußte unverrichteter Dinge zum Geleitzug zurückkehren.
30. April: Durch die turbulente See quälten sich die dreizehn Handelsschiffe, versuchten, den vorgeschriebenen Kurs 295 Grad zu halten. Dem Frachter *Ballot* gelang dies nicht. Um 00.30 Uhr war er schon einige Seemeilen vom Konvoi entfernt, hatte zu ihm keinen direkten Kontakt mehr. Der Zerstörer *Beverley* wurde damit beauftragt, den zurückgebliebenen Dampfer zu sichern und ihn letztlich dem Gros wieder zuzuführen.
02.40 Uhr: Abermals zeigte das HF/DF-Gerät der *Bulldog* ein funkendes deutsches U-Boot an. Auch in diesem Fall blieb die sofort eingeleitete Jagd erfolglos.

06.20 Uhr: Von der hinter dem Konvoi operierenden *Beverley* aus sichtete man ein U-Boot, das gleich nach seiner Entdeckung tauchte. Vereint mit den detachierten Zerstörern *Forester* und *Foresight* sollte der genaue Standort des Feindes ermittelt, das U-Boot dann vernichtet werden. Das gelang nicht. Die ausfahrbaren Asdic-Unterwassersonargeräte gewährleisteten bei den starken Minustemperaturen und den schwankenden Dichten der im Polarmeer typischen verschiedenen Wasserschichten keine verläßliche Ortung.

08.36 Uhr: Die britische Admiralität funkte, was die Sicherungsgruppe bereits aus eigener Anschauung wußte: Dem QP 11 folgt ein deutsches U-Boot, das in regelmäßiger Folge Fühlungshaltersignale und Positionsmeldungen absetzt.
12.00 Uhr: Kapitäne und Kommandanten ließen die nautischen Daten in den Logbüchern vermerken:

»Position 72° 42′ N, 34° 10′ O; Kurs 295°; Geschwindigkeit 6 Knoten; Wind Nord-West, Stärke 8; See 7«.

Im Hinblick auf die geringe Geschwindigkeit der Frachter hatte Rear-Admiral Bonham-Carter in den Morgenstunden angeordnet, den Kreuzer *Edinburgh* nicht mehr bei der Eskorte sichern zu lassen. Die Taktik des Rear-Admirals bestand vielmehr im folgenden: 15 bis 20 Seemeilen im Zick-Zack-Kurs weit vorzustoßen, das vom Geleit zu passierende Seegebiet zu erkunden, danach diesem wieder entgegenzufahren und direkten Kontakt mit ihm herzustellen. Das wiederholte sich alle paar Stunden.

Nach einem solchen Vorstoß erreichte die *Edinburgh* um 14.15 Uhr wieder einmal die Vorhut des Geleitzuges. Innerhalb der nächsten zehn Minuten wechselte der Kreuzer von der Backbord- zur Steuerbordposition. Dabei tauschte Captain Faulkner mit dem Eskorte-Führer alle wichtigen Informationen aus und teilte mit, die nächste Aufklärungsfahrt gelte dem steuerbords zum QP-11-Kurs liegenden Seeabschnitt.

Mit 19 Knoten steuerte die *Edinburgh* Kurs 295 Grad, der um 14.30 Uhr auf 315 Grad geändert wurde. In diesem Moment meldete Commander Richmond, mit HF/DF-Peilung habe man um 14.20 Uhr in 312 Grad ein deutsches U-Boot ausgemacht — Entfernung etwa 30 Seemeilen. Captain Faulkner befahl daher um 14.37 Uhr neuen Kurs 275 Grad und Zick-Zack-Fahrt nach Admiralsorder-Nummer 3. Von der *Bulldog* sah man dem zackenden Kreuzer nach, bis dieser im Dunst der Kimm verschwand.

Um 16.16 Uhr des 30. April 1942 wurde folgende Eintragung im Logbuch der *Bulldog* vorgenommen:

»Große Säule aus Wasser und Rauch am Horizont, nach Peilung 320°. Da sich die *Edinburgh* irgendwo in dieser Zone befindet, werden *Forester* und *Foresight* zur Erkundung detachiert.«

16.20 Uhr: Die *Bulldog*-Funkstation nahm für den Eskorte-Führer einen Spruch der *Edinburgh* mit dem Inhalt auf, der Kreuzer sei torpediert worden.

Commander Richmond entschied, daß *Forester* und *Foresight* bis auf weiteres dem Kreuzer zur Seite stehen sollten. Gleichzeitig bat er die beiden sowjetischen Zerstörer — deren Rückfahrt nach Poljarny unmittelbar bevorstand — ebenfalls dem torpedierten Kriegsschiff zu Hilfe zu eilen. *Sokruschitelny* und *Gremjastschi* kamen diesem Wunsch unverzüglich nach. Die Eskorte bestand nunmehr nur noch aus vier Zerstörern, vier Korvetten und dem A/S-Trawler.

17.38 Uhr: Der Konvoi änderte wegen deutscher U-Boote seinen Kurs um 40 Grad nach Backbord.

17.58 Uhr: Rear-Admiral Bonham-Carter funkte an den S.B.N.O, North Russia:

»*Edinburgh* wurde in Position 73° 08′ N, 33° 00′ O von zwei Torpedos getroffen. Ruderanlage total beschädigt. Bitte zu unserer Unterstützung alle verfügbaren Schlepper und eine Eskorte entsenden. Außerdem Schutz. Bin bemüht, Kurs 150 Grad zu steuern mit acht Knoten. Benachrichtigen Sie bitte Admiralität und Commander-in-Chief, Home Fleet. Vermutlich nur leichte Verluste.«

Commander Richmond, dem die dechiffrierte Meldung ebenfalls vorlag, wußte genau: *Forester* und *Foresight* mußten weiterhin dem Havaristen helfen — die Kampfkraft seiner Eskorte blieb daher reduziert.

Nach einiger Zeit sichtete der Steuerbord-Ausguckposten des Zerstörers *Bulldog* querab an der Kimm schemenhafte Umrisse von fünf Schiffen. Bald darauf konnte er die Fahrzeuge identifizieren. Es handelte sich um die *Edinburgh* mit ihren vier Sicherungszerstörern. Da QP 11 unbeirrt seinen Weg fortsetzte, entschwanden die Schiffs-Silhouetten nach und nach achtern im Dunst.

20.00 Uhr: Der Geleitzug schwenkte um 35 Grad nach Steuerbord, fuhr mit Kurs 280 Grad dem Routen-Punkt »E« entgegen. Während der zweiten Nachthälfte klarte es zögernd auf. Zunehmend wuchs infolge des sich auflösenden Nebels die Sichtweite.

1. Mai, 05.25 Uhr: Im Osten kündete fahles Morgenrot den Sonnenaufgang an. QP 11 steuerte noch immer den gleichen Kurs, befand sich jetzt in Position 73° 08′ N, 28° 08′ O. Innerhalb der Eskorte-Formation belegte die Korvette *Snowflake* einen achteren Platz, etwa zwei Seemeilen backbords des letzten Frachters. In jenem Moment entdeckte der Backbord-Brückenposten in 110 Grad vier anfliegende deutsche Torpedobomber. Der Sichtwinkel zu ihnen betrug nur zwei Grad. Die Flugzeuge kamen demnach in rund 180 Meter Höhe auf den Geleitzug zu. Lieutenant-Commander Cuthbertson, der Korvetten-Kommandant, ließ sofort entsprechende Signalwimpel aufziehen und machte mit heulender Sirene auf den Gegner aufmerksam.

Allmählich gingen die feindlichen Maschinen noch tiefer, bis rund 70 Meter über die Wasseroberfläche. Dann flogen sie synchron zum Angriff. *Snowflake* eröffnete mit seiner Flak das Feuer, konzentrierte es auf das zweite Flugzeug von links. Dieses warf dadurch seine Torpedos zu zeitig ab und zog anschließend jäh in einer steilen Rechtskurve hoch.

Indessen waren die übrigen drei Maschinen bis auf etwa 700 Meter an die Korvette herangekommen. Jetzt warf auch das zweite Flugzeug von rechts seine Torpedos ab, direkt auf das Schiff zu. Cuthbertson reagierte schnell. Er befahl eine Kursänderung um 110 Grad und verhinderte damit Schlimmes — die Torpedos zogen dicht an der Steuerbordwand vorbei. Der Richtung ihrer Blasen-

(5/1011) Wt. 173 ?8008. 500M Pads. 7/4? B & S. Ltd. ?1-?11.

S. 1320b. **NAVAL MESSAGE.** Revised December, 1935.

For use in Signal Department only

Originators Instructions: (Indication of Priority, Intercept Group, etc.) IMMEDIATE

Codress/Plaindress

No. of Groups:

TO: S.B.N.O.

FROM: C.S. 18.

Write Across

Edinburgh hit by 2 torpedoes in position 73 08N 33 00E.

Pressure completely disabled am endeavouring to steer 150° at 8 knots.

1758B/30

Rear-Admiral Robert Hesketh Bevan (S.B.N.O., North Russia) erhielt von Rear-Admiral Stuart Bonham-Carter unter anderem diesen Funkspruch über die Torpedierung der *Edinburgh*

bahn zufolge konnten sie nur noch den Frachtern gefährlich werden, doch die befürchteten Detonationen blieben aus.

Um 05.40 Uhr ließ der Korvetten-Kommandant im Logbuch vermerken:

»In der Kette rechts außen fliegende Maschine passiert Steuerbordseite, mehrere Treffer erzielt.«

Erst als sich dieser Gegner vor der *Snowflake* befand, fielen seine Geschosse ins Wasser — sie liefen ebenso wie alle ihre Vorgänger ins Leere.

Während der Abschlußphase des Luftangriffes hatte der Zerstörer *Amazon* ein deutsches U-Boot wahrgenommen, das backbords den Konvoi in Höchstfahrt überholen wollte. An der umgehend aufgenommenen Jagd beteiligte sich die für diesen Sicherungssektor zuständige Korvette *Snowflake*. Der unter Wasser gedrückte und mehrere Sekunden lang geortete Feind wurde mit Wasserbomben belegt. Die damalige Logbucheintragung »06.11 Uhr. 73° 08′ N, 27° 12′ O, vom Achterdeck aus zwei Wasserbombenserien, keine Wrackteile« läßt den Schluß zu, das deutsche U-Boot sei entweder gar nicht oder nur leicht beschädigt worden.«

08.06 Uhr: Der Signalgast des Zerstörers *Bulldog* übermittelte dem Commodore auf der *Briarwood* die Order des Eskorte-Führers: »Neuer Kurs 320 Grad ab 08.10 Uhr«. Die Entscheidung Commander Richmonds beruhte auf der durch HF/DF-Peilung gewonnenen Erkenntnis über die Anwesenheit mehrerer U-Boote. Die nächsten beiden Stunden standen ganz im Zeichen von HF/DF-Ortungen: Vier U-Boote operierten um den Geleitzug — je eins vor und hinter ihm, zwei an seiner Backbordseite. (Der Funkkladde von *U 456* ist zu entnehmen, daß es sich bei diesen Booten u.a. um *U 376, U 436* und *U 589* gehandelt haben dürfte.)

Trotz wiederholt erhaltener HF/DF-Peilwerte verließ kein Zerstörer mehr die Formation. Jede Art von U-Boot-Jagd mußte vorläufig aus zwei Gründen unterbleiben: Commander Richmond durfte seinen an sich schon verrin-

gerten Kampfverband durch detachierte Zerstörer nicht noch mehr schwächen, außerdem stieg bei den U-Boot-Verfolgungen der Treibstoffverbrauch rapide an. Der Eskorte-Führer begnügte sich vielmehr damit, die Standorte angepeilter U-Boote zu umfahren.
10.30 Uhr: Erneuter Kurswechsel auf 272 Grad. Die Geschwindigkeit betrug etwas mehr als acht Knoten. Ins Logbuch des Zerstörers *Bulldog* notierte man die Wetterverhältnisse:

»Wind Nord-Nord-Ost mit Stärke 3, See 4, Schneeschauer, wechselnde Sicht 2 bis 10 Seemeilen, Temperatur minus 8 Grad.«
1. Mai, 13.00 Uhr: Die nautische Position des Geleitzuges betrug 73° 32′ N, 24° 54′ O. Dreizehn Handelsschiffe steuerten in vier Kolonnen entlang der Treibeisgrenze westwärts. An jeder Ecke des *Konvoi-Quadrats* sicherten eine Korvette und der A/S-Trawler nach wie vor achtern. Die Zerstörer schirmten das Geleit wie folgt ab: *Amazon* an der Steuerbord-, *Beagle* an der Backbordseite, *Bulldog* und *Beverley* vorn, ersterer steuerbords, letzterer backbords vor einem Kolonnenpaar fahrend und den Kurs bestimmend.
Aus dem Logbuch der Korvette *Snowflake* ist zu erfahren:

»13.15 Uhr. Radarkontakt, zusteuernd 175°, Entfernung 9 sm.
13.27 Uhr. 3 Radarkontakte, ein größeres und zwei kleinere Schiffe, Peilung 185°, Entfernung 6, 6,2 und 6,4 sm, Geschwindigkeit 19 kn.«

Die anfängliche Vermutung, es nähere sich der Funkstille bewahrende Kreuzer *Edinburgh* in Begleitung von *Foresight* und *Forester*, erwies sich nach Beurteilung aller bekannten Fakten als haltlos. Es konnten demnach nur deutsche Überwassereinheiten auf den Konvoi zuhalten. Und da kamen nur die in Kirkenes stationierten drei Zerstörer in Betracht, da der Londoner Admiralität das Auslaufen der *Tirpitz* nicht verborgen geblieben und somit die QP-11-Eskorte gewarnt worden wäre — abgesehen von den dann durch die Ferndeckungsgruppe sicher eingeleiteten Gegenmaßnahmen.[44]
Ab 13.44 Uhr überstürzten sich die Ereignisse. Es begann mit der Meldung vom Zerstörer *Beverley*, man habe die drei noch unbekannten Schiffe ebenfalls mit Radar erfaßt: Peilung 210 Grad, Entfernung vier Seemeilen. Fast gleichzeitig machte der Brückenposten des Zerstörers *Beagle* in derselben Richtung drei Schatten aus, die er als feindliche Zerstörer identifizierte. Entsprechend der vorangegangenen Instruktion erhöhten sowohl die Zerstörer als auch die Korvette *Snowflake* ihre Geschwindigkeit und legten Rauch- sowie Nebelschleier — und zwar backbords vom Konvoi, der sich in diesem Moment in Position 73° 22′ N, 25° 32′ O befand.
Gemäß Commander Richmonds Befehl »Alle Zerstörer zu mir!« schlossen sich um 13.54 Uhr die übrigen ihrem Führungsschiff an. In der Reihenfolge *Bulldog, Beagle, Amazon* und *Beverley* steuerten sie mit annähernd 28 Knoten Kurs 230 Grad. Inzwischen hatten die deutschen Zerstörer ihre Angriffsformation eingenommen, stießen in Richtung Spitze des Geleitzuges vor. Um 14.07 Uhr eröffneten beide Seiten das Feuer. Die britischen Kriegsschiffe konzentrierten sich auf das mittlere Schiff, die deutschen Zerstörer auf die *Amazon*. Mit den ersten Salven drehte der deutsche Verband zur offenen Arktis ab, feuerte dabei noch einige Torpedos in Richtung Geleitzug. Auf der *Bulldog* sichtete man um 14.12 Uhr die achtern vorbeilaufenden Torpedos. Auch Richmond ließ seine Gruppe einschwenken, auf Parallelkurs zum Feind gehen und erteilte um 14.08 Uhr für die Torpedowaffe Feuererlaubnis. Drei Minuten später stellten beide Parteien das Schießen ein. Die deutschen Schiffe fuhren südwärts, die britischen Fahrzeuge um 14.15 Uhr unter Rauchentwicklung zum Geleitzug zurück.
Das Resultat dieses ersten Treffens war für die Engländer ermutigend und deprimierend zugleich. Es erfüllte sie mit Stolz, daß sie innerhalb kürzester Frist den waffentechnisch überlegenen Gegner hatten zurückschlagen können. Die tragischen Folgen des deutschen Angriffes hingegen boten ihnen jedoch keinerlei Grund zum Jubel.
Die deutsche Kriegsmarine verwendete unter anderem hochexplosive Splitter-Sprenggranaten. Diese waren zuweilen sehr nahe der *Amazon* explodiert, so daß deren Besatzung elf Verwundete zu beklagen hatte — drei Schwer- und acht Leichtverletzte. Lieutenant-Commander Roper dazu in seinem Gefechtsbericht:

»... über uns ging ein Splitterhagel nieder. Obwohl von der ›B‹-Geschützbedienung drei Männer — einschließlich des Ladeschützen — verletzt wurden, feuerte ›B‹ noch drei Salven ab. Ein großer Splitter zerstörte die Armaturen im Steuerhaus und traf den Rudergänger. Da die Männer der Torpedowaffe nicht auf meine Befehle

[44] Die Präsenz deutscher Schwerer Überwassereinheiten in Nordnorwegen zwang die britische Admiralität, ihre Ferndeckungsgruppe im Nordmeer neu zu formieren. Außer *King George V., Victorious, Kenya* und sechs Zerstörern gehörten ihr erstmalig amerikanische Kriegsschiffe an: das Schlachtschiff *Washington*, die Kreuzer *Wichita* und *Tuscaloosa* sowie vier Zerstörer.

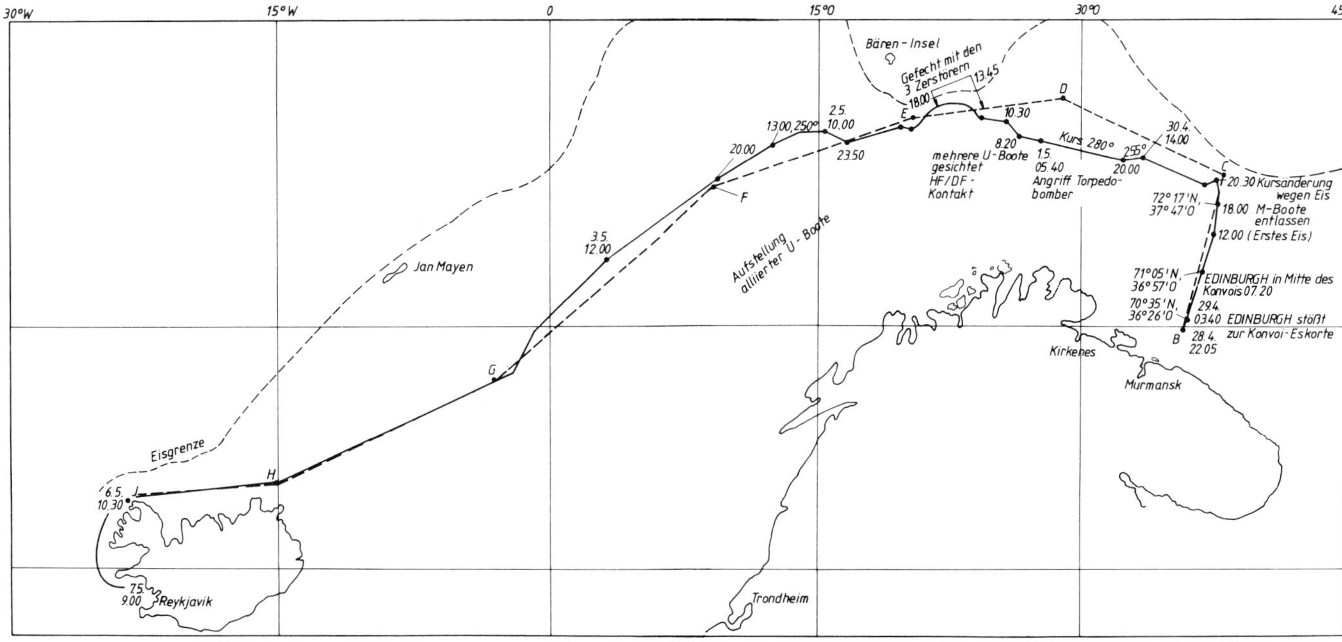

Die Route des alliierten Geleitzuges QP 11.
Die unterbrochene Linie stellt den festgelegten, die durchgehende Linie den tatsächlichen Kurs dar.

reagierten, schickte ich Sub-Lieutenant McDonald zur Klärung der Sachlage zu ihnen. Er stellte fest, dem Torpedomechaniker war ein Arm weggerissen, Nummer Eins leicht verwundet worden. Während der Splittereinschläge stand die Sprechanlage im Torpedoraum auf ›Empfang‹, so daß wir auf der Brücke keine Informationen erhalten konnten. Weiterhin wurde die Steuerbord-Flak beschädigt, vier Mann der Bedienung verletzt. Um den feindlichen Granaten zu entgehen, ließ ich den Kurs um 200 Grad ändern, doch der Gegner überschüttete uns auch dann noch mit Schrapnellgeschossen ...«

Im Gegensatz zu den wirkungsvollen Schüssen der deutschen Zerstörer erzielten die britischen keine Treffer. Mit Ausnahme von *Bulldog* griffen sie allerdings auch nicht mit voller Kampfkraft in das Geschehen ein: *Amazon* wegen gegnerischer Einwirkung, bei der *Beagle* sorgten vereiste Geschütze für Verzögerungen, und auf der *Beverley* bereitete die Einstellung der Magnettorpedos solche Schwierigkeiten, daß man auf den Einsatz dieser Waffe schließlich ganz verzichten mußte. Während die Sicherungszerstörer den feindlichen Angriff abwehrten, änderte QP 11 seinen Kurs. Konvoi-Commodore William Lawrence wollte die Dampfer tiefer in die Treibeiszone bringen, damit sie so besser geschützt seien. Plötzlich detonierten zwischen den Fahrzeugen zwei Torpedos — an Eisschollen. Ein drittes Geschoß traf um 14.28 Uhr das sowjetische 2847 BRT-Handelsschiff *Ziolkowski*.[45]

Rings um den unrettbar verlorenen Frachter färbte sich die Wasseroberfläche dunkel — verursacht durch austretendes Öl: Mit dem Bug voran begann die *Ziolkowski* wegzusacken. Männer warfen Rettungsflöße über Bord und sprangen hinterher. Das überfüllte Backbord-Rettungsboot kam nicht ordnungsgemäß von den Davits los, hing mit dem Heck fest. Nach dem Kappen der Trosse stürzte das Boot mitsamt den schreienden Insassen ins Meer, schlug kieloben auf. Sekunden darauf glitt das Schiff, immer schneller werdend, in sein nasses Grab. Auf dem Heck standen gestikulierende und um Hilfe rufende Besatzungsmitglieder ... In diesem Moment traf der A/S-Trawler *Lord Middleton* an der Unglücksstelle ein. Fünfzehn ölverschmierte und von der eisigen See gezeichnete sowjetische Seeleute konnte man auffischen. Für die restlichen kam jede Hilfe zu spät. Zwischen den Wracktrümmern trieben nur noch Tote. Nach 30 Minuten stellte der A/S-Trawler die Suche nach Überlebenden ein, machte Dampf auf, um den Konvoi einzuholen.

---

45 Ursprünglich vermuteten die britischen Militärs, ein U-Boot habe die Torpedos abgeschossen. Erst nach Kriegsende wurde bekannt, daß die Torpedos doch von den Zerstörern stammten.

In der Zwischenzeit hatte sich die Zerstörer-Eskorte an der südlichen Flanke des wieder westwärts ziehenden Konvois in Linie formiert. Um 14.33 Uhr dieses 1. Mai leitete die erneute Feindpeilung der *Bulldog* eine weitere *höllische* Viertelstunde ein:

14.35 Uhr: *Snowflake* bemerkte Granateinschläge achteraus des letzten Dampfers.

14.37 Uhr: *Amazon* peilte Feind in 175 Grad.

14.38 Uhr: *Beagle* peilte Feind in 170 Grad.

14.39 Uhr: *Amazon* eröffnete das Feuer auf die deutschen Einheiten, die übrigen britischen Zerstörer fielen in die Kanonade ein.

14.41 Uhr: In festgelegter Formation steuerten die britischen Zerstörer frontal der zulaufenden deutschen Gruppe entgegen.

14.44 Uhr: Feuereinstellung, da der Feind abdrehte.

14.50 Uhr: Die Zerstörer-Eskorte befand sich wieder backbords vom Konvoi.

Soweit im Telegrammstil die Fakten der zweiten Auseinandersetzung. Lediglich fünf Minuten währte der Schußwechsel. Doch was geschah nicht alles in dieser kurzen Zeitspanne! Das vom Angreifer auserkorene Ziel hieß abermals *Amazon*. Die Granaten der ersten Salve detonierten noch etwa 350 Meter vom Schiff entfernt — meistens unmittelbar über der Wasseroberfläche. Aber schon die nächsten Feuerstöße ließen den Zerstörer erbeben, hüllten ihn in beißenden Qualm ein. Lieutenant-Commander Roper, den auf der Brücke ein Splitter traf, schrieb in seinem Bericht:

»... durch das noch intakte Sprachrohr erreichte uns aus dem Steuerhaus der Ruf ›Jemand muß das Ruder übernehmen, ich kann es nicht mehr!‹. Gleichzeitig scherte die mit 28 Knoten laufende *Amazon* aus der Linie aus. Ich befahl ›Steuerbord-Maschinen stop!‹. Der Maschinentelegraph schlug zwar an, eine Geschwindigkeitsreduzierung und die damit verbundene Kursänderung traten jedoch nicht ein. Wie schon beim ersten Scharmützel mußte wiederum Sub-Lieutenant McDonald in die Bresche springen. Ich beorderte ihn ins Steuerhaus. Der Treffer hatte es erheblich beschädigt, vor allem seine Inneneinrichtung. Rudergänger Cheater lag tot am Boden. Neben ihm der verwundete Matrose Forgusen. McDonald brachte die defekte Anlage bemerkenswert schnell unter Kontrolle — das Schiff gehorchte wieder dem Ruder.

Die auf dem Oberdeck detonierte Granate forderte neben einem weiteren Todesopfer Schwer- und Leichtverwundete. Zu meinem Bedauern betrugen unsere Gesamtverluste nach diesem Treffer zwei Tote und sechs Verwundete. Da während der Explosion Midshipman Broomfield — verantwortlicher Kartenoffizier und Tagebuchführer — für etliche Minuten ohne Bewußtsein war, gibt es von jener Kampfphase keine Niederschrift ...«

Faktisch existierten nach dem Feuerwechsel auf der *Amazon* keine verläßlichen Nachrichtenverbindungen mehr. Außerdem waren in einer Geschützlafette die Zieloptik und im Steuerhaus der Kompaß zerstört worden. Schiffssicherungstrupps arbeiteten fieberhaft, um die empfindlichsten Schäden zu beseitigen. In vielen Fällen schufen sie Behelfslösungen. Den Kompaß im Steuerhaus *ersetzte* nun ein zusätzlicher Posten, der auf Zuruf aus dem Kartenraum den Rudergänger einzuweisen hatte. Im Hinblick auf die eingeschränkte Einsatzfähigkeit des Zerstörers empfahl sein Kommandant dem Eskorte-Führer, die *Amazon* solle bei künftigen Angriffen an Stelle der *Beverley* den letzten Platz in der Formation einnehmen. Commander Maxwell Richmond akzeptierte diesen Vorschlag.

Der Gegner ließ auch nicht allzulange auf sich warten. Um 15.55 Uhr meldete die hinter dem Geleitzug dampfende *Lord Middleton* »Feind gepeilt in 140 Grad«. Ein weiteres Mal verschwanden die Handelsschiffe hinter einem künstlichen Nebelvorhang, formierten sich die Zerstörer bei der *Bulldog*. Anschließend Höchstfahrt Kurs 82 Grad zum Gegenangriff. Ab 16.06 Uhr dröhnten die Geschütze. Dann liefen Torpedos auf die deutschen Überwassereinheiten zu und — detonierten kurz vor ihnen an den Eisschollen.

Hüben wie drüben traf nicht eine einzige der abgefeuerten Granaten ihr Ziel. Wie üblich, drehten die deutschen Schiffe nach wenigen Salven um 16.10 Uhr nach Süden ab. Während die britischen Fahrzeuge zum Konvoi zurückfahren wollten, wurde erneut Alarm ausgelöst: Der feindliche Zerstörerverband folgte ihnen im Kielwasser. Eine einzige Salve der *Bulldog* genügte, um den Gegner gegen 16.20 Uhr zur Umkehr zu bewegen.

Als die britischen Zerstörer die Eiskante erreicht hatten, bot sich den Augen ihrer Besatzungen ein seltsames Bild: Verteilt über eine Distanz von sieben Seemeilen zogen die zwölf Dampfer in einer Reihe ihre Bahn. Mitunter sah man von ihnen nur die oberen Konturen über dem gleißenden Weiß. Commodore Lawrence hatte ein übriges getan, um seine Handelsschiffe vor deutschen Torpedos und Artilleriegeschossen zu bewahren. Den Frachtern voranfahrend, bahnte sich die *Briarwood* ihren Weg durch die Eisbarriere, geschickt die einzelnen Kanäle ausnutzend. Das war ein äußerst gewagtes Unterfangen, da auch die beste Schiffsschraube starkem Eis nicht zu trotzen vermochte. Und triumphierte erst einmal die Natur über das von Menschenhand Geschaffene, mußte das Schiff sich selbst überlassen bleiben. Doch alles verlief gut ...

Der deutsche Zerstörerverband gab nicht auf, versuchte zum fünften Mal, an den Konvoi heranzukommen. Um 16.32 Uhr erfaßte die Korvette *Snowflake* mit Radar den noch knapp zehn Seemeilen entfernten Feind — Peilung 146 Grad. Commander Richmond informierte seine Eskorte über den bevorstehenden Angriff. Und dann wiederholte sich alles, fast schon routinemäßig: Rauch- und Nebelschleier, Formierung der Zerstörer zum Gegenangriff, kurzer Feuerwechsel, Ruhe bis zum nächsten Treffen. Die Auseinandersetzung begann um 17.25 Uhr und endete wie die vorausgegangene. Nach dem Austausch einiger Salven trennten sich beide Seiten. Diesmal verschwand der Gegner auf Nimmerwiedersehen.
Kaum, daß um 17.45 Uhr der letzte feindliche Zerstörer außer Sicht geriet, gratulierte Commander Richmond seinen Kommandanten zum Ausgang des Gefechts. Von der *Beagle* winkte der Signalgast die Antwort Teynhams:

»I should hate to play poker with you!« (»Ich habe es satt, mit Ihnen Poker zu spielen!«).

Und tatsächlich, Richmond hatte mit brillanten Gegenvorstößen geblufft. Zu Gunsten besserer U-Boot-Bekämpfungsmittel[46] war Wochen zuvor von den britischen Zerstörern fast die Hälfte der Artillerie entfernt, ihre Feuerkraft vermindert worden. Bei einem Vergleich der Geschützanzahl schnitten die britischen Kriegsschiffe eindeutig schlechter ab. Dieser Fakt machte jedoch nicht allein die technische Überlegenheit des deutschen Angreifers aus: Dazu gehörten auch großkalibrige Waffen mit entsprechender Reichweite, hervorragende Zielgeber auf den Feuerleitständen und verbesserte nautische Geräte — für die schwierige Navigation im Eismeer ein nicht zu unterschätzender Vorteil. Die ehrwürdige *Beverley* besaß zum Beispiel auf der oberen Brücke noch nicht einmal einen Kompaß. Ein Handicap für den Navigator, zumal bei vereisten Klarsichtscheiben.

1. Mai, 18.30 Uhr: Für die Zerstörer der Eskorte ergab sich eine neue Lage. Sie patroullierten mit eingeschalteten Asdic-Geräten diesseits der Eiskante. In ihrer Nähe wartete auch ein deutsches U-Boot darauf, daß die Frachter aus dem Eisfeld herauskämen. Um 21.15 Uhr fand Commodore Lawrence eine südwärts führende Passage. Vierzig Minuten später formierten sich die Dampfer wieder, nahmen die Kriegsschiffe ihre Sicherungspositionen ein — das feindliche U-Boot schien aufgegeben oder die Fühlung verloren zu haben, es gab jedenfalls keine Hinweise mehr auf seine Anwesenheit. QP 11 steuerte kurz danach wieder auf dem alten Kurs 272 Grad nach Westen, so, als ob nichts geschehen wäre.
2. Mai, 00.30 Uhr: Position 73° 40′ N. 18° 35′ O. U-Boot-Alarm auf der Korvette *Snowflake*. Über das Heck rollten auf 100 Meter Tiefe eingestellte Wasserbomben ins Meer, jedoch wies nichts auf erzielte Treffer hin.
10.00 Uhr: PQ 15 mit 25 Handelsschiffen und einem starken Geleitschutz (2 Kreuzer, 7 Zerstörer, 4 M-Boote sowie ein Flak- und ein Katapultschiff) begegnete dem Gegengeleitzug. Commander Richmond informierte die ostwärts ziehende Eskorte über Eisverhältnisse, die Konzentration feindlicher U-Boote sowie die Angriffstaktik deutscher Torpedobomber und Zerstörer.
13.00 Uhr: Eintragungen in die Logbücher der QP-11-Frachter:
»73° 30′ N, 12° 36′ O, Kurs 250°, 8,5 kn, Wind NO 4, See 3, Temperatur minus 8°, Schneeschauer, Sicht wechselnd 3 bis 8 sm.«
15.00 Uhr: Erneuter U-Boot-Alarm. Nach HF/DF-Peilung verfolgten die Korvette *Snowflake* und der Zerstörer *Beagle* ein deutsches U-Boot, drückten es in Position 73° 23′ N, 13° 00′ O unter Wasser. Ein Wasserbombenteppich wühlte minutenlang die See auf. Um 15.25 Uhr wurden zum Abschluß noch einige mit Verzögerung eingestellte Wasserbomben geworfen — abermals deuteten jedoch weder Wracktrümmer noch Öl auf einen Erfolg hin.
16.30 Uhr: Die *Amazon* stoppte. Der seinen Verletzungen erlegene Kanonier Reilly wurde unter militärischen Ehren der See übergeben. Der Kommandant der *Beverley* nutzte die kurze Fahrtunterbrechung und ließ mit dem Beiboot Schiffsarzt Lieutenant Price sowie einen Sanitäter zu dem gestoppt liegenden Zerstörer hinüberbringen. Sie sollten bis Island dem unermüdlich wirkenden Schiffsarzt der *Amazon* Lieutenant Davy zur Seite stehen.
3. Mai: An diesem Tage vermerkte man nur zwei bedeutende Begebenheiten:
— Auf der *Amazon* starb ein weiteres Besatzungsmitglied, der Matrose Caw.
— Gegen 14.30 Uhr detonierten noch einmal hinter der *Snowflake* Wasserbomben. Sie galten einem deutschen U-Boot, das sich zu nahe an den Konvoi herangewagt hatte und durch die Korvette zum Tauchen gezwungen worden war.

46 Die konventionelle Wasserbombe wurde nicht nur über Heck abgerollt, sondern gelangte auch über Werfer ins Meer. Weiter rüstete man die Zerstörer mit dem Granatwerfer »Hedgehog« (»Igel«) aus. Die »Hedgehog«-Granaten konnten über den Bug hinweg in Fahrtrichtung geschossen werden. Eine Salve bestand aus 24 Geschossen, die nur beim Aufschlag auf einen festen Gegenstand detonierten.

4. Mai, 3.53 Uhr: »Zwei Radarkontakte, Peilung 90 Grad, Entfernung 16 Seemeilen« meldete die *Snowflake*. Es handelte sich um die Force *Q*, den Flottenversorger *Gray Ranger* und den Sicherungszerstörer *Ledbury*. Die Zerstörer *Bulldog* und *Beagle* steuerten den schwimmenden Versorgungsstützpunkt an und nahmen von der *Gray Ranger* Treibstoff über. Um 15.00 Uhr hatten beide Kriegsschiffe wieder den Konvoi eingeholt. Am nächsten Morgen detachierte Commander Richmond die *Amazon* und die *Beverley* zum Seidis-Fjord. Dort trafen die beiden Zerstörer nach einigen Stunden ein. Acht von den auf der *Amazon* verwundeten Besatzungsmitgliedern kamen hier ins Militärkrankenhaus, in die Obhut von Major Keithley und von Schiffsarzt Lieutenant Craddock.
Am 7. Mai begab sich die *Amazon* auf Heimatkurs. Der Zerstörer erreichte einen Tag darauf Greenock, machte um 21.00 Uhr am Liegeplatz fest. Hier entließ man die restlichen Verwundeten nach Meankirk, bevor die *Amazon* in die Werft verholte.
In der Zwischenzeit fuhr QP 11 — bei ruhiger See und ohne weitere Vorkommnisse — entlang der isländischen Nordküste zum Hval-Fjord, in dem am 7. Mai 1942 sowohl die 12 Handelsschiffe als auch die letzten Eskorte-Fahrzeuge zwischen 07.00 und 09.00 Uhr Anker warfen.
Am Freitag, dem 8. Mai 1942, verbreitete die *Nachrichtenagentur Reuter* unter der Überschrift »Seegefechte im Eismeer« folgende Meldung über die Operationen gegen PQ 15/QP 11:

»Die britische Admiralität teilt mit: Es ist jetzt möglich, einige Einzelheiten über die Operationen bekanntzugeben, die kürzlich im Eismeer stattfanden. Diese Aktionen betreffen zwei Geleitzüge: Der eine transportierte wichtiges Kriegsmaterial in die Sowjetunion, der andere befand sich bereits auf der Rückfahrt. Mehrere Tage lang unternahm der Feind mit leichten Überwasserschiffen und U-Booten sowie Flugzeugen alle Anstrengungen, um diese beiden Geleitzüge an der Durchfahrt zu hindern. Obgleich wir einige Verluste erlitten, erreichte fast der gesamte für die UdSSR bestimmte Geleitzug sein Ziel.«

Die letzte Fahrt der »Edinburgh«

Die Edinburgh hatte, wie im vorangegangenen Abschnitt erwähnt, am 30. April gegen 14.30 Uhr mit einer Geschwindigkeit von 19 Knoten QP 11 verlassen. Der Kreuzer sollte das vor dem Konvoi liegende Seegebiet bis zu einer Entfernung von 20 Seemeilen erkunden, danach wieder zum Geleit zurückkehren. Wegen eines vermuteten deutschen U-Bootes wurde ab 14.37 Uhr ein Zick-Zack-Kurs entsprechend Ordernummer 3 gesteuert.

Unter Berücksichtigung der vom Zerstörer *Bulldog* übermittelten Peilwerte und einer bereits um 12.00 Uhr vorgenommenen eigenen U-Peilung glaubten Rear-Admiral Bonham-Carter und Captain Faulkner, das feindliche U-Boot würde in einer Entfernung von etwa zehn Seemeilen die Frachter erwarten. In diesem Fall wäre die *Edinburgh* in 30 Minuten dem möglichen U-Boot-Standort sehr nahe. Die Aufgabe des Kreuzers im Sicherungsverband bestand jedoch nicht in der U-Boot-Jagd, sondern in dem Schutz der Handelsschiffe vor Angriffen deutscher Überwassereinheiten. U-Booten sollte stets ausgewichen werden. Man änderte daher um 14.45 Uhr den Kurs auf 315 Grad und steuerte ab 15.00 Uhr Zick-Zack-Kurs gemäß Ordernummer 34.

Rear-Admiral und Captain befanden sich während der ganzen Zeit auf der Kommandobrücke. Als sich das Kriegsschiff der Grenze des aufzuklärenden Seestreifens näherte, suchte Captain Faulkner den Kartenraum auf, um Details für die Rückfahrt zum Konvoi festzulegen. Er beabsichtigte, kurz nach 16.00 Uhr auf 205 Grad zu gehen, den voraussichtlichen QP-11-Kurs zu kreuzen, später auf 95 Grad einzuschwenken und zackend auf den Geleitzug zuzulaufen.

Um 15.55 Uhr kam vom Asdic-Raum die Meldung zur Brücke: »Neun Sekunden lang die Anzeichen eines Fremdobjektes wahrgenommen!« Rear-Admiral Bonham-Carter schickte nach Faulkner und beriet sich mit ihm. Beide kamen zu dem Schluß, bei dem angeblichen Asdic-Kontakt habe es sich um eine für diese Gewässerregion typische Fehlanzeige gehandelt — allen bisheri-

Das Schwesterschiff des Kreuzers *Edinburgh*, die *Belfast*, als schwimmendes Museum auf der Themse

Die Offiziersmesse auf dem britischen Kreuzer *Belfast*

gen Peilungen nach zu urteilen, mußte das vermeintliche deutsche Unterseeboot beträchtlich weiter südöstlich operieren.

Um 16.07 Uhr steuerte die *Edinburgh* 20 Grad nach Steuerbord, leitete nach zwei Minuten entsprechend dem künftigen Generalkurs 205 Grad den ersten Zick-Zack-Abschnitt ein. Kaum lief der Kreuzer in der neuen Richtung, als er plötzlich erzitterte. Steuerbord mittschiffs, in Höhe des vorderen Schornsteins, und achtern stiegen zwei 60 bis 80 Meter hohe Wassersäulen empor — Torpedotreffer! Der erste Torpedo riß um 16.13 Uhr bei der Sektion 80 die Bordwand auf, der andere explodierte zwei Sekunden darauf bei der Sektion 253 am Heck. Das Schiff reduzierte nur unwesentlich seine Geschwindigkeit, scherte aber über Steuerbord aus und fuhr — langsamer werdend — in einem Halbkreis nach Nordost.
Vier Jahrzehnte später äußerten sich einige Besatzungsmitglieder über jenen Augenblick.

Die Admiralskajüte auf dem britischen Kreuzer *Belfast*

Cyril Moore, damals ein 19jähriger Matrose:

»Während der Freiwache schlief ich oft bei einem Freund in der Telefonzentrale. Sie gehörte nämlich zu den wärmsten Räumen an Bord. An dem bewußten Tag konnte ich aus irgendeinem Grund nicht einschlafen. Mit einem Mal entnahm ich einer Durchsage, daß sich Torpedos dem Schiff näherten. Die Meldung erfolgte in solcher ruhigen Stimmlage, als wenn auf dem Bahnhof ein Zug angekündigt wird. Dann der erste Torpedotreffer. Es knallte unheimlich. In der Telefonzentrale flog alles durcheinander — wir stürzten hinaus ..«

Lawrence Newmann, einstiger Obermaat:

»Der Kreuzer bockte wie ein Mustang. Ich wurde in die Luft geschleudert. Kaum lag ich wieder am Boden, erfolgte schon die nächste Explosion — es war in diesem Moment die Hölle ...«

Alan Higgins, erst seit der PQ-14-Fahrt als junger Funker an Bord und ständig seekrank gewesen:

»Ich erinnere mich noch allzugut an diese schreckliche Minute. Mir war wieder einmal übel, und ich streckte mich in unserem Funkraum auf einer Bank aus. Meine diensthabenden Kameraden bereiteten zur gleichen Zeit einen kleinen Imbiß vor. In dem Moment, als sich Funker Brown darüber beklagte, daß ich seinen Platz belegt hätte, wurde alles in grelles Licht getaucht, und es gab eine gewaltige Detonation. Wie bei einem Gewitter, als wenn vor einem der Blitz einschlägt. Danach umgab uns völlige Dunkelheit. Aus dem Nebenraum drangen Schreie von Verwundeten und Sterbenden zu uns herüber ... Bei den sich anschließenden Aufräumungsarbeiten mußte ich beim Heck helfen. Das Achterdeck sah aus wie eine aufgerollte Ölsardinendose, mittendrin der eingewickelte 15,2-cm-Drillingsturm ›Y‹. Die drei Geschützrohre ragten regelrecht aus dem Deck heraus ...«

Unmittelbar nach der Torpedierung ließ Captain Faulkner den Sachverhalt an Commander Richmond funken mit der Bitte um Zerstörer-Schutz. Weiterhin befahl der Kreuzer-Kommandant »Alle Schotten dicht!« und, da der Krängungsmesser bereits sieben Grad anzeigte, für die Torpedowaffe »Steuerbord sämtliche Torpedos abfeuern!« — ein Mittel, um die Schlagseite etwas zu reduzieren.
Viele Nachrichtenverbindungen funktionierten nicht mehr. Dringend erwartete Schadensmeldungen trafen deshalb mit Verzögerung auf der Brücke ein. Schließlich aber kannte die Schiffsführung das volle Ausmaß der Beschädigungen: Zwischen den Sektionen 53 und 100 waren durch den ersten Torpedotreffer mehrere Abteilungen in Mitleidenschaft gezogen worden. Die stärksten Schäden traten jedoch im Bereich der Sektionen 70 bis 87 auf. Viele Abteilungen standen unter Wasser. Sie konnten, ebenso wie so mancher dahinter liegende

Das Achterdeck der *Edinburgh* nach dem Torpedoangriff von *U 456*

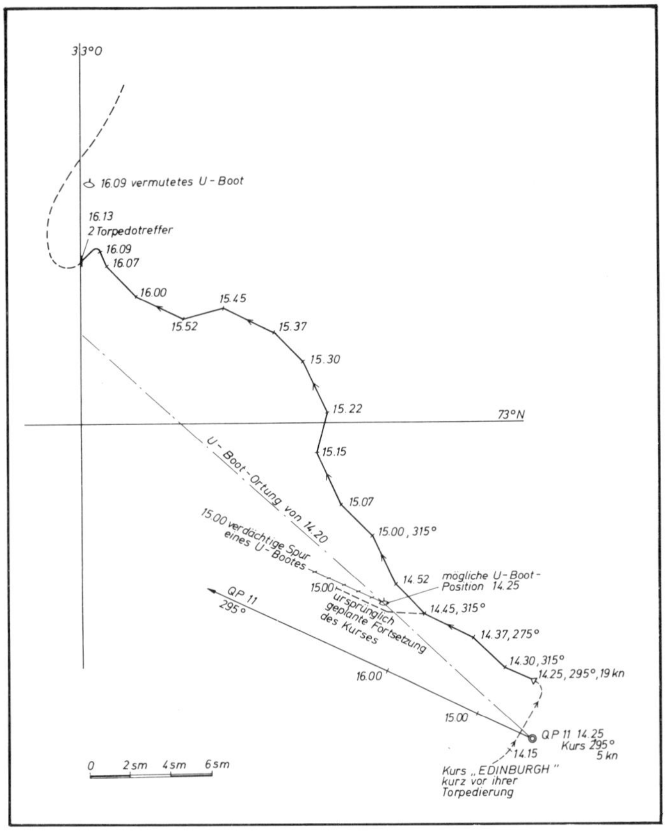

Die Wegekarte der *Edinburgh* nach Verlassen des QP 11. Beim Vergleich dieser Karte mit der des *U 456* werden gewisse Unterschiede deutlich (Uhrzeiten und Kurs).

Raum, nicht mehr betreten werden. Der zweite Torpedotreffer hatte zwischen den Sektionen 248 bis 260 beträchtliche Schäden angerichtet. Die Bordwand und das Unterdeck in Höhe der Rudermaschinenabteilung existierten so gut wie nicht mehr — es gab nur noch ein Wirrwarr von verbogenen Metallteilen.

Trotz einiger total vollgelaufener Abteilungen, wozu z.B. der Hauptschalterraum, der A-5-Öltank, die Telefonzentrale, der Generatorenraum, die Munitionskammer, der E-Verteiler-Raum, der Nachrichtenraum, der Schaltraum Nummer 3 sowie die Lasten für Lebensmittel und Schiffszubehörteile gehörten, und einer defekten Ruderanlage bestand zu diesem Zeitpunkt für das Kriegsschiff weder die Gefahr des Sinkens noch die der absoluten Manövrierunfähigkeit.

Captain Faulkner versuchte, durch Veränderung der Umdrehungen auf den verbliebenen beiden Antriebswellen (von insgesamt vier) die *Edinburgh* nach Osten zu steuern. Dies erwies sich jedoch nicht nur aus technischen Gründen, sondern auch wegen des aus Nord-Nord-West kommenden Windes der Stärke 5 bis 6 und des damit verbundenen Seeganges als undurchführbar. Zumal dem Kommandanten für irgendwelche Experimente sowieso keine Zeit zur Verfügung stand. Es galt vielmehr, auf schnellstem Wege dem deutschen U-Boot davonzufahren, weiteren Unterwasserangriffen auszuweichen. Deshalb behielt Faulkner kurzentschlossen den Nord-Nord-Ost-Kurs und die noch mögliche Höchstgeschwindigkeit von etwa 10 Knoten bei. Er hoffte auf die baldige Ankunft eigener Zerstörer, damit unter ihrem Schutz mit der Schadensbeseitigung begonnen werden konnte.

In jenen Minuten bangten die britischen Militärs, das deutsche U-Boot würde auftauchen und zum Überwasserangriff ansetzen. Ein gutgezielter Torpedofächer — und das Schicksal der *Edinburgh* wäre endgültig besiegelt gewesen. Die Artillerie des Kreuzers hätte das Vorhaben des Feindes kaum zu vereiteln vermocht. Wegen des Zusammenbruchs der Stromversorgung bestanden zu den noch unbeschädigten 15,2-cm-Drillingstürmen »A«, »B« und »X« sowie zu allen 10,2-cm-Geschützen weder Nachrichtenverbindungen von den Feuerleitständen noch funktionierten die Aufzüge für den Munitionsnachschub — von der Unbeweglichkeit der Geschütze ganz zu schweigen. Lediglich die 4-cm-Maschinenwaffen konnten eine bedingte Einsatzbereitschaft melden.

In der Zwischenzeit erfuhr Captain Faulkner die traurige Bilanz der Torpedierung: über 20 Verwundete und mehr als 50 Tote. Zu den letzteren gehörten auch der Sekretär des polnischen Ministers und der tschechoslowakische Oberst.

Um 17.30 Uhr traf die *Forester* bei dem Havaristen ein. Eine halbe Stunde später folgte die *Foresight*, begleitet von den beiden sowjetischen Zerstörern.

An Bord der *Edinburgh* bereitete man alles für die Übernahme von Trossen vor. Ein Zerstörer sollte den Kreuzer ins Schlepp nehmen, ihm das Navigieren erleichtern helfen. Bevor dies geschah, brach um 18.30 Uhr in Höhe des Panzerschotts 238 das Achterschiff ab und riß den inneren Backbord-Wellenbock »A« einschließlich der Schiffsschraube mit.

19.05 Uhr begann das Bugsieren. Zwei Trossen spannten sich vom Heck der *Forester* zum Bug der *Edinburgh*. Doch das Vorschiff des Kreuzers lag wegen der vollgelaufenen Abteilungen etwa zwei Meter tiefer als normal. Außerdem besaß der Havarist kein Heck mehr und zog vermutlich die beiden beschädigten Schraubenwellen hinter sich her bzw. unter sich mit. Er kam daher sofort nach Fahrtaufnahme wieder in den Wind. Die Trossen mußten gekappt, der Versuch, über den Bug zu schleppen, aufgegeben werden.

Nun blieb Captain Faulkner nichts anderes übrig, als sein Fahrzeug über das Achterschiff abschleppen zu lassen. Bevor dazu jedoch die Trossen festgemacht werden konnten, sichtete man auf der *Forester* ein U-Boot — vier Seemeilen entfernt. Die *Forester* verließ daraufhin die *Edinburgh* und dampfte mit 33 Knoten auf den Gegner zu. Ein sowjetischer Zerstörer schloß sich der U-Boot-Jagd an. Der Feind mußte ablaufen und schließlich tauchen. Gegen 21.40 Uhr erhielt der britische Zerstörer-Kommandant Lieutenant-Commander Huddart die ersehnte Meldung aus dem Asdic-Raum: »Contact right ahead!« (»Kontakt recht voraus!«). Danach in regelmäßigen, kurzen Zeitabständen weitere Ortungsangaben, die zu Kursänderungen aufforderten. Aber der erwartete Befehl des Schiffskommandanten »Stand by depth charges!« (sinngemäß »Klar zum Wasserbombenwurf«) blieb aus.

Was war geschehen? Im entscheidenden Moment sorgte ein verklemmter Hebel im Maschinenraum dafür, daß man die für den wirkungsvollen Wasserbombenwurf notwendige höhere Geschwindigkeit nicht erreichte.

Nach einer Stunde vergeblicher U-Boot-Suche drehte *Forester* in Richtung *Edinburgh* ab und überließ dem sowjetischen Zerstörer das Feld. Dieser überwachte noch bis Mitternacht das Seegebiet — doch tauchte weder das deutsche U-Boot auf noch konnte sein Standort mit dem Horchgerät ermittelt werden. Solange sich die *Forester* mit dem erfolglosen Aufspüren des feindlichen Unterseebootes beschäftigte, umkreisten die bei dem Kreuzer verbliebenen beiden Zerstörer ununterbrochen das treibende Schiff.

Auf der *Edinburgh* war die Besatzung nicht untätig geblieben, sie hatte fieberhaft an der Beseitigung der Schäden gearbeitet. Bald erreichten drei erfreuliche Meldungen die Brücke:

- Der Ingenieur-Offizier teilte mit, daß ohne die Gefahr weiterer Beschädigungen 120 Umdrehungen je Minute auf den verbliebenen beiden Antriebswellen möglich seien.
- Auch war es gelungen, kleinere Lecks abzudichten, vollgelaufene Abteilungen druckfest zu isolieren, aus einigen Räumen das eingedrungene Wasser abzupumpen, durch Ausgleichflutungen die Schlagseite zu beheben.
- Außerdem speiste eine Notstromversorgungseinrichtung wieder das interne Nachrichtennetz und garantierte, wenn auch nicht in vollem Umfang, die Einsatzbereitschaft der Artillerie.

Ab 23.30 Uhr wurde die *Edinburgh* südwärts bugsiert. Diesmal schleppte die *Foresight*, bestimmte sie den Kurs — bei einer Höchstgeschwindigkeit von drei Knoten.

Als die Tragödie um das stolze Schiff der Royal Navy im unwirtlichen Nordmeer ihren Anfang nahm, funkte Rear-Admiral Bonham-Carter die Hiobsbotschaft nach Poljarny.

Unter den Offizieren beim S. B. N. O., North Russia, löste sie Betroffenheit aus. Niemand hatte eine solche Variante jemals ernsthaft in Erwägung gezogen — richteten sich doch bislang alle deutschen Angriffe auf der Nordmeer-Route hauptsächlich gegen den Frachtverkehr, weniger gegen Kriegsschiffe.

Bei der britischen Militärmission hatte die Beantwortung der Frage »Wie kann der *Edinburgh* am besten geholfen werden?« Vorrang vor allen anderen Aktivitäten. Der Stab der sowjetischen Nordflotte zeigte sich über die Torpedierung des Kreuzers ebenfalls bestürzt und sicherte seinem Verbündeten jegliche Unterstützung zu. Doch woher die Schiffe für eine Rettungsaktion nehmen? Bekanntlich operierten alle in Poljarny stationierten Einheiten in der Motowski-Bucht. Entweder landeten sie dort in der Flanke deutscher Gebirgsjäger Truppen an oder schirmten das großangelegte Landungsunternehmen ab.

Rear-Admiral Bevan und Konteradmiral S. G. Kutscherow, der Chef des Stabes der Nordflotte, erörterten eingehend die entstandene Lage und fanden eine recht brauchbare Lösung: Kutscherow stellte den britischen Verbündeten einen Schlepper sowie das Küstenwachschiff *Rubin* zur Verfügung und verzichtete auf die vom QP 11 zurückgekehrten vier M-Boote, die bereits für einen weiteren Einsatz vorgesehen waren. Beide Offiziere vertraten die Auffassung, diese Kräfte müßten sowohl für das Schleppen als auch für die Sicherung ausreichen.

So kam es, daß in der Bucht von Waenga ein Schlepper Dampf aufmachte, die vor der Halbinsel Rybatschi kreuzende *Rubin* auf Nordkurs ging und Rear-Admiral Bevan um 18.37 Uhr folgenden Funkspruch für die 6. britische M-Boot-Flottille absetzen ließ:

»Minensuchboote laufen mit Höchstgeschwindigkeit, um torpedierte HMS *Edinburgh* zu eskortieren. Kurshalten auf 35° Ost, bis 71° 37′ Nord erreicht worden ist. Von dort nach Position 73° 09′ Nord, 32° 45′ Ost gehen oder wohin durch Flottillenführer befohlen wird. Bestätigen.« (Dieser Befehl ging nach seiner Codierung um 19.05 Uhr in den Äther.)

Die vier M-Boote nahmen zu dieser Zeit in Murmansk Treibstoff über. *Harrier* war zuerst mit dem Bunkern fertig und lief bereits wieder auf Poljarny zu. Gegen 18.40 Uhr erhielt der M-Boot-Kommandant und Flottillenführer Commander E. P. Hinton über Funk vom S. B. N. O., North Russia, die Nachricht, unter Dampf zu bleiben und den in 30 Minuten folgenden Einsatzbefehl abzuwarten.

Ungefähr um 19.15 Uhr lagen Hinton die dechiffrierten Meldungen von Rear-Admiral Bonham-Carter (17.58 Uhr) und von Rear-Admiral Bevan (18.37 Uhr) vor. Weisungsgemäß erhöhte die *Harrier* ihre Geschwindigkeit auf 14 Knoten, passierte um 20.18 Uhr die Insel Toros. *Niger* und *Gossamer* bekamen Order, nach beendeter Treibstoffübernahme zu folgen. Und an die *Hussar* erging der Befehl, in zwei Stunden vor Poljarny im Saida-Guba-Fjord zu sein, um den Schlepper in die Barentssee zu eskortieren.
Hinton legte bis 70° 09′ N Kurs 36 Grad fest. Von dieser Position aus wollte er 70° 35′ N, 35° 20′ O ansteuern und danach Kurs 339 Grad fahren. Entsprechend allen vorliegenden Daten müßte er dann mit großer Wahrscheinlichkeit auf die havarierte *Edinburgh* stoßen.
Am 1. Mai 1942 um 00.37 Uhr empfingen die M-Boote aus Poljarny den um 23.23 Uhr verfaßten Funkspruch:

»*Edinburgh* stoppte um 22.30 Uhr in Position 73° 20′ N, 33° 00′ O. Weiterfahrt mit äußerster Geschwindigkeit, ausgenommen *Hussar*.«

Die neu übermittelte Position differierte gegenüber der bisherigen um rund 10 Seemeilen — nicht in erwarteter südlicher, sondern in entgegengesetzter Richtung. Dies bedeutete: Die früheren Berechnungen, nach denen der beschädigte Kreuzer schnell erreicht werden sollte, basierten auf falschen Angaben.
Bis gegen 13.00 Uhr operierte die *Harrier* zwischen 72° und 73° N nahe dem 33. östlichen Längengrad — von der *Edinburgh* konnte nicht die geringste Spur ausgemacht werden. Dafür sichtete man zu diesem Zeitpunkt die *Gossamer*. Sie meldete wiederum, es bestehe Kontakt mit der *Niger*. Nunmehr bildeten die drei M-Boote eine Suchstaffel, durchkämmten so einen 14 Seemeilen breiten Streifen.
Aber es war wie verhext, die *Edinburgh* schien sich in Luft aufgelöst zu haben. Immer und immer wieder durchfurchten Commander Hintons M-Boote das ausgewählte Seegebiet, umsonst, es gab nicht den kleinsten Lichtschimmer in dieser monotonen, durch Schneeschauer noch grauer anmutenden Wasserwüste. Dem Flottillenführer kam der Gedanke, daß der manövrierunfähige Kreuzer vor dem Wind treiben, die Suche nach ihm in östlicher Richtung erfolgversprechender sein könne. Gedacht, getan — ein neuer Seeabschnitt wurde abgesucht. Die M-Boote stießen so weit nach Nordosten vor, bis sie die Eisgrenze erreichten. Das Resultat der Bemühungen entsprach jedoch in keiner Weise den gehegten Erwartungen.
Um 18.17 Uhr funkte man aus der Einsatzzentrale Poljarny die als »wichtig« deklarierte Meldung von 17.39 Uhr:

»Mein F T. von 23.23 Uhr am 30. April. Position von 04.00 Uhr am 1. Mai war 73° 28′ N, 33° 54′ O. *Forester* und *Foresight* anwesend. Nähern sich mit nicht mehr als vier Knoten Geschwindigkeit auf Kurs 170°.«

Dem Funkspruch nach zu schließen, mußte sich das torpedierte Kriegsschiff doch nördlicher befinden als bislang vermutet. Abermals schwenkte die Suchkette auf den angenommenen *Edinburgh*-Kurs ein. Hinton plante, von der Position 73° 24′ N, 33° 32′ O aus bis um 04.00 Uhr des kommenden Tages 159 Grad zu fahren, danach über Ost zu wenden und mit Parallelkurs wieder nach Norden zu steuern.
Um 00.30 Uhr am 2. Mai hatte das Umherirren ein Ende. Plötzlich erschien achteraus die *Hussar* und signalisierte, sie hätte bereits um 23.45 Uhr Kontakt zur *Edinburgh* gehabt, gleichzeitig aber die vorbeiziehenden drei M-Boote auf ihrem Radarschirm bemerkt. Daraufhin sei sie der Flottille gefolgt, um diese an den Kreuzer heranzuführen.
Als die M-Boote beim Havaristen eintrafen, bestand seine Eskorte nur aus den britischen Zerstörern und dem sowjetischen Küstenschiff *Rubin*, das am 1. Mai um 18.00 Uhr die *Edinburgh* erreicht hatte. Während man zwischen dem Schlepper und der *Edinburgh* eine Trossenverbindung herstellte, umkreisten die sieben anderen Fahrzeuge in etwa einer Seemeile den Kreuzer: *Niger, Gossamer* und *Rubin* in Uhrzeigerrichtung, *Forester, Foresight, Harrier* und *Hussar* entgegengesetzt dazu. Im Verlauf dieser Sicherungsaufgabe tauschte Commander Hinton mit Lieutenant-Commander Huddart Informationen aus. Der M-Boot-Flottillenführer vermochte sich so ein Bild von den letzten Ereignissen zu machen.
Demnach verließen *Gremjastschi* und *Sokruschitelny* am 1. Mai um 06.00 Uhr wegen Treibstoffmangels den Verband, kehrten nach dem Kola-Fjord zurück. Da für einen wirkungsvollen Schutz jedoch mindestens zwei Zerstörer bereitstehen mußten, wurde von der *Foresight* die Schlepptrosse abgeworfen. Seitdem steuerte die *Edinburgh* nur mit ihren Maschinen und blieb so einigermaßen vor dem Wind auf Kurs. In der Zwischenzeit hatten die beiden Sicherungszerstörer mehr als genug zu tun, um zwei feindliche U-Boote auf Distanz zu halten.
Captain Faulkner beschrieb in seinem Bericht die Lage nach Beendigung des Schleppvorganges so:
»... als unser Bug etwa auf die 110°-Marke zeigte und weiterschwenkte, wurde Fahrt aufgenommen, die Wende so weit wie möglich mit Maschinenunterstützung fortgesetzt. Nach Passieren der 140°-Marke wurde die Wende bei etwa 200° gestoppt. Daraufhin pendelte das Schiff sehr schnell auf 110°zurück. Dann wiederholte

sich das Manöver. Auf diese Art fuhren wir alle 5 bis 15 Minuten mit einer Geschwindigkeit von etwa zwei Knoten vorwärts. Die mühevollen Versuche konnten wir achtern, an der gewundenen Ölspur, genau verfolgen. Manchmal geriet die *Edinburgh* allerdings völlig außer Kontrolle, schwojte im Kreis herum. Das Maschinentagebuch weist aus, daß man innerhalb einer Wache für eine einzige Welle 64 Maschinenbefehle ausführte ...«

Faulkner ließ seine Männer nicht im Ungewissen. Er erklärte ihnen, der Kreuzer könne selbst bei günstigen Witterungs- und Schleppverhältnissen den Kola-Fjord frühestens in vier Tagen erreichen. Die *Edinburgh* würde sich demnach recht lange vor der Haustür des Feindes aufhalten. Mit Angriffen deutscher Bomber, U-Boote und Überwassereinheiten sei daher stets zu rechnen. Um sowohl die Gefechtsbereitschaft als auch die Betriebsfähigkeit des Schiffes zu gewährleisten, versorgte man deshalb ausschließlich wichtige Abteilungen mit Strom. Mit anderen Worten: Es brannte nur die Notbeleuchtung, kein Raum wurde geheizt, die Köche bereiteten nur kalte Speisen zu. Da zudem der Schadensbeseitigung große Aufmerksamkeit geschenkt wurde und die Außentemperaturen zwischen -8 und -10 °Celsius schwankten, litten viele Besatzungsmitglieder in Ermangelung ausreichender Winterkleidung unter der Kälte, waren die äußeren Bedingungen an Bord alles andere als angenehm. Jeder Mann, vom ranghöchsten Offizier bis zum einfachen Matrosen, unterwarf sich stillschweigend den ihm gestellten Anforderungen, erfüllte, ohne auf die Uhr zu sehen, seine Pflicht.
Die Aktivitäten des Gegners bereiteten der Schiffsführung ernsthafte Sorgen. Fest stand: Zwei deutsche U-Boote beobachteten ununterbrochen alle Bewegungen der *Edinburgh*, setzten in regelmäßigen Zeitabständen Fühlungshaltersignale und Positionsmeldungen ab. Weil der zumeist unsichtbare Feind jedoch nicht angriff, hieß dies sicher, er erwartete Verstärkung. Und das war der heikle Punkt in den Überlegungen von Rear-Admiral Bonham-Carter: Welche Kräfte beabsichtigte die deutsche Führung einzusetzen? U-Boote, Bomber oder Überwassereinheiten — vielleicht sogar alle drei Waffengattungen?
Auch die eingegangenen Funksprüche änderten nichts an der undurchschaubaren Lage: Die Londoner Admiralität teilte mit, daß der Schwere Kreuzer *Admiral Scheer* Trondheim mit unbekanntem Ziel verlassen habe; Commander Richmond berichtete von den Gefechten mit deutschen Zerstörern und äußerte den Verdacht, der feindliche Verband steuere die *Edinburgh* an und könnte in den frühen Morgenstunden des 2. Mai bei ihr sein; der S. B. N. O., North Russia, wiederum warnte vor mindestens neun gegnerischen U-Booten, die nach Erkenntnissen der Funkaufklärung in der Barentssee operierten. Jederzeit konnte ein Angriff stattfinden. Doch U-Boote und Kampfflugzeuge würden es schwer haben, den Havaristen zu torpedieren bzw. zu bombardieren. Für die britischen Kriegsschiffe bestand höchste Alarmstufe. Unablässig umschwärmten *Forester* und *Foresight* den Kreuzer. Zusätzliche Wachen waren aufgezogen, Funkpeiler und Asdic-Geräte in Betrieb. Angespannt schaute man nach den Sehrohren deutscher U-Boote aus, beobachteten die Funkmeßspezialisten die Bildröhren ihrer Ortungsanlagen. Auf den Achterdecks reihte sich Wasserbombe an Wasserbombe, bereit, über das Heck abgerollt zu werden.
Die *Edinburgh* mit ihren sechs Zwillingslafetten der 10,2-cm-Flak und den acht 4-cm-Maschinenwaffen hatte sich dagegen ganz auf die Abwehr feindlicher Flugzeuge eingestellt. Wie aber sollte auf Attacken von großen Kampfschiffen reagiert werden? Die Angriffe der Zerstörer wären noch das kleinere Übel, ein Feuerwechsel mit den 28-cm-Geschützen der *Admiral Scheer* aber würde garantiert das Ende des Kreuzers bedeuten.
Am späten Nachmittag des 1. Mai übermittelte ein Signalgast den Sicherungszerstörern folgenden Befehl Bonham-Carters:

»Bei Angriffen deutscher Zerstörer handeln *Foresight* und *Forester* selbständig, nehmen zum Schlagen des Feindes jede sich bietende Gelegenheit wahr. Jedoch kein übermäßiges Risiko eingehen. *Edinburgh* setzt in solchem Fall Fahrt nach besten Kräften fort. Sind die Minensuchboote anwesend, haben diese ebenfalls unabhängig zu operieren, sich aber vom Feind zu lösen, den Kreuzer einzunebeln. Bei der *Edinburgh* funktionieren Sprechfunk und Radar noch nicht.«

Diese Order sollte auch dem M-Boot-Flottillenführer zur Kenntnis gebracht werden. Da es jedoch zwischen beiden Schiffsgruppen keinen Funkkontakt gab, erhielt Commander Hinton diese Botschaft nicht.[47]
30 Minuten vor Mitternacht empfing die F. T.-Station des Kreuzers aus London eine Nachricht, die mit großer Erleichterung aufgenommen wurde: »*Admiral Scheer* wieder in Trondheim!« Nach Ablauf weiterer 15 Minuten das nächste erfreuliche Ereignis:

---

47 Nachdem die M-Boote bei der *Edinburgh* waren, ist die Weitergabe der Order aus heute nicht mehr feststellbaren Gründen unterblieben, was sich für die spätere Rettung der Kreuzer-Besatzung als unvorhergesehener Glücksumstand herausstellen sollte.

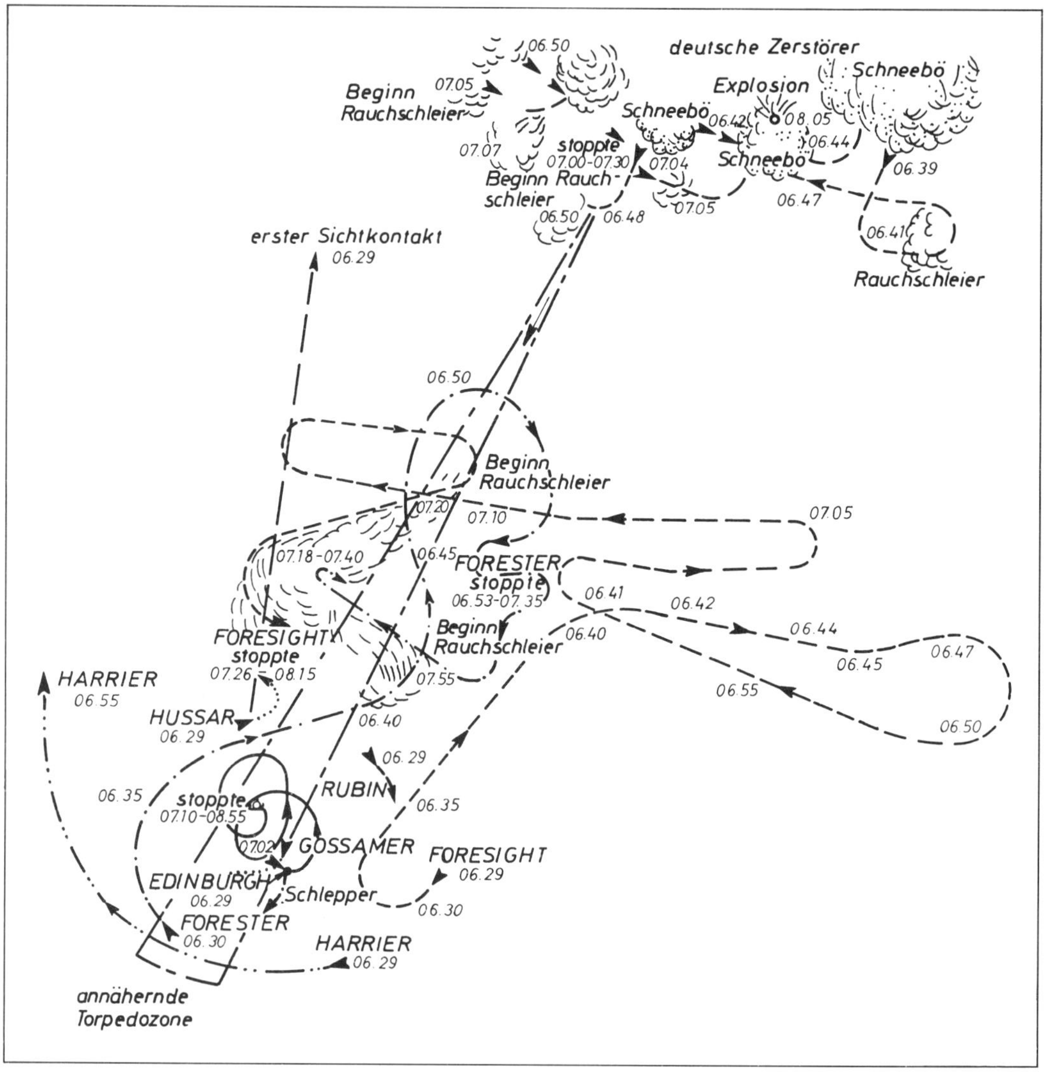

Skizze von dem Gefecht zwischen drei deutschen Zerstörern und britischen Einheiten am 2. Mai 1942 in der Barentssee. Diese Gesamtdarstellung resultiert aus den einzelnen Gefechtsskizzen der beteiligten britischen Kriegsschiffe.

Die *Hussar* und der sowjetische Schlepper kamen in Sicht. Das M-Boot signalisierte, es würde die anderen in der Nähe befindlichen Schwesterboote heranführen. Und wirklich, die erste Stunde des 2. Mai 1942 war noch nicht vorüber, da hatten bereits Commander Hintons Fahrzeuge ihre Position in der *Edinburgh*-Eskorte eingenommen.

Der Schlepper manövrierte äußerst geschickt, nahm im Nu von dem 10 000-Tonnen-Schiff die am Bug festgemachten Trossen über. Danach aber türmten sich schon wieder Schwierigkeiten auf. Die Maschinenleistung des Schleppers reichte nicht aus, um die *Edinburgh* gegen den Wind zu drehen. Ein weiterer Versuch, diesmal achtern, mißlang ebenfalls.

02.17 Uhr: Rear-Admiral Bonham-Carter befahl der *Niger*, den sowjetischen Zerstörern *Gremjastschi* und *Sokruschitelny* entgegenzulaufen. Poljarny hatte kurz zuvor gemeldet, beide Einheiten würden den Kola-Fjord verlassen und Kurs auf die *Edinburgh* nehmen.[48]

03.56 Uhr: Reflektierende Impulse des Asdic-Gerätes der *Forester* deuteten auf ein Fremdobjekt hin. Wasserbomben rollten über Heck in die See, explodierten in der Tiefe — doch weder Öllachen noch Wracktrümmer konnten entdeckt werden.

05.30 Uhr: Alle Bemühungen, mit Hilfe des Schleppers voranzukommen, waren bislang gescheitert. Nun probierte man eine neue Bugsiermethode aus. Der Schlepper übernahm abermals die Bugtrossen des Kreuzers, und die *Gossamer* unterstützte das Drehmanöver mit einer achtern angebrachten Trosse. Sobald sich der *Edinburgh*-Bug in gewünschter Richtung befand, lautete Captain Faulkners Befehl für den Maschinenraum: »Langsame Fahrt voraus!«

48 Die Kommandanten der sowjetischen Zerstörer hatten am 1. Mai Rear-Admiral Bonham-Carter zugesagt, nach erfolgtem Bunkern zurückzukehren. Die Treibstoffübernahme geschah in Rosta von dem Tanker *Scottish American*. Das Auslaufen verzögerte sich jedoch, da beide Zerstörer eigentlich zu dem erwarteten PQ 15 fahren sollten und andere Kräfte der Nordflotte für diese Aufgabe wegen der Landeoperationen nicht zur Verfügung standen. Die Zerstörer trafen nicht auf die *Niger* und wurden in den Abendstunden des 2. Mai zurückbeordert. Sie machten am 3. Mai um 15.45 Uhr wieder in Poljarny fest.

Den Schlepper steuerbords am Bug, die *Gossamer* an der Backbordseite, so steuerte der Kreuzer mit drei Knoten Fahrt einen Kurs von 150 Grad — Richtung rettender Kola-Fjord.

06.27 Uhr: Mit Ausnahme der *Gossamer* umkreisten alle anwesenden Kriegsschiffe in bewährter Weise die *Edinburgh*. Die *Hussar* befand sich gerade nördlich von ihr, als sie in 10 Grad zulaufende Schiffe ortete. Die *Harrier*, südöstlich vom Kreuzer, hatte den gleichen Peilkontakt — aus 45 Grad kamen die von der QP-11-Eskorte avisierten deutschen Zerstörer in Dwarsformation heran. Gleich darauf schlugen rings um die *Hussar* Granaten ins Wasser. Das M-Boot drehte westwärts ab, entzog sich den Geschossen.

Die *Harrier* aber behielt ihren Kurs bei, fuhr dem noch unsichtbaren Angreifer entgegen und eröffnete um 06.35 Uhr das Feuer auf einen aus einer Schneebö herauskommenden deutschen Zerstörer. Sofort konzentrierte sich der Gegner auf die *Harrier*, deckte sie mit mehreren Salven ein. Commander Hinton mußte Befehl zum Ausweichen geben. Dafür stieß nunmehr wieder die *Hussar* vor, traten für wenige Minuten ihre Geschütze in Aktion. Dann hieß es erneut: Kurswechsel, um dem deutschen Granathagel zu entgehen.

In der Zwischenzeit hatten auch *Forester* und *Foresight* in das Artillerieduell eingegriffen. Um 06.46 Uhr unterbrach die *Foresight* ihren Vorstoß, wendete und fuhr nach zwei Minuten wieder in Richtung Kreuzer.

06.50 Uhr: Die *Forester* drehte über Steuerbord, schoß dabei einige Torpedos ab und wollte sich der *Foresight* anschließen. Letzteres wurde jedoch durch mehrere Einschläge auf dem Schiff vereitelt. Der britische Zerstörer verlor an Fahrt, blieb schließlich liegen. Ein deutscher Zerstörer war ebenfalls manövrierunfähig. Seine Geschütze schwiegen aber nicht — ab und zu fiel ein schlecht gezielter Schuß.[48*] Auch zwei von ihm stammende Torpedos liefen um 06.53 Uhr achtern an der *Forester* vorbei, die weiterhin auf das bewegungslos liegende deutsche Schiff feuerte. Dieses warf Rauchbomben (Nebelbojen) und wurde kurz danach von seinen beiden Begleitern zusätzlich eingenebelt.

06.59 Uhr: Die *Foresight* steuerte erneut den Feind an, legte zwischen ihm und der *Forester* Rauchschleier. Das geschah gerade zur rechten Zeit, bewahrte es doch zweifelsohne die angeschlagene *Forester* vor weiteren Treffern. Die bisherigen hatten vorwiegend Zerstörungen in den Maschinenräumen und im Brückenbereich verursacht. Es gab Verwundete und Tote. Da Commander Huddart ebenfalls gefallen war, übernahm als ranghöchster nautischer Offizier Lieutenant Jack Bitemead das Kommando an Bord.

07.14 Uhr: Zwischen Rauch- und Nebelschleiern tauchten zwei feindliche Zerstörer auf. Die *Foresight* änderte kurzentschlossen ihren Kurs, feuerte vier Minuten später einen Torpedofächer gegen die deutschen Schiffe ab und schoß bis 07.24 Uhr aus allen Geschützen. Dann aber geriet auch sie unter starken Beschuß und erhielt drei schwere Treffer. In den Maschinenräumen fiel ein Dampfkessel aus, wodurch die gesamte Anlage außer Betrieb gesetzt wurde.

In dem Augenblick, als die deutschen Zerstörer zu einem weiteren Angriff auf die *Forester* ansetzten, machte diese Dampf auf. Es war gelungen, entstandene Schäden notdürftig zu beheben, die Maschinen wieder zum Laufen zu bringen. Halbe Fahrt genügte, um dem Feind einen Gegenangriff vorzutäuschen und ihn zur Umkehr zu bewegen. Nun bedankte sich die *Forester* für den Rauchschleier, indem sie die *Foresight* äußerst wirkungsvoll mit Qualm *umhüllte*.

Um 08.20 Uhr wollten die beiden gegnerischen Kriegsschiffe noch einmal herankommen. Der Versuch mißlang — die unermüdlichen Artilleristen von *Foresight* und *Forester* wußten den Angriff zu stoppen, bewogen die feindlichen Zerstörer nach zehn Minuten zum Abdrehen.

Welche und wieviele Treffer jeder für sich in Anspruch nehmen konnte, vermochte niemand von den am Kampf beteiligten britischen Zerstörer- und M-Boot-Besatzungen mit absoluter Sicherheit zu sagen. Die deutschen Zerstörer, deren Rümpfe mit einem den Nordmeerverhältnissen bestens angepaßten Tarnanstrich versehen waren, feuerten stets nur einige Salven aus überwiegend großen Entfernungen. Danach änderten sie jedesmal ihren Kurs und verschwanden hinter einer künstlichen Dunstwand oder im Flockenwirbel.

Was ereignete sich indessen auf der *Edinburgh*? Sobald Geschützdonner sowie in Nähe der *Hussar* durch Granateinschläge hervorgerufene Wasserfontänen den nahenden Feind angekündigt hatten, wurden alle Trossen gekappt. Dies deshalb, weil das nahezu unbewegliche Schiff im Schlepp ein ausgezeichnetes Torpedoziel abgab. Mit der möglichen Höchstgeschwindigkeit von etwa acht Knoten setzte der Havarist seine Fahrt fort — ohne allerdings einen direkten Kurs halten zu können. Er kurvte vielmehr über Backbord, gelegentlich in einem engen, dann wieder in einem weiten Bogen.

[48*] Auf *Z 7* waren nach einem Volltreffer die Feuerleitgeräte ausgefallen, deshalb konnten die Salven der britischen Fahrzeuge nur mit Einzelfeuer erwidert werden. Am 2. Geschütz zielte Bootsmaat Diekmann über *Kimme und Korn*, bediente Leutnant zur See Lietz den Abschuß-Stoßhebel. Stabsgefreiter Keufgens am 4. und Oberbootsmann Schumacher am 5. Geschütz beteiligten sich in ähnlicher Weise am Gefecht.

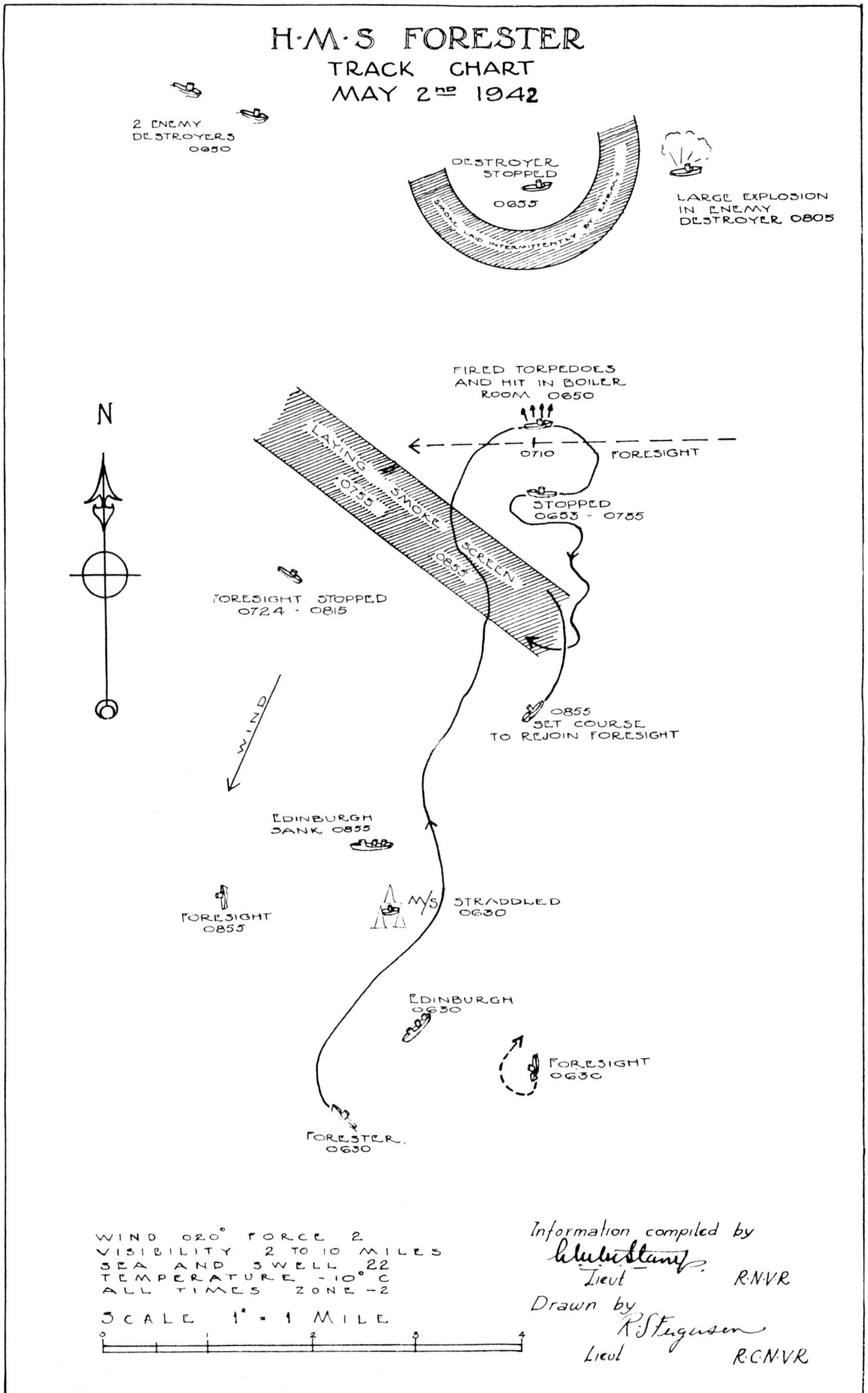

Neben ihren Berichten über das Gefecht am 2. Mai 1942 fertigten die britischen Zerstörerkommandanten Gefechtsskizzen an. Hier die Detailskizze des Kommandanten der *Forester*.

Aus vorangegangenen Versuchen wußte Captain Faulkner, daß der Kreuzer sich nicht über den Bug steuern ließ. Maschinenmanöver — gleich welcher Art — waren sinnlos, bedeuteten reine Zeitvergeudung. In dieser Situation gab es keine andere Alternative, als ständig den Standort zu wechseln und dem Gegner so die Zielaufnahme zu erschweren.

Trotz der für einen Havaristen eindeutigen Benachteiligung griff er mit allen 10,2-cm-Geschützen sowie mit den Türmen »B« und »X« in das Gefecht ein. Für die Artilleristen waren die Bedingungen äußerst schlecht. Wegen der unberechenbaren Kreisbewegungen des Fahrzeugs nutzten die relativen Zielwerte wenig. Meist lagen bereits neue vor, ehe man die Geschütze gerichtet hatte. Außerdem kam erschwerend hinzu, daß das provisorisch betriebene Nachrichtennetz infolge der extremen Belastung bald versagte. Nebel- und Qualmschleier, Schneefall und vereiste Teleskope (bzw. Ferngläser) sowie die zwischen dem Feind und dem Kreuzer operierenden eigenen Kriegsschiffe zwangen oft zu Kampfunterbrechungen.

Auf der *Edinburgh* wurde das Feuer der Türme direkt geleitet, und zwar Turm »X« durch den Artillerieoffizier, Turm »B« von der Brücke aus. Den Turm »B« befehligte Lieutenant Howe. Er erhielt seine Zielangaben von Captain Faulkner, der von einer Brückennock aus das Geschehen verfolgte.

Bereits die zweite Salve des »B«-Turmes traf. Sie machte einen der Angreifer manövrierunfähig. Noch zweimal versuchten die anderen beiden feindlichen Zerstörer, sich dem Kreuzer zu nähern. Stets drehten sie nach kurzem Schußwechsel ab. Bei einem weiteren Vorstoß gelang es ihnen, vier Torpedos abzufeuern. Auf der *Edinburgh* sichtete man die Geschosse um 06.52 Uhr, als zwei dieser *Aale* an Steuerbord querab in etwa 4500 Meter Entfernung die Wasseroberfläche durchbrachen. Sowohl die Drehung des Schiffes als auch die Laufrichtung der Torpedos ließen den Schluß zu, die Geschosse würden achteraus vorbeiziehen. Doch ausgerechnet diesmal schwenkte der Bug des Havaristen nur langsam nach Backbord, gerieten die vier Blasenbahnen dadurch einige Minuten lang aus dem Blickfeld. Dann, für ein Ausweichmanöver zu spät, entdeckte man sie backbords erneut. Nun stand zweifelsfrei fest: Zwei Torpedos liefen achtern, einer vorn vorbei, der vierte aber müßte in wenigen Sekunden die *Edinburgh* erreichen. Um 07.02 Uhr detonierte er denn auch an Backbord mittschiffs, zwischen den Sektionen 86 und 108 — also genau gegenüber dem Leck, das von dem U-Boot-Angriff herrührte.[49]

Unmittelbar nach diesem Treffer zeigte der Krängungsmesser eine Schlagseite von 12 Grad nach Backbord an — mit langsam zunehmender Tendenz. Die bei der Schiffsführung eingegangenen Schadensmeldungen bestätigten: Weitere Räume standen unter Wasser oder waren von ausgelaufenem Öl überflutet worden. Unter

[49] Der Torpedofächer wurde von *Z 25* abgefeuert. Dieser Zerstörer erzielte mit seiner 15,2-cm-Artillerie auch auf der *Forester* einige Volltreffer.

Z 25:
Breitseite
2. und 3. Geschütz

Von der *Edinburgh* getroffen, blieb der deutsche Zerstörer *Z 7* liegen. Er feuerte aber noch mit vorderen Geschützen.

anderem auch die Munitionskammer des Turmes »X« (er mußte deshalb sein Feuer einstellen) und der Kesselraum »A«. Captain Faulkner ließ alle Maschinen stoppen und die Männer aus den Maschinen- und Kesselräumen an Deck kommen.

Zur gleichen Zeit forderte Rear-Admiral Bonham-Carter zwei M-Boote zum Längsseitskommen auf. Die nahe *Gossamer* machte sofort an der Steuerbordseite fest, und um 07.20 Uhr folgte die *Harrier* an der Backbordseite. Die »Hussart« dagegen nebelte alle drei Schiffe ein.

Indessen hatte die Schlagseite weiter zugenommmen, der Krängungsmesser die 17-Grad-Marke erreicht. Rear-Admiral Bonham-Carter gab den Kreuzer auf. Er befahl Captain Faulkner, das Übersteigen der Besatzung auf die beiden M-Boote anzuordnen. Die Einschiffung auf die *Gossamer* geschah in folgender Reihenfolge: Kranke und Verwundete mit dem medizinischen Personal, danach die Passagiere, anschließend diejenigen Besatzungsmitglieder, die nicht zur Brücke oder zu den Geschützbedienungen gehörten — alles in allem etwa 450 Männer.

Z 24 näherte sich dem beschädigten Zerstörer, um dessen Besatzung zu bergen

Eine der letzten Aufnahmen von *Z 7*, unmittelbar vor Zündung der Wasserbomben

Kaum hatte die *Gossamer* abgelegt, stiegen nach und nach die restlichen 350 Mann auf die *Harrier* über. Damit hörte auch Turm »B« zu feuern auf. Als letzte verließen Captain Faulkner und Rear-Admiral Bonham-Carter die *Edinburgh*, nachdem ihnen gemeldet worden war, daß sich niemand mehr unter Deck befinde, und daß alle erreichbaren Oberdeckluken geöffnet worden seien. Beide Offiziere nahmen ihre Ferngläser sowie das Logbuch und die Stammrolle mit von Bord. Alles andere — einschließlich wichtiger Verschlußsachen und persönlicher Habe — sollte mit dem Kreuzer für immer in der Tiefe verborgen bleiben.

Die britischen Militärs befanden sich in einer äußerst heiklen Lage: *Forester* gestoppt, *Edinburgh* aufgegeben, *Harrier* und *Gossamer* wegen der vielen Schiffbrüchigen an Bord nur bedingt kampffähig. Lediglich *Foresight*, *Hussar* und *Rubin* vermochten noch ernsthaften Widerstand zu leisten. Nach dem nächsten feindlichen Angriff trat eine noch fatalere Situation ein — die *Foresight* hatte drei Volltreffer erhalten.

Der mäßig wehende Wind und der geringe Seegang verhinderten eine schnelle Zunahme der Schlagseite des Kreuzers. Bonham-Carter befahl deshalb dem Kommandanten der *Harrier*, einige Schüsse auf die *Edinburgh* abzugeben, um ihr Sinken zu beschleunigen. Aus sehr geringer Distanz feuerte die *Harrier* zwanzig Salven ab. Einschlag lag neben Einschlag, direkt in der Wasserlinie. Doch das Schiff machte keinerlei Anstalten, in sein nasses Grab hinabzutauchen. Nun wurden zwei Serien

Z 25 legte einen Rauchschleier um *Z 7*

Das letzte Foto der *Edinburgh*, unmittelbar vor dem Sinken aufgenommen

Das britische M-Boot *Harrier* hatte an der *Edinburgh* festgemacht
und übernahm die letzten Besatzungsmitglieder des lecken Kreuzers

Wasserbomben — flach eingestellt — an der Längsseite des Kreuzers gezündet. Ebenfalls ohne bemerkenswerten Erfolg.[50]

In der Zwischenzeit steuerte die wieder einigermaßen fahrtüchtige *Foresight* langsam zur wracken *Edinburgh*. Gemäß einer Order Bonham-Carters sollte der Zerstörer sie backbords torpedieren. Die unangenehme, aber notwendige Aufgabe glich einem Übungsschießen: Entfernung 1350 Meter, Zielpunkt achterer Schornstein, Tiefeneinstellung 3,5 Meter.

Der Torpedo fand sein Ziel. Innerlich bewegt, schweigend der gefallenen Kameraden gedenkend, schauten britische Seeleute zu, wie die *Edinburgh* über Backbord kenterte, wie der Kreuzer, vielen eine zweite Heimat gewesen, innerhalb von zwei Minuten mit dem Heck voran in der eisigen Barentssee verschwand — um 08.52 Uhr am 2. Mai 1942.

Für tiefsinnige Betrachtungen mangelte es an Zeit. Alle Männer der *Edinburgh*, die immerhin fast 36 Stunden strenger Kälte ausgesetzt, meistens dauernd auf Gefechtsstation, mit den Schlepptrossen oder verschiedenartigen Reparatur- und Aufräumungsarbeiten beschäftigt gewesen waren, mußten auf den normalerweise schon wenig Platz bietenden M-Booten untergebracht werden. Dies erwies sich trotz der immens hohen Personenzahl als relativ unkompliziert. Die Gäste verlangten, weiterhin Dienst versehen zu dürfen, und die Gastgeber vermochten nicht, ihnen diesen Wunsch abzuschlagen. So wurde jeder Posten auf den M-Booten doppelt oder dreifach besetzt, ob Maschinist, Artillerist, Funker ...

In Rear-Admiral Bonham-Carters Händen lag es nun allein, die richtigen Entscheidungen zu treffen. Noch während der Bemühungen, den Kreuzer zu versenken, verschaffte er sich einen umfassenden Überblick über das Gefecht und dessen Folgen. Er entließ, da der Gegner 15 Minuten zuvor aus unerklärlichen Gründen das Kampfgebiet geräumt hatte, das Küstenwachschiff *Rubin* und den sowjetischen Schlepper nach Murmansk. Als nächstes verständigte er sich mit den beiden Zerstörer-Kommandanten. Hier der Signalaustausch mit der *Foresight*:

»8.43:
Are you able to steam? (Können Sie Dampf machen?)
08.45:
Reply: — Yes on one engine! (Antwort: — Ja, mit einer Maschine.)
08.46
What speed can you do? (Welche Geschwindigkeit können Sie fahren?)
08.48:
Reply: — About 15 knots! (Antwort: — Über 15 Knoten!)
08.51:
Take *Forester* under your command and proceed to Kola Inlet! (Nehmen Sie *Forester* unter Ihr Kommando und kehren Sie zum Kola-Fjord zurück!)«

Anschließend erteilte der Rear-Admiral den drei M-Booten Order, mit Höchstfahrt Kurs auf Murmansk zu nehmen. Ein unnötiges, längeres Verweilen bei den beiden Zerstörern schien ihm unter den gegebenen Umständen zu riskant. Die überfüllten Fahrzeuge durfte man keinem weiteren deutschen Angriff aussetzen. 10.20 Uhr: Die *Niger* stieß, nach vergeblichem Warten auf die sowjetischen Zerstörer, zum Verband. Alle vier M-Boote passierten zehn Stunden später, um 20.40 Uhr, die Insel Toros und machten gegen 22.00 Uhr in Poljarny fest. Noch am Kai musterte Captain Faulkner anhand der Stammrolle seine Besatzung und stellte die Verluste fest: 23 Verwundete und 57 Tote. Hinzu kamen noch ein verwundeter Passagier und zwei getötete. In Poljarny fehlte es an Quartieren, um rund 800 Menschen zusätzlich Unterkunft zu gewähren. Der S. B. N. O., North Russia, hatte aber, so gut es ging, vorgesorgt: Etwa 400 Männer verblieben in Poljarny, alle Kranken und Verwundeten ließ er nach Murmansk, den Rest der Besatzung mit der *Gossamer* nach Waenga bringen. Der einstige Chief Petty Officer Edward Lewis erinnerte sich an jene Tage auf Kola:

»Wir lebten ziemlich spartanisch. Zum Mittagessen gab es irgendeine dünne Suppe und ein paar Scheiben Schwarzbrot. Dann immer wieder Tee, mit einigen Beeren drin. Da alle persönlichen Sachen verlorengegangen waren, wir also kaum über ausreichend Kleidungsstücke verfügten, teilte man an uns sowjetische Uniformen aus. Die aus grobem Tuch gefertigten Mäntel empfanden wir bei der grimmigen Kälte als ausgesprochene Wohltat — nie hätte ich geglaubt, welche Freude eine solche Garderobe machen kann. Wir schliefen in Baracken. 20 bis 30 Männer in einem kleinen Raum, in dessen Mitte ein Kanonenofen für angenehme Temperaturen sorgte. Nach und nach klarierten wir uns auf

---

50 *U 456* befand sich zu diesem Zeitpunkt in unmittelbarer Nähe des Kreuzers, 30 Meter unter der Wasseroberfläche. Nach den ersten Wasserbomben ließ Kapitänleutnant Teichert auf 160 Meter Tiefe tauchen. Er glaubte, daß die Wasserbomben seinem Boot galten. In der von ihm geschriebenen Schlußstellungnahme zu diesem fünften Fronteinsatz hieß es jedoch: »... Zwischen etwa 08.00 Uhr und 08.52 Uhr muß an der Versenkung des Kreuzers gearbeitet worden sein. Obwohl alle Anzeichen einer Wabo-verfolgung vorhanden waren, erscheint es rückblickend nicht ausgeschlossen, daß die Wabos der Selbstversenkung des Kreuzers gegolten haben ...«

Schiffe der Royal Navy ein, die zum Kola-Fjord kamen. Andere Kameraden fuhren mit der Bahn nach Archangelsk, um von dort auf unseren Schiffen die Heimreise anzutreten. Die Zeit im russischen Hohen Norden wird — auch wegen der täglichen Überraschungsangriffe deutscher Bomber — in meinem Leben unauslöschlich bleiben. Ich kann nur unsere damaligen sowjetischen Verbündeten bewundern. Sie mußten Undenkliches erlitten haben ...«

Die Zerstörer *Foresight* und *Forester* hingegen verließen erst gegen 11.45 Uhr die Untergangsstelle des Kreuzers. Bis zu diesem Zeitpunkt wurde auf der *Foresight* intensiv an der Schadensbeseitigung gearbeitet, während die *Forester* das stilliegende Schiff sicherte.

Drei Granateinschläge hatten auf dem Fahrzeug beträchtliche Zerstörungen angerichtet: So war um 07.10 Uhr ein Geschoß in der Ingenieur-Offiziers-Kajüte detoniert, das zwischen den Sektionen 146 und 148 ein großes Loch oberhalb der Wasserlinie in der Steuerbordwand hinterließ. Den nächsten Volltreffer hatten man um 07.12 Uhr erhalten. Zwischen den Sektionen 56 und 59 — im Bereich des Torpedo-Back-Decks — klaffte die Bordwand direkt über der Wasserlinie auseinander. Durch dieses Leck lief Wasser in die achterne Munitions-

SECRET. Page - 4 -

13

27.- I would like to place on record my deep appreciation for all that has been done for us by The Senior British Naval Officer, North Russia and his staff. Under the most difficult conditions, with inadequate facilities, over 1,000 survivors from EDINBURGH and other ships have been housed, fed and were necessary clothed, and the individual kindness of them all will never be forgotten.

28.- A composite track chart of the action is enclosed (Appendix I.) The estimated position of EDINBURGH during the action and when she finally sank is 71° 51' N 35° 10' E. I also attach a copy of my personal impression which I wrote onboard HARRIER immediately after EDINBURGH disappeared, and which has not since been altered (Appendix II.)

29.- I concur generally with the recommendations made in Enclosures 1, 5 and 8 of EDINBURGH's report.

30.- I concur with the recommendations for awards forwarded by the Command Officers and attach a list of my further recommendations as Appendix III.

31.- With reference to Admiralty Message 1342.B. of 7th. May the gold was stowed in the bomb room, under a compartment flooded when the first torpedo hit. Although EDINBURGH was not completely abandoned for 52 minutes after being hit by the third torpedo, the ship was still being fought, and the wounded were being transferred. Had there still been time to bring up any gear or effects it could not have been transferred to the Minesweepers, which as it was, had to carry more men than would have been safe had the weather deteriorated in any respect.

32.- It is no doubt fully realised how deeply I regret the loss of so fine a cruiser, but I hope it will be appreciated, as already mentioned, that I alone was responsible for the movements of H.M.S."EDINBURGH" and that in no way can any criticism be levelled at Captain Faulkner who I hope will, and consider should, be given another sea command as early as possible.

I have the honour to be,

Sir,

Your obedient servant,

COMMANDER-IN-... 30 MAY 1942 HOME FLE...

Stuart S. Bonham Carter

REAR ADMIRAL.

Am 8. Mai 1942 fertigte Rear-Admiral Bonham-Carter für den Commander-in-Chief seinen Geheimbericht (Home Fleet Nr. 201/738) über den Untergang der *Edinburgh* an. Entsprechend einer Anfrage der Admiralität vom Vortage ging Bonham-Carter in Pkt. 31 auch auf das im Bombenmagazin lagernde Gold ein.

SECRET

Appendix IV to C.S.18's
No. 420/738 of 8/5/42.

20

H.M.S. "EDINBURGH"

5th May, 1942.

Sir,

I have the honour to submit the following report on the loss of H.M.S. "Edinburgh" under my command on Saturday, 2nd May, 1942.

2. On receiving the first damage by two torpedoes at 1613B on 30th April, 1942, I was proceeding in accordance with your verbal instructions in position 73°08'N, 33°E ahead of convoy QP 11 on a mean course of 205° at a speed of 19 knots and carrying out zig-zag No. 34. The convoy was steering 295° and "Edinburgh" had previously being steering 315° to keep clear of submarines which D/F bearings indicated might be in the convoy's line of advance. At 1606B course was altered to 205° to cross the convoy's track, before turning to remake contact on the course of 095°. Wind force 5-6 from N.N.W. Sea 41.

3. At 1607B course was altered 20° to starboard to carry out the first leg of the zig-zag. The ship had steadied on the new course when she was struck by one torpedo between Stations No. 70 and No. 87. Within two seconds a second torpedo struck her between Stations No. 348 and No. 260. 248 + 260

4. The ship continued to steam, circling to starboard to 020° and I tried to establish communications with the Lower Steering Position, or Damage Control Headquarters, but could get no reply. No communication could be obtained with either the After Damage Control Party in "Y" Cabin Flat or the Engine Room and the ship took on a list of about 7 degrees. I had all Damage Control Parties piped to close up and ordered the torpedoes on the starboard side to be fired to reduce the list.

5. Communication was soon established by telephone to the Type 279 R.D.F. Office, C.C.O. and Engine-Room and a report was received stating that steam pressure was maintained and that all four shafts were rotating. Shortly afterwards I received a report that the stern abaft "Y" Turret was breaking up. Except for some wreckage, it broke off finally two hours later at about 1830 from armoured bulkhead No. 238, carrying with it the port inner "A" bracket and propeller.

6. I realised that the rudder had gone and that the port inner shaft could not be expected to remain serviceable for long.

7. I then tried to bring the ship to an Easterly course by varying the revolutions on the remaining two shafts ; this was found to be impracticable, and as it was possible that further attack could be expected and since no escort was available, I continued steaming a N.N.E.'ly course at about ten knots which was the highest speed obtainable without the risk of further damage.

8. A full report of the damage sustained and the action taken is contained in Enclosure No.1.

9. Immediately the ship had been struck, you ordered a signal to be made to "Bulldog" and passed through "Forester", reporting that the ship had been torpedoed and giving bearing and distance of ship from convoy, requesting assistance and ordering "Bulldog" to inform Admiralty. At 1730B "Forester"

- 6 -

25

culars from the Captain's sights which were removed by the Bridge personnel before they left the ship. They have been transferred to "Harrier" who has taken them on voluntary charge.

55. The ship's company's behaviour during these three trying days left nothing to be desired and although they had to work continually in severe cold with makeshift meals and almost continually at action stations when not repairing or handling tows, all orders were carried out cheerfully and enthusiastically. All emergencies were met with such confidence and calmness that they ceased to be emergencies.

56. The work of the damage control parties under Commander Jefferis, Sub-Lieutenant (E) Cox and Mr. Dudding calls for special commendation. The careful planning of the damage control organisation with the many weeks of training proved its worth on this occasion as never before. In fact, both hits had actually been exerciced before and although the damage visualized was almost correct in the case of the forward torpedo, the complete collapse of the stern had not been foreseen. In the drawing up of the damage control organisation and planning the training I was fortunate in having Constructor Commander Skinner onboard whose advice and help proved invaluable.

57. Throughout the whole three days, the work of all men below decks and in particular the Engine-Room Department was beyond praise and their behaviour and bearing were in the highest traditions of the Service. At no time was there any panic or selfish thought. Every man worked for the good of his messmates and the ship. Commander (E) Dathan was always intent on keeping the ship steaming, and the great work of the Engine-Room Department was largely due to his leadership and determination. Total casualties were two officers and 58 ratings killed, one officer and 24 ratings wounded. (See enclosure No.6).

58. Surgeon Commander Lascelles and his staff who had been working almost unceasingly in attending to the many sick and wounded which we carried, continued to the end, calmly and methodically doing everything that was necessary for the casualties, and the efficient evacuation of the disabled reflects the great credit on him.

59. An efficient, well-trained ship's company has been saved for further service. I think we have all been hardened by our experiences and it is our desire that we may be kept together to man another ship as soon as possible and to see another convoy through.

60. The way the ship stood up to her punishment has restored the confidence of all officers and men in our ships.

I have the honour to be,

Sir,

Your obedient servant,

H. L. Faulkner

CAPTAIN, Royal Navy.

The Rear-Admiral Commanding
Eighteenth Cruiser Squadron.

Enclosures numbered 1 to 7 attached.

Anfang und Ende des 60 Punkte umfassenden Berichtes des Kommandanten der *Edinburgh*, Captain Hugh Faulkner, mit dem Anhang Nr. 9 auf S. 98

kammer und in die angrenzenden Räume. Dadurch erhielt das Schiff eine Schlagseite von 12,5 Grad nach Steuerbord. Und um 07.24 Uhr hatte im Kesselraum »3« der dritte Treffer zum Ausfall der Stromversorgung geführt.

Neben diesen schweren Schäden gab es noch einige geringere, vor allem in anderen Abschnitten der Steuerbordwand und auf dem Oberdeck. Bei den Reparaturarbeiten konzentrierten sich die Männer jedoch vorrangig auf den Maschinenraum und auf die beiden großen Löcher in der Bordwand. Der Maschinenraum meldete zuerst die eingeschränkte Einsatzbereitschaft. Mit der am Kessel »1« angeschlossenen Backbordmaschine konnte fast die halbe Leistung erbracht, konnten also ungefähr 15 Knoten Fahrt gemacht werden.

Länger — über zwei Stunden — dauerte das Abdichten der Lecks. Das achtere wurde mit in Hängematten eingebundenen Fendern ausgefüllt, das zweite mit Eisenplatten und Bohlen provisorisch verschlossen. Gleichzeitig schaffte die Besatzung alle überflüssigen, beweglichen Gegenstände nach Backbord und warf die steuerbords aufgereihten Wasserbomben ins Meer. Anschließend begann sie, die Wasserbomben-Wurfanlage an der gefährdeten Seite zu demontieren, was sich bald zur allgemeinen Überraschung als nicht notwendig erweisen sollte. Sofort nach der Meldung »Lecks abgedichtet!« lenzte man die Heck-Munitionskammer mit einer Elektropumpe, die mühelos sowohl das eingedrungene Wasser als auch das weiterhin nachfließende entfernte.

55

ENCLOSURE No. 9 TO "EDINBURGH"'S REPORT DATED 5th MAY, 1942.

Movements of H.M.S. "EDINBURGH" and CONVOY Q.P. 11 between 1425B and 1613B, 30th April, 1942.

At 1430B, 30th April, all messages having been exchanged with the convoy, course 315° was shaped to proceed ahead of t the convoy, keeping to the starboard bow so as to reconnoitre the ice-conditions.

2. At this time a report was received from "Bulldog" of a D/F bearing at 1420 of a U-boat on 312° within 30 miles.

3. At 1437, therefore, course was altered to 275°, zig-zag No.3, to clear the U-boat bearing. However, upon considering this D/F report in conjuction with an earlier D/F report of 314° received at 1100, it was thought possible that the U-boat was keeping station on the convoy at a distance of, say, ten miles. It was appreciated that, if this was the case, the present course of 275° and zig-zag No. 3 would bring the ship very close to the U-boat at 1500.

4. At 1445, therefore, course was altered to 315° and at 1500, in order further to clear the dangerous bearing, the zig-zag was changed to No. 34.

5. At 1604, as "Edinburgh" had reached the limit of the U-boat's reported distance at 1420, course was altered to 205° to cross the front of the convoy before turning to rejoin on course 095°.

-=-=-=-=-=-=-=-

Die Heimfahrt verlief ohne Zwischenfälle. Als in den Morgenstunden des 3. Mai 1942 die sowjetische Küste im Dunst auftauchte, stoppten beide Zerstörer — aus traurigem Anlaß. Alle gefallenen oder ihren Verletzungen erlegenen Seeleute wurden unter militärischen Ehren der See übergeben. Unter den Toten befanden sich auch Commander Huddart von der *Forester*, Lieutenant Fawdry von der *Foresight* und der Kapitän des Frachters *Lancaster Castle*, James Sloan, der auf der *Foresight* nach Großbritannien hatte zurückkehren wollen.
08.30 Uhr: Die Zerstörer steuerten in den Kola-Fjord hinein. Nach einer knappen Stunde Fahrt machte längs der *Foresight* eine Barkasse fest. Sie brachte den Lotsen und den verantwortlichen Ingenieur-Offizier der briti-

Admiral Sir John Tovey, Commander-in-Chief der Home Fleet, überreichte der Admiralität am 14. Juni 1942 die abschließende Einschätzung über den Untergang des Kreuzers *Edinburgh*

SECRET.

Subject .... LOSS OF H.M.S. EDINBURGH.

From .... THE COMMANDER-IN-CHIEF, HOME FLEET.

Date .... 14th June, 1942. *No.* 790/H.F.1325.

To .... THE SECRETARY OF THE ADMIRALTY.

19 JUN 1942

I forward herewith the report (No.470/738 dated 8th May 1942) from the Rear Admiral Commanding, Eighteenth Cruiser Squadron, enclosing reports from the Commanding Officers of H.M. Ships Edinburgh, Foresight, Forester and Harrier, concerning the torpedoing of H.M.S. Edinburgh on 30th April 1942 and the subsequent engagement with 3 German destroyers which resulted in the final disablement of the Edinburgh on May 2nd.

2. One copy only is enclosed for the early information of Their Lordships, and my remarks on technical matters will be forwarded in due course after full consideration of the report.

3. My instructions to the Rear Admiral Commanding, Eighteenth Cruiser Squadron, were that H.M.S. Edinburgh was to protect convoy Q.P.11 against surface attack by destroyers: if the convoy was attacked by heavier forces she was to carry out any delaying action possible and to shadow the enemy with the hope of my being able to bring them to action with the force under my own command. The provision of this protection necessitated the Edinburgh being within close supporting distance of the convoy and therefore exposed her to considerable risk of attack by U-boats operating against the convoy.

4. The smallness of the A/S escort available for Q.P.11 did not enable me to provide Edinburgh herself with any A/S screen.

5. In accordance with the Rear Admiral Commanding, Eighteenth Cruiser Squadron's instructions, the Commanding Officer of H.M.S. Edinburgh was maintaining a high speed and carrying out a broad zig-zag and it was due to the fortunes of war that opportunity was afforded to a U-boat to make a successful attack.

6. In the subsequent attack on the Edinburgh by 3 large enemy destroyers H.M. Ships Foresight and Forester were handled with great tactical skill and fought with great determination under difficult conditions. H.M.Ships Harrier and Hussar with their armament of one solitary 4-inch, unhesitatingly closed the much more powerfully armed enemy destroyers in order to cover the stricken Edinburgh; there is no doubt that their most gallant action had a considerable effect in persuading the enemy destroyers to break off the engagement.

7. The conduct of all officers and men was magnificent and in keeping with the highest traditions of the service. In the Edinburgh herself, the conduct and fine spirit of Rear Admiral Bonham-Carter and Captain Faulknor were inspiring. It is sad that they had no alternative but to sink their own ship.

8....

8. As reported in my 1941B of 31st May 1942 I do not intend to convene a Board of Inquiry into the loss of Edinburgh as I do not consider any useful purpose would be served thereby.

9. My recommendations for awards will be forwarded separately.

Jack C. Tovey

ADMIRAL.

Das Deckblatt der umfangreichen Akte über den Verlust des Kreuzers *Edinburgh* gibt Auskunft darüber, wer die Geheimberichte auszuwerten bzw. zur Kenntnis zu nehmen hatte (neben einzelnen Abteilungen der Home Fleet und der Admiralität auch einige Lords und der militärische Abwehrdienst)

M 06931/42

SECR

(Revised—June, 1933.)

RAC 18th C.S. 201/738

DATE 22 May 1942 (Recd)

SUBJECT.

Torpedoing of HMS "EDINBURGH" 30 April 1942.

Reports from C.Os of HMSs "EDINBURGH", "FORESIGHT", "FORESTER" and SO 6th M/S Flotilla. Covering period 30 April — 2 May. including action with German Destroyers

Referred to	Date	Referred to	Date	NOTATION ONLY Referred to	Date
D.N.I.	22 MAY 1942	D.T.S.D.	19 JUL 1942	D.N.E.	6 OCT 1942
	25 MAY 1942 M. BRANCH	D.N.A.D.	21 JUL 1942	D.T.M.	22 OCT 1942
	21 AUG 1942 M. BRANCH	D.N.S.W.	12 AUG 1942	T.S.D.	19.10.42
D.O.D. (H)	D.O.D. 16 JUN 1942 RECEIVED	D.O.D. (H)	18 AUG 1942		RECEIVED IN 20 OCT 1942
	D.O.D. RECEIVED	D.T.S.D.	26 SEP 1942		
M.	RECEIVED IN 9 JUL 1942				
DASW	3 JUL 1942				
	RECEIVED IN 18 JUL 1942				

NOTE:- FOR CONTENTS SEE H.O 8180/42 BEHIND.

H Case 7148.

RECORD OFFICE

schen Mission, Lieutenant-Commander Craven-Phillips an Bord. S. B. N. O., North Russia, hatte die Zerstörer bereits der Werft avisiert und Craven-Phillips mit der Überführung der Schiffe nach Murmansk beauftragt. Dort wurden zuerst die Verwundeten[51] ins Lazarett, anschließend die Fahrzeuge zur Reparatur gebracht.
Die folgenden Tage waren sowohl für Rear-Admiral Bonham-Carter als auch für Captain Faulkner und die übrigen leitenden britischen Offiziere mit dem Abfassen von Berichten ausgefüllt. Auf Anfragen aus London bezüglich der Goldfracht und der Sicherstellung anderer Gegenstände aus der *Edinburgh* vermerkte Bonham-Carter in seinem Abschlußbericht unter Punkt 31:

»... Das Gold befand sich im Bomben-Magazin, unterhalb einer Abteilung, die nach dem ersten Torpedotreffer vollief. Obgleich die *Edinburgh* 52 Minuten nach dem dritten Torpedotreffer noch nicht völlig verlassen war und weiter angegriffen wurde, gelang es, die Verwundeten von Bord zu bringen. Selbst wenn Zeit gewesen wäre, Kleidung und Ausrüstungsgegenstände an Deck zu schaffen, wäre es unmöglich gewesen, diese auf die Minensuchboote zu bringen, die bereits mehr Leute an Bord hatten, als zulässig war ...«
Captain Faulkner wiederum widmete in seinem Bericht dem standhaften Verhalten der Besatzung viel Platz, lobte mehrere Offiziere — unter anderem Commander Jefferies, Sub-Lieutenant Cox, Commander Dathan und Commander Lascelles — und schloß:

»... Eine tüchtige und gut eingespielte Schiffsbesatzung ist für weitere Einsätze gerettet worden. Ich bin sicher, daß wir alle durch unsere Erfahrungen gestärkt wurden, und es ist unser Wunsch zusammenzubleiben, um ein anderes Schiff zu übernehmen, so bald wie möglich einen anderen Konvoi durchzubringen ...«

Aber auch der Kommandant der *Rubin*, Oberleutnant Schewardnadse, griff zur Feder. Er schrieb seinem *Sicherungspartner* Commander Hinton:
»Wir waren Zeuge eines heroischen Kampfes englischer Seeleute mit übermächtigen Feindkräften. Die britischen Seeleute erfüllten tapfer ihre heilige Pflicht für das Vaterland. Wir sind stolz auf die Zuverlässigkeit und den Mut der englischen Marinesoldaten — unserer Alliierten ...«

Für die Offiziere Bonham-Carter und Faulkner sollte der Aufenthalt in Poljarny nicht von langer Dauer sein. Die Londoner Admiralität verfügte, daß sie auf der *Trinidad* die Heimreise anzutreten hätten. Die Werft von Rosta hatte in der Zwischenzeit diesen Kreuzer instandgesetzt. Er konnte bereits am 2. Mai ausgedockt werden. Nach der üblichen Probefahrt stand seinem Auslaufen nichts mehr im Wege. Am 12. Mai 1942 schifften sich die beiden Offiziere auf der *Trinidad* ein. Mit ihnen kamen 60 Seeleute der *Edinburgh* sowie die Handelsmatrosen an Bord, deren Schiffe zuvor auf der Nordmeer-Route versenkt worden waren.

Am 13. Mai, kurz vor Mitternacht, lichtete die *Trinidad* in der Bucht von Waenga ihre Anker. Sie dampfte in Begleitung der vier Zerstörer *Forester*, *Foresight, Somali* und *Matchless* zuerst nord- und dann westwärts.

Ab 21.00 Uhr des nächsten Tages griffen deutsche Torpedoflugzeuge und Bomber den Verband an. Der Kreuzer erhielt durch eine im Sturzflug angreifende Ju 88 mehrere Treffer, geriet in Brand und mußte aufgegeben werden. Die letzten Stunden der *Trinidad* ähnelten denen der *Edinburgh*: Am 15. Mai um 01.20 Uhr beendete die *Matchless* mit drei Torpedos den Todeskampf des Schiffes. Rear-Admiral Bonham-Carter und Captain Faulkner setzten auf der *Somali* ihre Fahrt in Richtung Island fort. Am 16. Mai traf die Zerstörergruppe mit anderen britischen Schiffen zusammen, die das Vereinigte Königreich ansteuerten. Rear-Admiral Stuart S. Bonham-Carter und Captain Hugh Webb Faulkner stiegen deshalb von der *Somali* auf den Zerstörer *Onslow* über und kehrten mit ihm nach Großbritannien zurück ...

---

51 Insgesamt wurden während des Gefechts am 2. Mai auf den beiden Zerstörern 20 Seeleute verwundet und 21 getötet — zu den letzteren zählten auch zwei Matrosen der *Foresight*, die seit dem dritten Volltreffer als vermißt galten.

Goldbergung in der Barentssee

Kurz nach dem Zweiten Weltkrieg eroberte sich das Sporttauchen einen vorderen Platz in der umfangreichen Rangliste sinnvoller Freizeitbeschäftigung. Vor allem an den europäischen, australischen sowie nord- und mittelamerikanischen Küsten ging man dieser neuen Sportart nach. Anfangs wurde vorwiegend mit Harpune und Kamera den Meerestieren nachgestellt, wurden für Aquarien und formalingefüllte Lehrmittelgläser kleinere Lebewesen gefangen. Vor allem die Sporttaucher Europas wollten ihre furchtbaren Kriegserlebnisse vergessen, wollten lebenshungrig nachholen, was ihnen jahrelang verwehrt worden war, wollten nur noch im friedlichen Wettstreit ihre Kräfte untereinander messen. Während der Seekriegshandlungen versenkten Schiffe wurden bewußt gemieden — kaum jemand verspürte ernsthaftes Verlangen, mit der unmittelbaren Vergangenheit erneut konfrontiert zu werden.
Mit weiterer Erschließung der Unterwasserwelt durch einen größeren Kreis von Interessierten bildeten sich zunehmend zoologisch, botanisch, archäologisch, geologisch und technisch orientierte Tauchergruppen. Das führte bald dazu, daß auch immer mehr Unterwasseraktivitäten professionell betrieben wurden, daß das Tauchen mit autonomen Geräten im Auftrag von Industrie und Wirtschaft seinen Einzug hielt.
Dann gab es Gruppen, die sich verstärkt der Schatztaucherei widmeten. Sie arbeiteten zunächst bis zum Rande der Legalität, überschritten jedoch sofort die Grenze, wenn sie der Goldrausch gepackt hatte — Wrackplünderer waren keine Seltenheit mehr. Einige dieser Gruppen konzentrierten sich plötzlich auf die im Verlauf des letzten Weltkrieges im Wasser verlorengegangenen oder in der Tiefe versteckten Schätze. So entbrannte zum Beispiel an der italienischen Küste ein harter Konkurrenzkampf um die angeblich in einer unterseeischen Grotte lagernden Schätze des faschistischen Diktators Benito Mussolini — entdeckt hat sie jedoch bis heute niemand.

Andere Taucher zeigten sozusagen über Nacht recht auffälliges Interesse an dem österreichischen Toplitzsee. Hier hatte laut glaubhafter Zeugen die SS ihre in aller Welt zusammengeraubten Schätze versenkt. Gefunden wurden lediglich Akten, aber keinerlei Wertgegenstände aus der nazistischen Vergangenheit.

In Großbritannien veröffentlichte man bereits 1945/46 verschiedene Berichte über den Untergang der *Edinburgh*, über das in 260 Meter Tiefe auf dem Grund der Barentssee ruhende Gold. Widersprüchliche Angaben über die Menge — man sprach sowohl von fünf als auch von zehn Tonnen — spielten bei den Schatzjägern keine Rolle. Wichtig allein war ihnen die Tatsache, daß sich 1942 tatsächlich Gold an Bord des Kreuzers befunden hatte. Viele Bergungsspezialisten schmiedeten die phantastischsten Pläne, um an das Gold heranzukommen. Doch das waren vorerst nur Träume, denn die Ende der vierziger Jahre vorhandene Unterwassertechnik gestattete keinem Taucher, in solch große Tiefen vorzudringen. Die britische Regierung setzte zudem den Spekulationen goldlüsterner Hebeunternehmer ein rasches Ende, indem sie die *Edinburgh* zum *War Grave* — zum Militärfriedhof — erklärte. Die Sowjetunion, die im Großen Vaterländischen Krieg zwanzig Millionen Tote zu beklagen hatte, erkannte diesen Status und das sich daraus ergebende Recht Großbritanniens auf Unantastbarkeit des gesunkenen Kriegsschiffes in vollem Umfang an. Außerdem war 1942 das Gold für die Dauer des Seetransportes bei der sowjetischen Gesellschaft *Gosstrach* gegen See- und Kriegsrisiken versichert und gemäß der internationalen Versicherungspraxis bei *The British War Risks Insurance Office* (Britisches Büro der Kriegsrisikoversicherung) mit 32,32 Prozent rückversichert worden. Nach Auszahlung der Versicherungsentschädigung für den Totalverlust des Goldes ging das Eigentumsrecht auf dieses Gold zu 67,68 Prozent auf *Gosstrach* und zu 32,32 Prozent auf das britische Büro über. So war für jedermann die Rechtslage eindeutig: Ein englisches Wrack, das nicht betreten werden durfte, mit einem Goldschatz, der zu einem Drittel Großbritannien und zu zwei Dritteln der Sowjetunion gehörte.
Im geheimen befaßten sich aber nach wie vor einige Bergungsfirmen mit dem Projekt. Ein Archivar wertete zum Beispiel seit 1954 regelmäßig die vom britischen Verteidigungsministerium freigegebenen Dokumente aus, um weitere Anhaltspunkte zum einstigen Geschehen in der Barentssee zu erhalten. Er erledigte das im Auftrag der bekannten Bergungsgesellschaft *Risdon Beazley Limited* aus Southampton. Diese Gesellschaft machte später wiederholt durch spektakuläre Unternehmen auf sich aufmerksam. So konnte sie 1970/72 aus

dem zwischen den Färöer- und den Shetlandinseln in 300 Meter Tiefe liegenden Frachter *Hallington* 900 Tonnen Zinn und 1973 aus der 1944 bei Neuseeland gesunkenen *Empire Menor* 62 von den 70 an Bord befindlichen Goldbarren heben.

Ende der sechziger Jahre beschäftigte sich noch jemand mit der *Edinburgh*: Keith Jessop aus der englischen Grafschaft Yorkshire. Er war auf den Ölfeldern der Nordsee zu Hause. Als Berufstaucher bei der großen schottischen Taucherfirma *Wharton-Williams* angestellt, lernte Jessop die moderne Tieftauchtechnologie kennen. Dabei nahm die Idee, mit solchen Systemen versunkene Schätze aufzuspüren und zu heben, bei ihm immer festere Gestalt an. Viele Jahre später sagte Jessop zu dieser Phase in seinem Leben:

»Das Tieftauchen war und ist eine Leidenschaft von mir. Nachdem ich von dem Gold in der untergegangenen *Edinburgh* wußte, konnte ich den Gedanken daran nicht mehr verdrängen. Auf den Bohrtürmen im nördlichen Eismeer verdiente ich 120 bis 150 Pfund pro Tag, mich aber lockten die millionenschweren Goldbarren des gesunkenen Kreuzers ...«

Zunächst aber verbrachte er seine Freizeit in den Archiven. Ebenso wie viele andere Interessenten vor ihm, mußte auch Jessop entmutigt feststellen, daß die genaue Untergangsstelle der *Edinburgh* nicht zu ermitteln war — alle sowjetischen, britischen und deutschen Aufzeichnungen wichen erheblich voneinander ab. Demnach käme für die eventuelle Suche ein 15 Quadratkilometer großes Seegebiet in Betracht. Das bedeutete nichts anderes, als der berühmten Stecknadel im Heuhaufen nachzuspüren. Andererseits aber trug das Studium der verstaubten Akten dazu bei, viele noch offene Fragen zu beantworten. So hatte Jessop zum Beispiel aus den Geheimberichten Bonham-Carters und Faulkners den genauen Ort der Goldlagerung im Kreuzer erfahren, und aus weiteren Dokumenten war ihm die Art und das Ausmaß der Beschädigungen des Kriegsschiffes bekannt geworden. Nachdem er alle Fakten eingehend und mehrmals geprüft hatte, kam Jessop zu dem Schluß, daß sich das Gold noch immer in der Munitionskammer befinden mußte, in der es in Murmansk verstaut worden war — und dieser Raum ist von den Torpedos verschont geblieben.

Ihm wurde aus den Schriftstücken auch klar, daß die Munitionskammern — dem damaligen geringen Granatenverbrauch nach zu urteilen — noch fast vollständig gefüllt sein mußten. Die Goldbarren lagen demzufolge in sehr gefährlicher Nachbarschaft ... Jessops Fahndung nach den *Edinburgh*-Dokumenten erwies sich als kostspielig und zeitraubend. Seine Ersparnisse gingen langsam, aber sicher zur Neige. Um aber überhaupt ein Suchunternehmen auf die Beine stellen zu können, bedurfte es einiger Geldmittel. Er war gezwungen, sein Haus zu verpfänden und Kredite aufzunehmen. Gleichzeitig sah er sich nach einem geeigneten Partner um, da er allein die umfangreichen Arbeiten nicht bewältigen konnte.

Er fand ihn in James Ringrose, einem ehemaligen Offizier der *Royal Navy*.

Im Oktober 1979 starteten sie gemeinsam mit der norwegischen Firma *Stolt Nilsen* zu ihrer ersten Suchexkursion in die Barentssee. Ziel dieser Fahrt war zunächst die Befragung von Fischern, die in der Barentssee ihrer Arbeit nachgingen. Jessop registrierte alle Fälle, bei denen Schleppnetze an Unterwasserhindernissen hängengeblieben waren. Als besonders aufschlußreich erwies sich die Aussage eines britischen Trawler-Kapitäns: Er hatte einst Wrackteile im Netz gehabt, vermutlich von der *Edinburgh*. Den Hinweisen zufolge kamen nunmehr sogar zwei Suchgebiete in Betracht, die 13 Seemeilen voneinander entfernt lagen. Der Radius des ersteren betrug drei, der des zweiten rund fünf Seemeilen. Letzteres deckte sich zum Teil mit dem Gewässerabschnitt, den man bereits durch Archivforschung ermittelt hatte.

Nach 42 Tagen mußten sie das abenteuerliche Unternehmen wegen Geldmangels und schlechten Wetters abbrechen. Doch Keith Jessop paßte nur vor den Umständen, seiner Idee blieb er treu. Der nächste Schritt, nach Gründung der eigenen Bergungsfirma *Jessop Marine Recoveries* und der damit verbundenen Eintragung in das Handelsregister, zeugte vom guten Verhältnis zu seinen ehemaligen Arbeitgebern. Mit Ric Wharton besprach er ausführlich das Vorhaben und erreichte, daß sich *Wharton-Williams* aus Aberdeen zur Teilnahme an dem Projekt verpflichtete. Der andere Firmeninhaber, Malcolm Williams, hegte allerdings erhebliche Zweifel an dem Gelingen, behielt sie aber zunächst für sich. Laut äußerte er sie erst viele Monate später:

»Ich hätte mit Jessop nie ernsthaft seinen verrückten Plan beraten, aber Ric war dieser verwegenen Idee sehr zugeneigt. So ließ ich mich damals doch verleiten, dem Projekt zuzustimmen. Schließlich lockten Millionen, die nur auf uns zu warten schienen.«

Williams kümmerte sich um die Auswahl der richtigen Leute und besorgte für sie die notwendige Ausrüstung. Jessop indessen erhielt von der britischen Regierung, nachdem sich diese mit der UdSSR konsultiert hatte, die

Zwei der wichtigsten Partner von Keith Jessop bei der Vorbereitung und Durchführung des Bergungsunternehmens: Malcolm Williams (links) und Ric Wharton

Erlaubnis, den gesunkenen Kreuzer zu lokalisieren und bei dieser Gelegenheit Filmaufnahmen von dem Wrack zu machen. Eine Fernsehgesellschaft schloß daraufhin mit Jessop einen Exklusivvertrag ab und sicherte sich so alle Aufführungsrechte.

Noch fehlte den Schatzjägern das geeignete Suchschiff — derartige Spezialfahrzeuge kosteten pro Tag etwa 50 000 Mark — sowie verschiedene elektronische Navigationsgeräte und hydroakustische Instrumente. Die *Offshore Supply Association* (OSA), sie ist ein Tochterunternehmen der *Vereinigte Tanklager- und Transport-GmbH* (VTG), stellte den Bohrinselversorger *Dammtor* und die Firma *Racal Decca Survey Ltd*. die nötige nautische Vermessungsausrüstung zur Verfügung. Beide Firmen beteiligten sich somit offiziell an dem Unternehmen.

Kip Punch, Mitarbeiter der Decca, gilt in Fachkreisen als Experte für die Auswertung nautischer Dokumente. Er prüfte die Logbucheintragungen der meisten an dem damaligen Gefecht beteiligten Kriegsschiffe und gelangte zu dem Ergebnis, daß die vom Navigationsoffizier der *Harrier* errechneten Daten am genauesten sind. Seine Angaben wiesen am ehesten auf den Untergangsort der *Edinburgh* hin.

Im Frühjahr 1981 errichtete Decca an den Gestaden Nordnorwegens — in der Nähe von Vardö und Gamvik — zwei Sender eines Phasen-Funknavigationssystems. Es gestattet, die Koordinaten des Expeditionsschiffes im Suchgebiet mit einer Genauigkeit bis zu 30 Metern zu bestimmen, und gewährleistet das genaue Anlaufen des Fahrzeugs auf der vorausberechneten Peilung. Nach Abschluß der Installationsarbeiten lief am 6. Mai 1981 die *Dammtor* von Kirkenes in die Barentssee aus. Man einigte sich darauf, zuerst das von Kip Punch theoretisch ermittelte Gebiet abzusuchen.

Was nun folgte, war ein technisches Wunder unserer Zeit: Die *Dammtor* wurde exakt in die gewünschte Position dirigiert. Einige Stunden später konnte mit dem Unterwassersonargerät ein großes eisernes Wrack geortet werden. Die Unterwasservideoanlage lieferte den letzten Beweis, daß es sich um die *Edinburgh* handelte. Auf dem Monitor erschienen typische Kreuzeraufbauten, ein Drillingsturm mit 15,2-cm-Geschützen, ein Torpedoausstoßrohr.

Der Kreuzer liegt mit einer Neigung von etwa 90 Grad auf dem Meeresgrund, mittschiffs das von dem Torpedo in die Steuerbordwand gerissene Loch — es zeigt nach oben. Ein Rettungsboot, an dem noch deutlich der Schiffsname zuerkennen war, beseitigte alle noch bestehenden Zweifel.

Mitte Mai traf die *Dammtor* wieder in Kirkenes ein, nahm anschließend Kurs auf Peterhead. Die erfolgreiche Suchaktion dauerte alles in allem nur rund 14 Tage.

Parallel zu den Vorbereitungen für die Fahrt der *Dammtor* in die Barentssee verhandelte Jessop in Moskau. Nach Ablauf der ersten Aprilwoche kehrte er mit einer unterschriftsreifen Bergungsvereinbarung in der Tasche nach Großbritannien zurück. Diesen Vertrag unter-

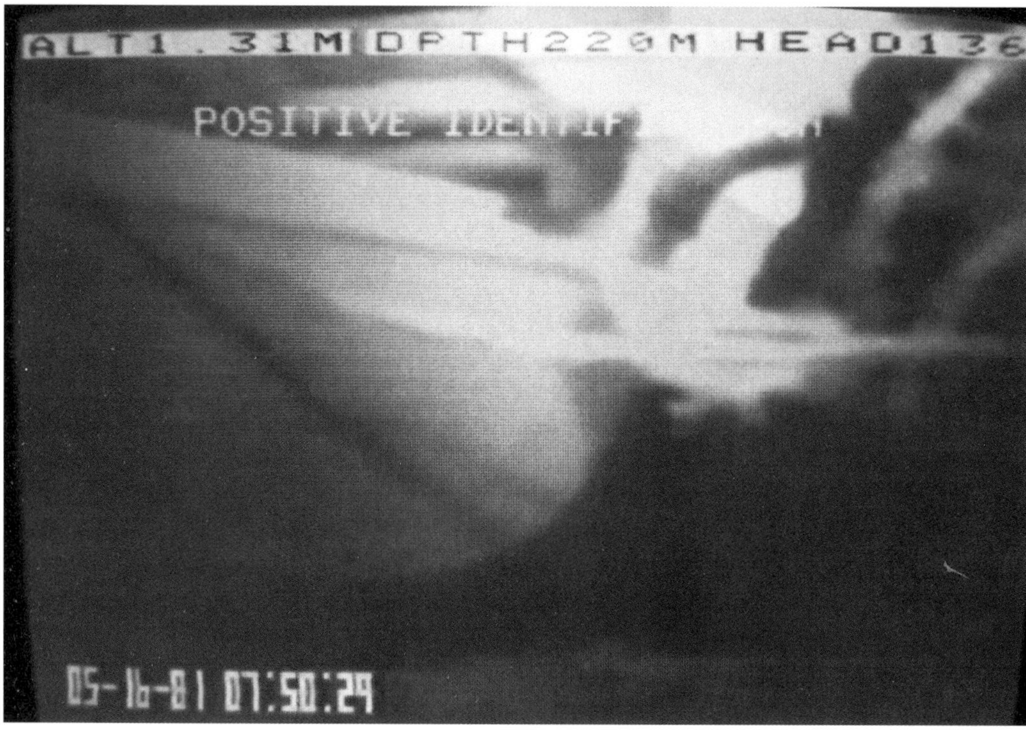

Am 16. Mai 1981 wurde der Kreuzer geortet, hier ein Videobild vom Rettungsboot der *Edinburgh*

schrieben schließlich alle Beteiligten am 5. Mai 1981. Leonid L. Bogdanow, Generaldirektor der Versicherungsgesellschaft *Ingosstrach* äußerte sich erst im September 1981 vor der Presse dazu:

»Es wurde ein sowjetisch-britisches Abkommen über die Bergung des mit dem Kreuzer *Edinburgh* gesunkenen Goldes geschlossen. Das britische Handelsministerium als Rechtsnachfolger von *The British War Risks Insurance Office* und *Ingosstrach* als Rechtsnachfolger von *Gosstrach* unterzeichneten am 5. Mai dieses Jahres in Moskau mit *Jessop Marine Recoveries Ltd.* einen auf zwei Jahre befristeten Bergungsvertrag nach der Formel kein Erfolg — keine Bezahlung. Das heißt, die britische Firma trägt alle Bergungskosten. Da die Arbeiten äußerst kompliziert und wegen der beim Gold lagernden Munition gefährlich sind, erhält *Jessop Marine Recoveries Ltd.* 45 Prozent des gefundenen Goldwertes. Die übrigen 55 Prozent teilen sich die UdSSR (67,68 %) und Großbritannien (32,32 %).«

Die von der *Dammtor*-Suchexpedition mitgebrachten Filmaufnahmen sollten eine neue Arbeitsetappe für Jessop und seine Partner einleiten. Zunächst — ab 13. Juli 1981 — wurde ausführlich mit einigen Männern der ehemaligen *Edinburgh*-Besatzung über die Ereignisse im April/Mai 1942 gesprochen. Drei dieser Unterhaltungen erwiesen sich als besonders aufschlußreich: Robert Sherriff — einst Verantwortlicher der *Walrus*-Katapultanlage für die drei Bordflugzeuge — wußte Details über Art und Menge der in der Munitionskammer lagernden Bomben; Mr. Lyons — wegen seiner ausgezeichneten Französischkenntnisse als Dolmetscher bei der Goldübernahme dabei — kannte den genauen Unterbringungsort im Kreuzer; Bill Miles — während der Goldeinlagerung als Marinesoldat in der Munitionskammer tätig — konnte den Unterschied zwischen Gold- und Munitionskisten erklären.

Jessops Vorhaben wurde durch die *Dammtor*-Fahrt und die neuerlichen Recherchen allgemein bekannt. Die geplante Goldhebung löste allerdings nicht nur Zustimmung im Vereinigten Königreich aus. Die *Edinburgh-Survivors-Association* (Vereinigung der Edinburgh-Überlebenden) wandte sich sogar telegrafisch an die Queen, erhob scharfen Protest gegen die Bergungsabsicht. Bill Daly, ihr Ehrenvorsitzender, äußerte sich gegenüber der Presse:

»Die *Edinburgh* war ein Heldenschiff mit tapferen Männern an Bord, sie hat bis zuletzt gekämpft und ist mit Anstand gesunken. Laßt sie — und die toten Kameraden — in Ruhe!«

Jessop überzeugte jedoch mit Sachargumenten. Er wies nach, daß die Goldbergung durch das Torpedoleck möglich wäre und die Ruhe der gefallenen Seeleute nicht gestört würde.

Am Londoner Themseufer, nahe der Tower-Bridge, haben mehrere Museumsschiffe für immer festgemacht. Eines davon, mit der Kennung C 35, ist die bei *Harland &*

Der britische Kreuzer *Belfast* als Museumsschiff am Kai auf der Themse in London vertäut

Wolff gebaute *Belfast* — ein Schwesterschiff der *Edinburgh*. Auf diesem Museumskreuzer begann das eigentliche Unternehmen Goldbergung, das den Codenamen *Operation Greyhound* erhielt. Malcolm Williams hatte sich sorgfältig in der internationalen Taucherwelt umgesehen, ehe er Taucher aus Neuseeland, Australien, Simbabwe und aus allen Teilen Großbritanniens unter Vertrag nahm. Sie untersuchten während der nächsten Zeit sehr genau die *Belfast*, vor allem den Bereich zwischen den Schiffssektionen 80 und 93 mit dem Bombenmagazin und dem Heizöltank A 3. Dabei machte Mike Stewart — Projektleiter bei *Wharton-Williams* — immer wieder auf die 127 Millimeter starke Rumpfpanzerung in der Nähe der Munitionskammer aufmerksam. Auf dem UW-Video-Farbfilm von der *Edinburgh* war nämlich zu erkennen gewesen, daß der Torpedo die Kammer nur um wenige Meter verfehlt hatte. Es war also durchaus möglich, daß sich die Taucher einen neuen Einstieg in den Rumpf bahnen oder aber ein großes Loch in eine innere Trennwand brennen mußten, um an das Gold heranzukommen.

Im Juli 1981 wurde die *Belfast* Treffpunkt für Reporter von Presse, Funk und Fernsehen. Fast täglich kamen sie an Bord und stellten Fragen. Barrie Penrose von der

Das Schwesterschiff des Kreuzers *Edinburgh*, die *Belfast*, wird zum Museumskai geschleppt

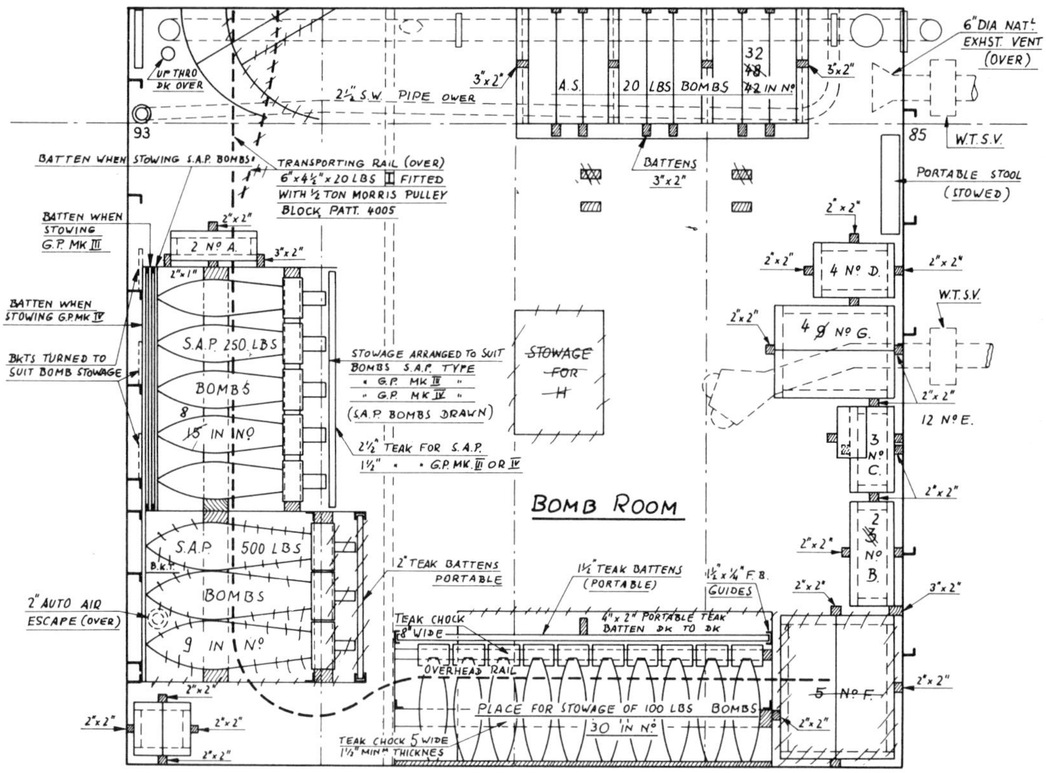

Der Plan vom Bombenmagazin des Kreuzers *Edinburgh*. Wie aus den nachträglichen Eintragungen ersichtlich, hatte man sich auf der *Belfast* — in Vorbereitung der »Operation Greyhound« — mit allen Details vertraut gemacht. Dadurch konnten die späteren Unterwasserarbeiten rationell und zielgerichtet durchgeführt werden.

Londoner *Sunday Times*, der auch an der späteren Bergungsaktion teilnahm, gehörte zu den Hartnäckigsten. Auf seine Standardfrage »Was reizt Sie an dem Projekt?« reagierten die Taucher recht unterschiedlich:

»Es ist der Höhepunkt meiner dreizehnjährigen Taucherkarriere, und ich fühle mich geehrt, teilnehmen zu dürfen. Es ist einfach wunderbar!«
»Was soll ich sagen? Wenn ich einmal Kinder habe, werde ich ihnen davon erzählen. Na ja, sie werden dann ihren Vater sicherlich voller Stolz herumreichen.«
»Wozu stellen Sie diese Frage? Das ist doch kein Spaß hier. Das ist ein sehr ernstes Jahrhundertereignis. Und wenn es gelingt, wirft es für jeden von uns einen Haufen Geld ab.«

Gewiß, jedem Taucher standen pro Einsatztag in der Barentssee 4000 Mark zu, aber unter welchen Gefahren sie würden arbeiten müssen, darüber schwiegen sie ... Über Geld verhandelte auch Keith Jessop. Immerhin benötigte er 10 Millionen Mark. Angesichts der zu erwartenden 170 Millionen nahm sich dieser geringe Kredit nahezu lächerlich aus — man drängte ihm die gewünschte Summe förmlich auf. Nach der ersten Kalkulation kostete die Operation zwar nur etwa 8,6 Millionen Mark — allein für das Bergungsschiff mit seiner Stammbesatzung waren pro Tag 60000 Mark zu zahlen — und eine kleine Reserve für unvorhergesehene Ereignisse mußte vorhanden sein.

Das Unternehmen durfte auf keinen Fall wegen Geldmangels abgebrochen werden, denn wovon sollte man dann die Kredite zurückzahlen, oder wer würde ihnen noch neue Millionen leihen? Jessop hatte alles auf eine Karte gesetzt — die Schatzbergung durfte unter keinen Umständen mißlingen!

Samstag, 29. August 1981: Das Taucherschiff *Stephaniturm*, wie die *Dammtor* ein VTG-Schiff, verließ den schottischen Hafen Peterhead, nahm Kurs auf die Barentssee. Die *Stephaniturm* war erst 1978 in Lauenburg auf der *Hitzler-Werft* für die *Hansa* gebaut worden. Nachdem diese deutsche Firma in Konkurs gehen mußte, erwarb die OSA das Spezialschiff. Herzstück des Fahrzeugs ist der mittschiffs gelegene Tieftauchkomplex. Er besteht aus einem Druckkammernsystem, der Tauchanlage mit Glocke sowie den Steuer-, Kontroll- und Rettungseinrichtungen. Zwei Druckkammern, die mit der Transferkammer verbunden sind, bilden das Kammernsystem. Die beiden Druckkammern dienen unter normalen Bedingungen zehn Tauchern etwa 20 Tage als Wohn- und Schlafstätte. Sie sind mit allem nur erdenklichen Komfort ausgestattet: Radio- und Fernsehgeräte gehören ebenso dazu wie WC, Dusch- und Waschbecken. Über Versorgungsschleusen erhalten die Männer ihre Mahlzeiten und die notwendigen Utensilien. Der Druck in den Kammern ist dem der Arbeitstiefe angepaßt, die Taucher atmen ein genau abgestimmtes Helium-Sauerstoff-Gemisch. Insgesamt führte die *Stephaniturm* rund 350000 Kubikmeter davon mit. Um in großen Tiefen —

wie zum Beispiel der geplanten — erfolgreich, sicher und ökonomisch arbeiten zu können, wird das als Sättigungstauchen bekannte Verfahren angewendet: Jeweils zwei *unter Druck stehende Männer* begeben sich mit ihrer Ausrüstung über die Transferkammer in die angedockte Glocke. Nach dem Schließen wird diese abgedockt, seitlich versetzt und über das Moonpool gehängt — einen Schacht, der mittschiffs durch alle unteren Decks und den Schiffsboden führt.

Zwei Leitseile — an ihren unteren Enden mit tonnenschweren Gewichten versehen — führen zum Meeresgrund hinab. An diesen Seilen gleitet die an einer Haltetrosse hängende Glocke in die Tiefe. Sie kann sich so nicht um ihre Vertikalachse drehen. Im Moonpool wird die 7,5 Tonnen schwere Glocke durch den Cursor — eine Art Führungsschlitten — vor Beschädigungen geschützt. Verläßt ein Taucher für vier Stunden die Glocke, übernimmt sein Partner während dieser Zeit die Sicherungs- und Kontrollaufgaben. Danach wechseln die beiden ihre Plätze. Nach acht Stunden wird die wieder geschlossene Glocke nach oben gehievt und das Team gegen ein neues ausgetauscht. So geht es ununterbrochen im 24-Stunden-Rhythmus: Die Versorgung der in der Tiefe arbeitenden Männer erfolgt ausschließlich von Bord des Basisschiffes. Eine zur Glocke führende Nabeltrosse enthält Telefon-, Fernseh- und Stromkabel sowie Schläuche für das Atemgasgemisch, Werkzeugdruckluft und Warmwasser zum Aufheizen. Letzteres strömt — je Minute 55 Liter — durch die stabilen Naßanzüge der Taucher, wodurch sie gegen den eigenen Wärmeverlust gefeit sind.

Ein Computer sorgt dafür, daß die Glocke bei Seegang nicht die Schiffsbewegung mitmacht. Er beeinflußt die Winden für die Leitseile sowie die Nabel- und Haltetrossen, so daß ein Ausgleich bis zu sieben Metern ermöglicht wird.

Das ganze System funktioniert natürlich nur dann einwandfrei, wenn man das Taucherschiff so über der Arbeitsstelle verankert, daß es weder durch Wind noch durch Strömung seine Lage verändern kann. Mit herkömmlichen Methoden ist das bei großen Tiefen nicht möglich.

Die *Stephaniturm* ist jedoch gemäß ihrer Aufgabe mit einem Positionierungssystem ausgestattet.

Die *Stephaniturm* während der Fahrt zum Einsatzgebiet in der Barentssee

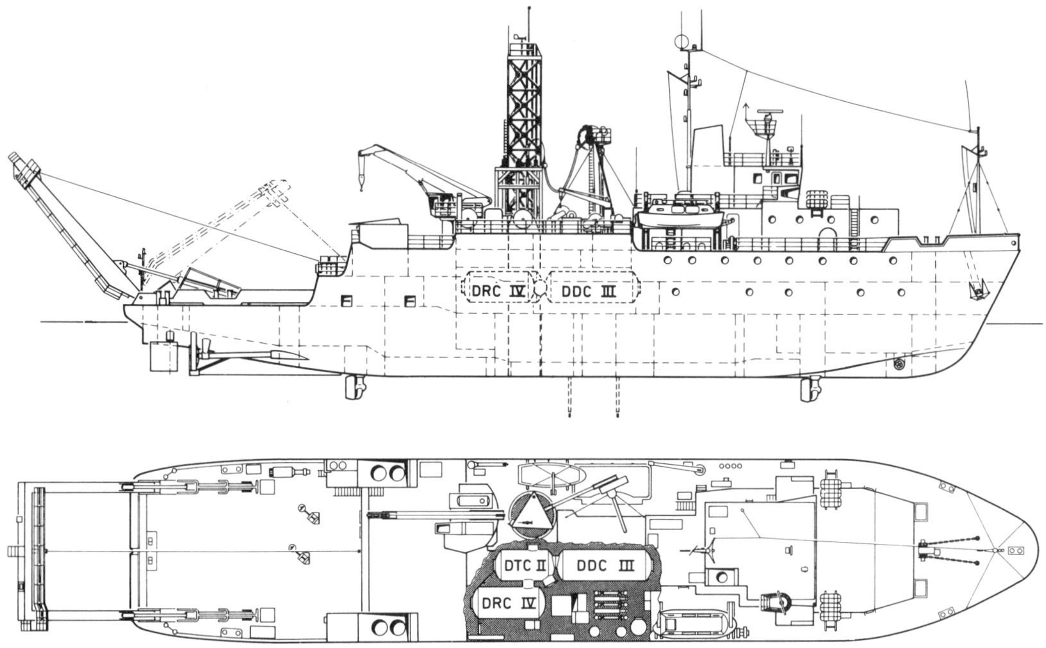

Schnitt durch das Bergungsschiff (Seitenansicht und Draufsicht)

Zeichnung: K. Huhndorf

Länge über alles	68,40 m
Breite, max.	13,60 m
Höhe der Seitenwand	4,80 m
Tiefgang, bel.	4,28 m
Tiefgang, leer	3,32 m
Tragfähigkeit	817 tdw

Blick in das Innenleben der *Stephaniturm*: 1 Taucherglocke, 2 Deck-Transferkammer (DTC II), 3 Deck-Dekompressions- bzw. Rettungskompressionskammer (DDC III und DRC IV), 4 60-Tonnen-Hebekran, 5 Anlage mit Ausgleichssystem und Führungsschlitten für das Absenken und Hieven der Taucherglocke, 6 Kontrollraum für die unter Druck befindlichen Taucher, 7 Atemgas-Vorräte, 8 Moonpool

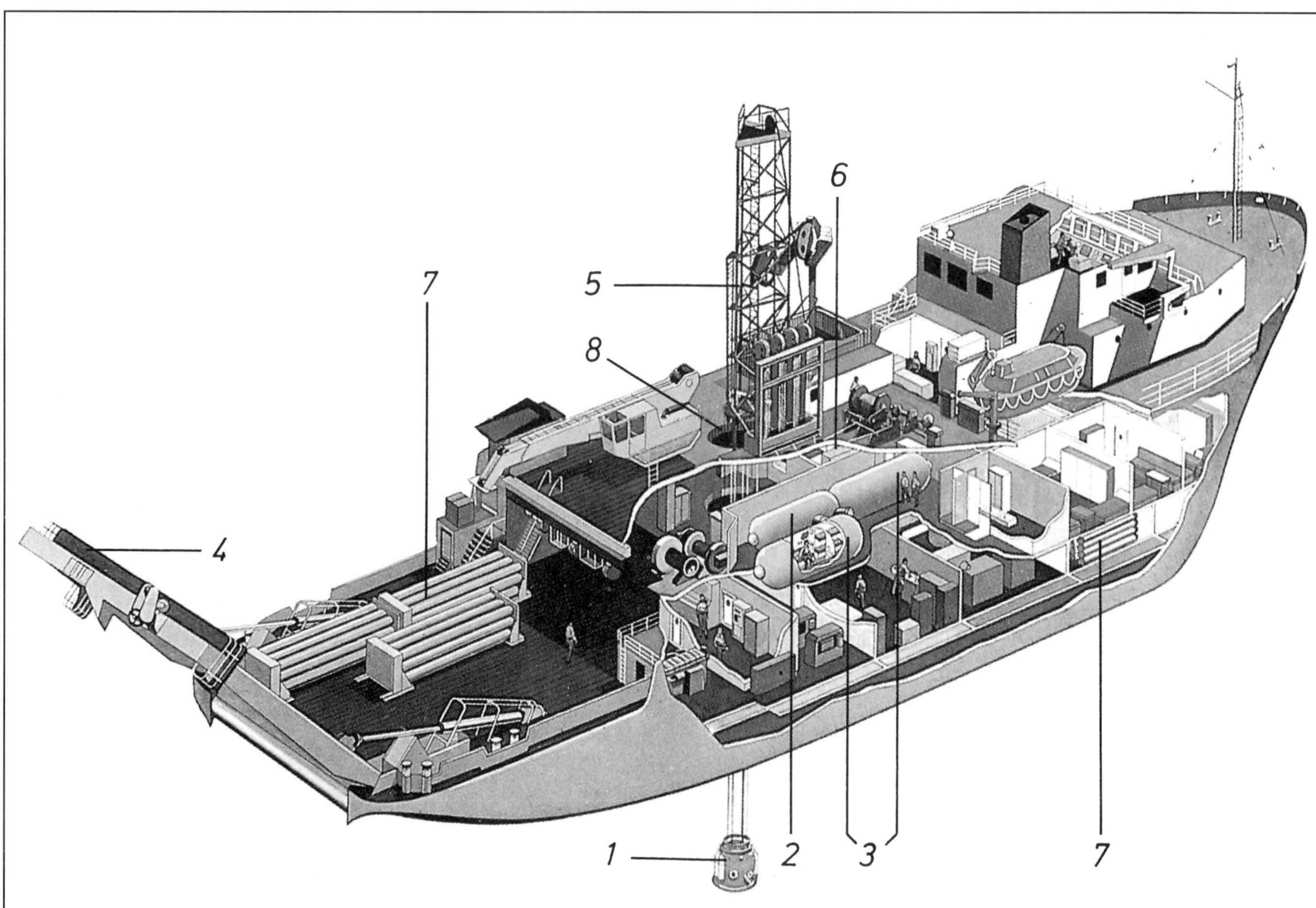

Selbst bei stärkerem Seegang weicht sie nicht von ihrer vorprogrammierten Position ab. Zwei Transponder (Sender) werden auf dem Meeresgrund ausgelegt. Sie strahlen regelmäßig Funksignale aus, welche von den im Schiffsboden befindlichen Transducern empfangen werden. Ändern die Impulse ihre Richtung, weil das Fahrzeug abzutreiben beginnt, setzt ein Computer die betreffenden Antriebsschrauben (z.T. mit Verstellpropellern) oder die um 360 Grad drehbaren Kortdüsen (in Tunneln laufende Schrauben) in entsprechende Bewegung. So vermag die *Stephaniturm* stets an der gleichen Stelle liegenzubleiben.

An Bord des OSA-Taucherschiffes befanden sich außer der dem Kapitän Roland Götz unterstellten Besatzung:[52] Keith Jessop, David Keogh als Vertreter der britischen Regierung, der Leningrader Leonid Melodinski (Vorsitzender der Unionsvereinigung *Sowsudopodjom* des Ministeriums für Hochseeschiffahrt der UdSSR), der Moskauer Igor Ilin, 29 Männer der britischen Taucherfirma *Wharton-Williams,*[53] zwei Mitarbeiter der *Racal-Decca Survey Limited* (ein Vermessungsexperte und ein Unterwassertechniker) und drei Presseleute des Vereinigten Königreiches (der Journalist Penrose, ein Bildreporter und ein Kameramann) — alles in allem 59 Personen.

Die Taucherglocke

Das Moonpool mit Cursor-System

Insgesamt fünf Tage dauerte die Reise zum Nördlichen Polarkreis. Während der Fahrt überprüften die Schatzsucher zum x-ten Male ihre Geräte. Alles mußte störungsfrei funktionieren, nichts durfte dem Zufall überlassen bleiben. Die ersten acht Taucher hielten sich bereits in den Druckkammern auf: Tucker und Summers aus Simbabwe, Reudavey und West aus Australien, Diamond aus Neuseeland, Cutler, Cooper und Wilde aus Großbritannien. Langsam wurde der Druck in den Kammern erhöht, bis er dem der geplanten Arbeitstiefe entsprach.

52 Besatzung (OSA, 21 Mann):
1 Projekt-Direktor, 1 Kapitän, 2 Maate für das Positionierungssystem, 1 Funker, 1 Leitender Ingenieur, 2 Zweite Ingenieure, 1 Maschinist, 1 Bootsmann, 4 Matrosen, 1 Tauchsystem-Ingenieur, 2 Tauchsystem-Mechaniker, 1 Elektriker, 2 Köche, 1 Steward

53 *Wharton Williams Limited* (29 Mann plus 1 Arzt):
1 Projekt-Direktor, 1 Einsatzleiter der Sättigungstaucher-Gruppe, 3 Vertreter des Einsatzleiters, 12 Sättigungstaucher, 4 Taucherassistenten, 4 Techniker für die Taucherversorgung, 1 Techniker für die elektrischen Anlagen, 1 Mechaniker für die Tauchtechnik, 1 Ingenieur für die Überwachung der Atemgaszufuhr, 1 Waffenspezialist, 1 Arzt (ab 26. September)

Igor Ilin (links) und
Leonid Melodinski
an Bord der *Stephaniturm*

Ein Techniker kontrollierte regelmäßig die Daten und beobachtete über den Monitor seine eingeschlossenen Kameraden. Einer von ihnen äußerte am dritten Tag über sein Befinden:
»Zunächst verspürte ich keine Veränderung. Ich fühlte mich weder krank noch kurzatmig. Aber dann wurde ich schnell müde und mußte viel ruhen. Dazu kam die innere Anspannung der bevorstehenden Tage. Jetzt ist bei mir aber alles normal. Ich habe mich gut eingelebt. Nur unsere piepsigen Stimmen klingen merkwürdig, als wenn wir uns in einem Märchenland befinden. Doch auch daran haben wir uns gewöhnt, lachen nicht mehr darüber.«

Auf die Taucher kam etwas Neues zu. In ihrer bisherigen Praxis wurde das Helium-Sauerstoff-Gemisch beim Ausatmen ins Wasser abgegeben. Mike Stewart konnte jedoch ein verbessertes Heliumsystem beschaffen. Es basierte auf der Erfindung von Don Rodocker, wonach ein großer Teil des verbrauchten Atemgases aufgefangen und regeneriert wird. Dadurch konnte man mit dem Vorrat des teuren Heliums länger auskommen.
Donnerstag, 3. September: Die *Stephaniturm* hatte ihr Ziel auf Position 72° 04′ N, 35° 01′ O erreicht.
Die notwendigen Vorbereitungen für den Abstieg am kommenden Tag geschahen rein routinemäßig: Orten des Wracks, Auslegen der Transponder, Programmieren der Computer und Verbringen der *Stephaniturm* direkt über den gesunkenen Kreuzer.
Freitag, 4. September: In der Glocke befanden sich drei Taucher. Der Abstieg begann. Nach 20 Minuten meldeten sie über Sprechfunk, daß sie sich 15 Meter über dem Wrack befänden. Die Glocke hing ruhig, in ihrem Innern herrschte jedoch Aufregung. Bei der Enge behinderten sich die Männer gegenseitig. Im Kontroll- und Leitzentrum des Basisschiffes betrachtete man voller Sorge die Bilder auf den Monitoren. Einsatzleiter David Keene bemerkte, daß die Versorgungsleitungen in der Glocke in Unordnung geraten waren.
Der Abstieg mußte abgebrochen werden. Das Risiko war zu groß. Die Glocke wurde wieder nach oben geholt. Nachdem sich ein Taucher ausgeschleust hatte, erfolgte der zweite Abstieg durch das Moonpool. Diesmal verlief alles reibungslos. Künftig würde man, wie allgemein üblich, nur zwei Männer gleichzeitig in die Tiefe schicken — für drei reichte der Platz nicht aus.
Einzige Aufgabe der ersten Schicht war das genaue Vermessen der Entfernung bis zum Torpedoleck. Außerdem sollten die Taucher mit der Unterwasser-Fernsehkamera von diesem Bereich des Wracks Aufnahmen machen. Die Maße waren wegen der Versorgungsleitungen wichtig — je kürzer die Strecke zum Arbeitsort, desto günstiger die Bedingungen für den Taucher. Wider Erwarten stellte sich heraus, daß keine Veränderung der programmierten Position vorgenommen werden mußte. Die im Kontrollraum mit Spannung erwarteten Video-Bilder zeigten keine bedrohlichen Ansichten von dem Kreuzer. Der über Sprechfunk vom Meeresgrund erwartete

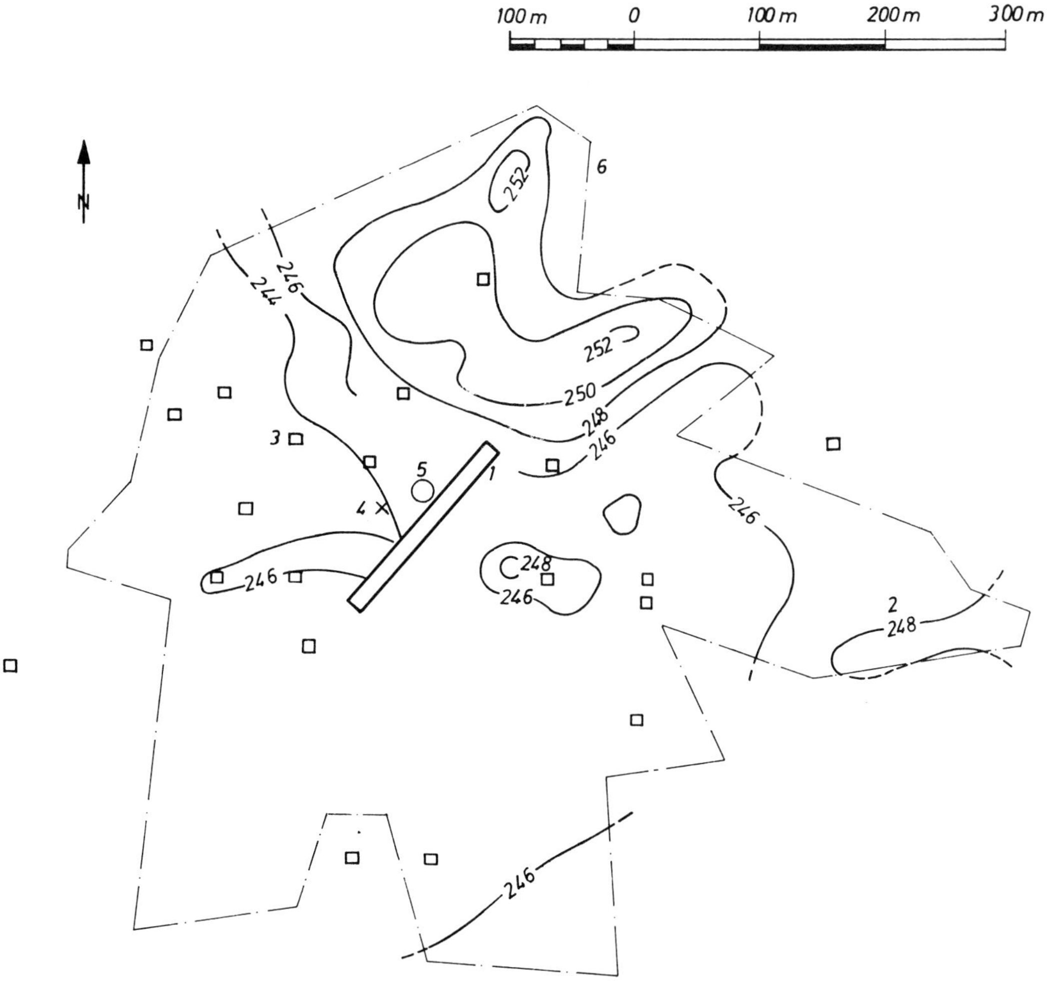

Lageplan von der gesunkenen *Edinburgh*, im Zusammenhang mit der Goldbergung angefertigt.
1 Wrack des Kreuzers,
2 Tiefenlinien,
3 Punkte der UW-Ortung,
4 Punkt der Wrackortung,
5 Transponder,
6 Begrenzung des untersuchten Seegebietes

Die *Stephaniturm* über der Arbeitsstelle

Ansicht vom Deck der *Stephaniturm*

Begleittext des Tauchers Geoff Reudavey blieb jedoch aus. War die Verbindung zu ihm abgerissen? Alle Anfragen aus dem Kontrollraum blieben unbeantwortet. Endlich meldete sich Geoff. Seine erklärenden Worte wirkten beruhigend — zu Ehren der im Wrack ruhenden gefallenen Seeleute hatte er spontan zwei Schweigeminuten eingelegt. Dann kam sein Bericht. Er klang nicht aufregend:

»Ich bin wirklich überrascht. Die *Edinburgh* liegt ganz friedlich da. Abgesehen von dem Loch, das der Torpedo in den Rumpf gerissen hat, sieht sie wie ein ganz normales Schiff aus. Ich bemerke nur geringe Korrosionserscheinungen. Es gibt hier kaum Algenbewuchs. Man denkt, der Kreuzer sei erst vor kurzem gesunken ...«

Schicht 2 sollte durch das Torpedoeinschußloch in die dahinter liegenden Räume vordringen und einen genauen Situationsbericht geben. Die Nachricht, für alle eine Hiobsbotschaft, ließ nicht lange auf sich warten: »Aufgabe kann nicht realisiert werden, da Passieren des Lecks unmöglich!« Leonid Melodinski notierte für seinen Bericht:

»Zunächst schien es so, daß es am einfachsten und ungefährlichsten wäre, durch das Steuerbordleck — sein Radius beträgt etwa fünf Meter — ins Innere des Kreuzers zu gelangen. Doch nun zeigt sich, daß dies unmöglich ist, denn am Eingang befinden sich zwischen Unmengen von Sand Berge verbogenen Metalls ...«

Ratlosigkeit herrschte bei Jessop und seinen Gefährten. Was nun? Um die Wrackteile im Leck beseitigen zu können, reichte die Zeit nicht aus. Das würde einige Wochen dauern und brächte äußerste Gefahren mit sich. Erneut beugte man sich über den Schiffsriß der *Edinburgh* und erwog eine Variante nach der anderen, verwarf sie jedoch immer wieder. Entweder wegen technischer Schwierigkeiten oder um sich nicht den Protesten der Kriegsveteranen wegen Schändung und Verhöhnung der Kriegsopfer auszusetzen. Letztendlich stimmte David Keogh einem Kompromiß zu: Unweit des Ein-

David Keogh (links) im Gespräch mit Keith Jessop auf der *Stephaniturm*

schusses sollte eine 2,5 x 3 Meter große Platte aus der gepanzerten Schiffswand gebrannt werden. Von hier aus könnten die Taucher durch einen Treibstofftank zu dem Schott gelangen, das zur Munitionskammer führt. In den folgenden Tagen brannten die Taucher den vorgesehenen Einstieg in die Panzerung und in die innere Rumpfwand — eine schwere Arbeit, die nur langsam voranging. Immerhin lagen in unmittelbarer Nachbarschaft scharfe Granaten und 125-Kilogramm-Phosphorbomben.

Allmählich nahm das Leben in den Druckkammern eine eigene Regelmäßigkeit an. Zwei Männer arbeiteten im Wrack, während sich die anderen erholten. Der Wechsel zwischen angespannter Arbeit und Untätigsein machte ihnen am meisten zu schaffen. Von dem Journalisten Penrose nach seinem Befinden befragt, antwortete einer der Taucher aus der Druckkammer:

»Bei einem Job wie diesem, bei dem wir dauernd unter Druck stehen, sind alle hundemüde. Zehn Stunden sind wir praktisch unten, um zu arbeiten. Am schlimmsten ist die Zeit, die jeder allein in der Glocke verbringt. Vier Stunden muß derjenige äußerst konzentriert darauf achten, daß mit den Versorgungskabeln alles in Ordnung ist. Wehe, wer dort vor sich hin duselt ...«

An Deck der *Stephaniturm* kontrollierten Techniker ständig die Temperatur des Heizwassers und die exakt für diese Tiefe berechnete Zusammensetzung der Atemluft. Sie waren sich ihrer großen Verantwortung bewußt. Eine falsche Dosierung hätte für die Taucher tödliche Folgen gehabt und automatisch das Ende der Expedition bedeutet. Das wollte niemand verschulden.
Und noch weitere Personen waren an Deck mit wissenschaftlicher Akribie tätig: Dr. Sidney Alford und John Clarke, die Dokumentaristen. Stunde um Stunde verfolg-

Innenansicht der Brücke auf der *Stephaniturm*

ten sie über die Monitore die Unterwasserarbeiten und hielten jede auch noch so unbedeutend erscheinende Kleinigkeit in ihren Aufzeichnungen fest.
Plötzlich herrschte Aufregung auf dem Schiff. Das erste wertlose Wrackstück wurde vorsichtig an Bord gehievt. Alles starrte gebannt auf den Metallfund, als ob er aus purem Gold wäre. Das Stahlteil bewies, es ging, wenn auch langsam, voran. Endlich hatten es die Taucher geschafft! Die mehrere Tonnen schwere Stahlplatte konnte mit dem Kran beiseite geschleppt werden. Die innere Schiffswand zu bezwingen, so glaubten die Taucher, würde — gemessen an den Anstrengungen der letzten Tage — ein Kinderspiel sein.
Der nun offene Zugang zum Kreuzer verlockte zum Einstieg. Einer mußte schließlich den Anfang machen. Daß sich im Tank kein Öl mehr befand, wußte man. Aber was sie jetzt entdeckten, übertraf alle Erwartungen. Ihnen bot sich ein Chaos dar! Bei der Torpedodetonation herabgefallene Decksteile füllten den Tank vollständig aus. Die Aufräumungsarbeiten nahmen über eine Woche in Anspruch, obwohl nicht alle Trümmer im Tank zu beseitigen waren, sondern nur ein fünf Meter langer Schacht angelegt werden mußte. Außer Wrackteilen schickten die Taucher einen rostigen Teekessel, ein Brett und etliche Granaten zur *Stephaniturm* hinauf.
Waffenspezialisten (unter Jessops Männern befanden sich ehemalige Militärangehörige mit einschlägigen Erfahrungen) entschärften sofort die Geschosse — man saß auf einem Pulverfaß!
Die Stunden im Tank zehrten an den Kräften, zerrten an den Nerven. Jede der 240 Minuten in fast völliger Dunkelheit — die Unterwasserscheinwerfer vermochten wegen aufgewirbelter Schlammablagerungen die Finsternis nur wenig zu durchdringen — wurde für die Männer zum Alptraum. Wollten die Strapazen nie enden? Mürrische Stimmung breitete sich aus. In den Druckkammern war jeder Scherz verpönt. Explosive Reaktionen auf harmlose Äußerungen waren keine Seltenheit. Die Taucher klagten über Kopfschmerzen, ihre Leistungskraft ließ mehr und mehr nach. Einige litten bereits an einer akuten Ohrenentzündung — der typischen Tieftaucherkrankheit. Hinzu kamen Magenbeschwerden oder Verbrennungen infolge des zeitweilig zu heißen Wassers, das durch den Anzug strömte. Noch nie zuvor war unter solchen Bedingungen in der Tiefe gearbeitet worden. Das Unternehmen setzte schon jetzt für Industrie und Forschung neue Maßstäbe.
Vier Taucher waren den Anforderungen nicht mehr gewachsen: Cutler, Diamond, West und Wilde gaben auf. Apathisch lagen sie in den Kojen der Druckkammern. Für sie begann die Dekompression, sie wurden wieder langsam an normale Druckverhältnisse gewöhnt. Dafür bereiteten sich von den bisher noch nicht eingesetzten vier Tauchern zwei für die Arbeit in der Tiefe vor: Dougald Mathison aus Großbritannien und John Rossier aus Simbabwe.
Am 14. September trafen zwei sowjetische Schiffe, die *Elton* und die *Murena*, im Bergungsgebiet ein. Sie sollten bis zum Abschluß der Arbeiten in der Nähe der *Stephaniturm* bleiben. Die UdSSR übernahm in Übereinstimmung mit der britischen Regierung die Sicherung des Bergungsunternehmens in der Barentssee. Immerhin ging es bei der Operation *Greyhound* um Werte von rund 170 Millionen Mark. Im Zeitalter moderner Piraterie — erinnert sei nur an die wiederholte Entführung bzw. Ausplünderung von Tankern und Frachtern — war das wehrlose Taucherschiff ein lohnendes Ziel solch dunkler Existenzen.

Der Taucher Dougald Mathison
hilft beim Einholen der Versorgungskabel

Die Dokumentaristen hatten alle Hände voll zu tun. Das Unternehmen stand auf des Messers Schneide. Mit verbissenen Gesichtern ging jeder seiner Beschäftigung nach. Sollten alle Mühen vergebens gewesen sein?
Die Aufregungen rissen nicht ab. Aus einem Förderkorb fischten die Decksleute einen ölverschmierten Packen Papier — Dokumente des ehemaligen Kreuzerkommandanten, die merkwürdigerweise die letzten 39 Jahre gut überstanden hatten. Andere Funde brachten Verwirrung und stellten die Weiterführung der Operation *Greyhound* erneut in Frage: Skelettreste. Sie wurden auf der *Stephaniturm* mit der britischen Staatsflagge bedeckt. Die Expeditionsteilnehmer gedachten der Opfer, ehe man die in Leinen gehüllten Knochen nach alter Seemannstradition dem Meer übergab.
Fast im gleichen Moment kam aus der Tiefe die Meldung: »Schott zur Munitionskammer erreicht!«
Diese Nachricht veranlaßte Keogh zu dem Entschluß, das Unternehmen nicht von Amts wegen beenden zu lassen.
Die Botschaft erwies sich jedoch als falsch. Der Taucher hatte nicht das Schott, sondern eine darauf gestürzte Stahlwand ertastet. Doch was machte das jetzt noch aus? Wieder begann die mühevolle Arbeit mit den Schneidbrennern. Der Erfolg ließ nicht lange auf sich warten: Der Weg zur Munitionskammer war frei.

Freude an Deck. Dann ungläubige Gesichter. Man glaubte seinen Ohren nicht zu trauen, als im Kontrollraum der Situationsbericht des Tauchers aus dem Lautsprecher schallte:

»Das ist eine ganz böse Überraschung. Außer zerstörten Ausrüstungsteilen, verbogenen Rohrstücken, kleinen Metallkästchen, Kompressoren, Sand, Algen und Masut kann ich nichts weiter ausmachen, als die in dem Gewirr überall dazwischen liegenden Granaten.«

Das bekannte Spiel begann von vorn — Schlamm absaugen und sperrige Trümmer beiseite schaffen. So manches Stück Eisen mußte erst mit dem Schneidbrenner bearbeitet werden, ehe man es hieven konnte. Ein mühseliges Unterfangen, doch mit jeder Minute wuchs die Hoffnung.
Barrie Penrose hielt aus der Tiefe kommende Bemerkungen für seine Reportage fest:

»Der Schneidbrenner ist eine Gefahr. Wie leicht kann es zu einer Katastrophe kommen. Bevor ich ihn einsetze, taste ich erst die Umgebung nach Granaten ab. Schließlich ist das eine Munitionskammer, in die das Zeug nun einmal hineingehört.«

Als man im Förderkorb ein kleines Brettchen entdeckte, stürzten die Umstehenden erwartungsvoll zum Korb. Das Relikt einer Goldkiste? Nein, die eingebrannten Buchstaben verrieten, daß es sich um den spärlichen Rest eines Munitionsbehälters handelte. Voller Ungeduld erwarteten die Männer an Deck die Nachrichten aus der Tiefe. Doch immer wieder mußte die Arbeit unterbrochen werden. An manchen Tagen konnte man wegen des schlechten Wetters überhaupt nicht tauchen.
Am Mittwoch, dem 16. September, erhielt der 27jährige Taucher John Rossier ein Funktelegramm: »Gratuliere — Sie sind Vater geworden!« Ans Feiern war nicht zu denken. Der Arbeitsrhythmus verlief völlig normal. Schicht 27 mit dem frischgebackenen Vater befand sich im Wrack. Rossier tastete sich auf dem jetzigen Boden der Munitionskammer vor. Seine Hände durchwühlten vorsichtig den schlammigen Untergrund. Plötzlich fühlte er einen harten, eckigen Gegenstand. Rossier richtete sich mühsam auf und hielt den Metallklotz dicht vor die Scheibe seines Taucherhelms. Der Strahl der Unterwasserlampe reichte gerade aus, um einen matten, gelblichen Schimmer erkennen zu lassen. John war erregt. Er begab sich zu dem für die Fernsehkamera am Einstiegsloch angebrachten Scheinwerfer. Seine Vermutung wurde zur Gewißheit.

20.48 Uhr: Auf der *Stephaniturm* herrschte relative Ruhe. Einsatzleiter David Keene hielt sich im Leitzentrum auf. Plötzlich drangen Freudenschreie aus dem Lautsprecher: »Ich habe das Gold gefunden! Ich habe das Gold gefunden !« Wie ein Lauffeuer breitete sich die sensationelle Nachricht auf dem Schiff aus. Jeder eilte zum Kontrollraum, wollte genau wissen, was sich in der *Edinburgh* abspielte.
Auf den Bildschirmen sahen sie einen Taucher, der mit einem rechteckigen Gegenstand in den Händen einen seltsamen Tanz vollführte.

»John dreht durch« sagte Keene »er kann sich da unten keine Freudensprünge leisten. Die Leitungen können sich leicht verheddern, und dann ist es aus mit ihm!«

Aber auch Keene verbarg vor den anderen nicht seine Freude über die langersehnte Nachricht. Lachend brachte er Rossier zur Vernunft:

»Alter Junge, du Glückskerl, hör' endlich auf mit dem Indianertanz und ordne Deine Kabel. Und dann nach oben mit dem Gold, wir wollen es auch anfassen!«

Alle erwarteten voller Spannung den nächsten Metallkorb. Wenn der Fund doch bloß erst an Deck wäre, damit

Der erste von den insgesamt 460 geborgenen Goldbarren

man sich überzeugen konnte, ob es wirklich ein Goldbarren war. Als dann endlich das Behältnis an Deck gehievt wurde, drängten sich die Männer um den Drahtkorb. Jubel erscholl, zusammengesetzt aus Hoch!- und Hurra!-Rufen. Ein ölverschmierter Goldbarren lag vor ihnen ...

Irgendjemand brachte Benzin und Bürste. So schnell war wohl noch nie ein Gegenstand gereinigt worden. Auf der Oberseite des Barrens wurden drei erhabene Ziffern- und Buchstabengruppen sichtbar. Links in der Mitte eine Art ovales Siegel mit dem Hammer- und Sichel-Emblem und einigen Wörtern. Igor Ilin bestätigte die Echtheit des Barrens und erklärte die einzelnen Bezeichnungen:

»Hier, die 0620 mit den beiden Buchstaben K R davor ist eine Seriennummer. Die vier Neunen in der linken unteren Ecke weisen auf den Reinheitsgrad des Goldes hin, also 999,9. Daneben ist mit der Zahl 11 542,7 das Barrengewicht in Gramm angegeben. Die Siegelinschrift lautet: UdSSR, NKZM (Volkskommissariat bzw. Nationales Komitee für Edelmetalle), Reines Gold,[54] Moskau.«

Der Jubel kannte nun keine Grenzen mehr. Der strahlende Keith Jessop hielt das Gold über seinem Kopf und lief auf dem Schiff eine Ehrenrunde. Alle applaudierten. Immer wieder Hurra!-Rufe. Die Szene erinnerte an die Abschlußzeremonie bedeutender Sportwettkämpfe — die Kapitäne siegreicher Mannschaften umrunden bekanntlich mit erhobenem Pokal das grüne Stadionoval.

Man reichte die Siegestrophäe reihum. Niemand wurde ausgelassen. Selbst die in den Druckkammern Eingeschlossenen konnten den Barren in Augenschein nehmen. Ununterbrochen klickten die Fotoapparate. Jeder ließ sich mit dem ersten Goldbarren für immer auf den Film bannen — der bewegende Augenblick mußte schließlich festgehalten werden. Nach diesem Fund ging es Schlag auf Schlag. Dr. Alford kam in dieser Schicht 27 mit der Buchführung kaum nach:

»2.28 Uhr. Taucher hat einen Goldbarren.«
»2.29 Uhr. Taucher hat einen Goldbarren.«
»2.32 Uhr. Taucher hat zwei Goldbarren.«
»2.40 Uhr. Taucher hat einen Goldbarren.«

Aus der Taucherglocke wandte sich John Rossier speziell an den Reporter Penrose:

»... der erste Barren, der war für mich der wertvollste. Es ist schon ein irrsinniges Gefühl, wenn man nach mühseliger Drecksarbeit endlich das ersehnte Gold findet. Ich werde das wohl nie vergessen. Bei den anderen Barren war es schon nichts Besonderes mehr ...«

Als am Nachmittag das britische Verteidigungsministerium verlautbaren ließ, daß bereits »sieben Goldbarren aus der *Edinburgh* sichergestellt werden konnten«, war die Meldung längst überholt. Allein Taucher Dougald Mathison, mit 22 Jahren der Benjamin in Jessops Team, fand während der achtundzwanzigsten Schicht Gold im Wert von 17,2 Millionen Mark.

40 Barren enthielt der nächste Korb. Beim Hieven blieb er an den Wrackteilen hängen. Man bekam ihn jedoch wieder frei. Ein Teil des Schatzes wäre beinahe wieder verlorengegangen. So ging es also nicht! Künftig verpackten die Taucher das Gold in Plastsäcke — jeweils zwanzig Barren ein Hiev. Diese Beförderungsart

54 Bei einem Feingoldgehalt 999,9/1 000 beeinflussen keinerlei Legierungsmetalle Masse und Wert des Goldes.

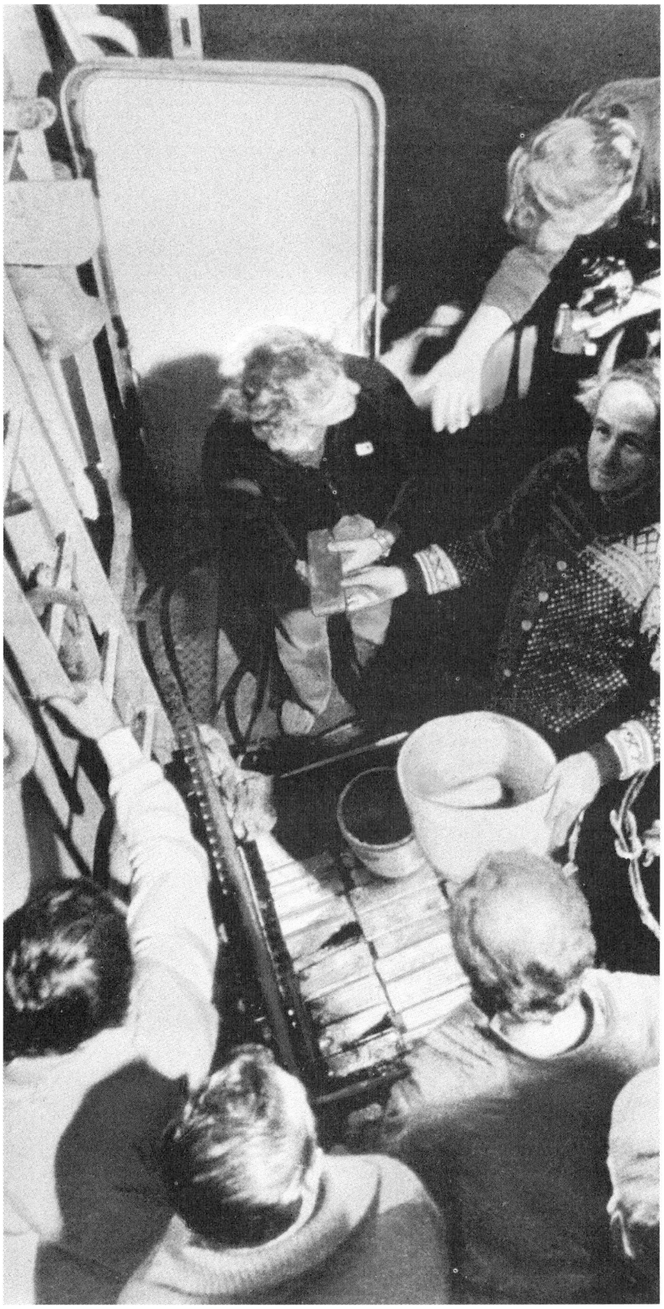

Ein ungewohntes Bild auf der *Stephaniturm*:
Reinigen der Goldbarren

bewährte sich, es traten keinerlei Komplikationen mehr auf. Der Goldstrom aus der Tiefe riß nicht ab. An Bord der *Stephaniturm* war jeder abkömmliche Mann damit beschäftigt, die Barren vom Schmutz zu befreien. Die Regierungsvertreter registrierten indessen exakt jedes einzelne Stück und verglichen die Kennzeichnung mit derjenigen in den alten Frachtpapieren.

Am Samstag, dem 19. September, notierte Dr. Alford: »Der hundertundneunte Barren gehoben.« Das ergab einen Wert von 46,8 Millionen Mark. Die Taucher arbeiteten oft bis an die Grenze ihrer physischen und psychischen Belastbarkeit. Der Gesundheitszustand der vier zu dekomprimierenden Taucher verschlechterte sich zusehends. Ein anderer Taucher hatte sich eine ernsthafte Verletzung an der Schulter zugezogen. Eine ärztliche Versorgung aller Erkrankten war unumgänglich geworden. Dr. Mike Childs aus Aberdeen erreichte auf dem Luftwege Nordnorwegen, von dort traf er am 26. September mit der *Lars Christiensen* am Bergungsort ein. Für einige Taucher bedeutete dies im wahrsten Sinne die Rettung in letzter Minute. Es hätte nicht viel gefehlt, und körperliche Dauerschäden wären die Folge gewesen ...

Donnerstag, 1. Oktober: Im *goldenen Zimmer*, wie die Bootsmannskammer liebevoll getauft worden war, lagen bereits 386 Goldbarren. Da verschlechterte sich schlagartig das Wetter. Die Arbeiten mußten unterbrochen werden. Einen Tag lang driftete die *Stephaniturm* in der Nähe, dann flaute der Sturm endlich ab — die Bergung ging weiter. Jetzt rackerten die Taucher gegen die Uhr, um soviel Gold wie möglich sicherzustellen, bevor das nächste Sturmtief die Expedition beenden könnte.

Montag, 5. Oktober: Der 431. Goldbarren wurde in der provisorischen Schatzkammer verstaut. In der Geschichte der Schatzbergung aus den Meeren hatte man nie zuvor eine solch wertvolle Ladung in so kurzer Zeit gehoben. Wellengang und Kälte nahmen zu. Der Sturm zwang erneut zu einer Pause. David Keene forderte nachdrücklich den Abbruch des Unternehmens:

Die Bootsmannskammer der *Stephaniturm* als Goldtresor zweckentfremdet

1st Copy Owner
2nd Copy Charterer

No. 50

SATURDAY

DATE 19.09.81 **DECK LOG M/V „MS. „STEPHANITURM" "**

Port/Roads of ON LOCATION

Voyage from ______ to ______

SHIP'S TIME	BARO-METER	TEMP AIR	TEMP WATER	WEATHER VIS	WIND DIRECTION	WIND BFT	SEA SWELL	TRUE COURSE	CORRECTION CURRENT	CORRECTION WIND	DECL GYROA	DEV SPEED ERROR	GYROA COURSE	MAGN. COURSE	STEE-RING	NAUT MILES	NAUTICAL REMARKS AND OTHER ENTRIES IN ACCORDANCE WITH LOG BOOK REGULATIONS	SIGN
01.00																	0058 diver in the bell	
02.00																	0128 diver left bell	
03.00	1020	5°		0/7	S'ly	3											0205 diver in the bell	
04.00																	0215 diver left bell	
05.00																		
06.00	1020	6°		0/7	SE'ly	3		on	D.P.			Source		RS-7			0605 diver into the bell	[signature]
07.00																	0620 40 bars of gold on deck.	
08.00																	0625 lifting bell, 0645 bell on surface	
09.00	1020	7°		6/7	S'ly	3/4			4				4		4		0712 DP Alarm - check o.k.	
10.00																	0720 lowering bell, 0743 bell on pos.	
11.00																	0800 diver out the bell, working	
12.00	1019	9°		6/7	S	4			4				4		4		on his job.	
12.00	Pos.:							DAILY SPEED ___ KN			AVERAGE SPEED ___ KN							
13.00																	1146 diver in the bell	
14.00																	1150 commenced lifting bell	
15.00	1018	8°		6/7	S'ly	4	3										1215 bell on surface	
16.00																	1335 bell into water	
17.00																	1355 bell in position	
18.00	1018	7°		bc/7	S'ly	4	3	on	D.P.		Source			RS-7			1420 ~~bell~~ diver into water	
19.00																	1517 diver in the bell	
20.00																	1521 diver into water	
21.00	1018	7°		c/7	S	4	3		4			4		4			1638 tested D.P. alarm	
22.00								on	DP		Source			TW 2 +			1820 diver back into bell,	
23.00														RS-7			1840 bell on surface	
24.00	1017	7°		c/7	S	4/5	4										1855 lifting MPA	

LOADED

TIME FROM	TIME TO	AMOUNT OF CARGO	DESCRIPTION OF CARGO	LOADED FROM / DISCH. TO	TANK No.
		1905	MPA on surface		
		2155	changed Heading to 187°		
		2235	On Heading 187°		
		2440	lowering MPA		
		2250	lowering bell		
		2310	bell on-pos.		
		2334	diver left the bell		

TO DATE NM:
BROUGHT FORWARD NM:
TOTAL NM:

CHRONOMETER RATE AT ______ HRS. GMT ______ m ______ s

EMERG. BATTR. ______

DISCHARGED

1820 Diver D. Mathison has dislocated left shoulder

FW 180 to Tk. No. all tanks
DW 6 to " used
FUEL "
FUEL "
BULK "
" "
" "
" "
" "
" "

PASSENGERS 39

[signature] CHIEF MATE

[signature] MASTER

In fröhlicher Runde: ein Teil des Bergungsteams

»Meine Männer sind total erschöpft. Es wird Zeit, daß sie aus den Druckkammern herauskommen und sich erholen.«

Keene setzte sich durch. Obwohl sich noch 34 Goldbarren in der *Edinburgh* befanden, gab Keith Jessop widerstrebend nach. *Operation Greyhound* — zumindest die Taucherarbeiten in der Barentssee — galt als beendet. Bevor das VTG-Schiff Kurs auf den Kola-Fjord nahm, ließ die Besatzung einen Kranz auf das Wasser herab — eine letzte Ehrung für die gefallenen Matrosen der *Edinburgh*.

Während in der Barentssee noch die letzten Goldbarren geborgen wurden, stellte man sich in Murmansk bereits auf die Ankunft der Schatztaucher ein. Aus Moskau kamen: Anatoli Slobin, Stellvertreter des Generaldirektors von *Ingosstrach* und Wjatscheslaw Scherbakow, Leiter der Abteilung Edelmetalle bei eben dieser Versicherungsgesellschaft. Sie bereiteten mit Vertretern der Staatsbank und der örtlichen Einrichtungen sowohl die Goldübernahme als auch den Aufenthalt der britischen Gäste in der Hafenstadt vor.

Am 8. Oktober erreichte die *Stephaniturm* Murmansk. Boris Gnetev von der Schiffsmaklergesellschaft *Inflot* vermerkte ihr Festmachen mit »11.30 Uhr, Kai 11« in der Kladde und begab sich an Bord, um dem Kapitän die notwendigen Informationen zu geben. Roland Götz revanchierte sich mit einem kleinen Imbiß und bat um Verständnis dafür, daß er keinen Begrüßungskognak anbieten könne.

Eine Seite aus dem Decks-Logbuch der *Stephaniturm*

»Alkohol«, so der Kapitän, »haben wir keinen einzigen Tropfen mitgenommen. Wegen der erwarteten Millionenfracht wollten wir von vornherein jedes Risiko ausschließen — bekanntlich werden bei fröhlichem Umtrunk die verwegensten Ideen geboren. Wer weiß, auf welch dumme Gedanken meine Crew gekommen wäre?«

Am Nachmittag dieses 8. Oktober besichtigten die Expeditionsteilnehmer — mit Ausnahme der in den Druckkammern zu dekomprimierenden Männer — die Stadt, sammelten Eindrücke von dem nunmehr fast eine halbe Million Einwohner zählenden Murmansk. Sie lernten das nach neuesten Erkenntnissen angelegte moderne Südviertel, das unmittelbar nach Kriegsende wieder aufgebaute Zentrum mit seinen kulturellen Einrichtungen und die wenigen Häuserzeilen aus älterer Zeit am Stadtrand kennen. Die britischen Gäste erfuhren, was nach dem Auslaufen der *Edinburgh* mit der Stadt und ihrer Bevölkerung ab Mai 1942 geschehen war.

Auf Murmansk regneten über 180 000 Spreng- und Brandbomben herab. Statistisch betrachtet, kamen demnach auf jeden der damaligen Einwohner 30 Kilogramm Sprengstoff und fünf Brandbomben. Von der Intensität der Bombardements und dem Grad der dadurch eingetretenen Zerstörungen her gesehen, ist von allen sowje-

Der Kulturpalast von Murmansk. An dieser Stelle wurde 1916 der Grundstein für die Stadt gelegt.

tischen Städten nur das heutige Wolgograd stärker betroffen gewesen. Trotzdem erfolgte keine ernsthafte Unterbrechung des Hafenbetriebes — Schäden an Kais und Gleisanlagen wurden stets sofort behoben, ausgefallene Technik durch neue ersetzt.
Etwa 250 alliierte Frachter fertigten die Hafenarbeiter in jenen Jahren ab, so daß rund 50 000 Waggons, mit Kriegsmaterial, Lebensmitteln, Kleidung oder Rohstoffen beladen, an die Front bzw. ins Hinterland geschickt werden konnten. Außerdem sind auf der Werft 645 durch Kriegseinwirkung beschädigte Schiffe repariert worden. Fischer landeten aus der Barentssee — unter den Augen des Feindes — rund 900 Tonnen Fisch an. Die nahe Front und die Nordflotte erhielten von den Werktätigen der Stadt unter anderem 100 000 Minen, 190 000 Granaten und 1 260 Minenwerfer — von den dringend benötigten Ausrüstungsgegenständen wie Skiern, Feldöfen, Booten oder Pelzbekleidung ganz zu schweigen.

Der südliche Ortseingang von Murmansk

Die »Gedenkstätte für die heldenhaften Verteidiger des Sowjetischen Polargebietes im Großen Vaterländischen Krieg 1941 - 1945«. Am ewigen Feuer legten Jessops Männer Blumen nieder.

Und die Bevölkerung? Neben ihrer aufopferungsvollen Tätigkeit im Hafen und an den Eisenbahnstrecken verstärkten zeitweilig bis zu 16500 Männer und Frauen — fast jeder zweite Einwohner — als Kämpfer oder Sanitäter die Verteidigungslinie der Stadt. Es spricht für sich, daß man 23790 Bürger des Murmansker Gebietes mit der Medaille »Für die Verteidigung des Sowjetischen Polargebietes« auszeichnete ...
Murmansk gehörte zu den 15 Städten, die laut Beschluß des Obersten Sowjets der UdSSR vordringlich, mit Unterstützung des ganzen Landes, wieder aufgebaut werden sollten. Bereits im ersten Nachkriegs-Fünfjahresplan wurde ein Industriepotential geschaffen, das dem von 1941 glich. Und der Wohnungsbau erreichte bis 1955 ein solches Ausmaß, daß damals schon eineinhalbmal mehr Wohnraum zur Verfügung stand als vor Ausbruch des Krieges. Insgesamt vollzog sich auf allen Gebieten eine derart rasante Entwicklung, daß Murmansk heute die größte und modernste Stadt jenseits des Nördlichen Polarkreises ist.

Unmittelbar am Fjordhang, auf der Bergkuppe Seljony Mys (Grünes Kap) an der nördlichen Stadtgrenze, befindet sich die am 19. Oktober 1974 eingeweihte »Gedenkstätte für die heldenhaften Verteidiger des Sowjetischen Polargebietes im Großen Vaterländischen Krieg 1941 bis 1945« — von den Murmanskern liebevoll Aljoscha-Denkmal genannt. Hier, am ewigen Feuer, legten Jessops Männer die ersten Blumen nieder.
Dann fuhren sie zum Heldenfriedhof an der Fernverkehrsstraße nach Leningrad. Ein kleiner Teil des Friedhofes ist abgegrenzt, hier ruhen vor allem britische Seeleute, die während der Geleitzugkämpfe in der Barentssee schwer verwundet worden waren und später im Murmansker Lazarett ihren Verletzungen erlagen. Die Exkursion endete beim Internationalen Seemannsklub. In der Nähe steht das Denkmal für die im Kampf

Das Grab von Petty Officer J.F. Case, Maat des britischen M-Bootes *Gossamer*, der am 25. Juni 1942 im Alter von 25 Jahren starb. Der *Westalliierte Friedhof* befindet sich am nördlichen Stadtrand von Murmansk. Hier ruhen vor allem in Murmansk bei Bombenangriffen gefallene bzw. ihren Verletzungen erlegene britische Seeleute.

Das Denkmal für die im Kampf gegen den Faschismus gefallenen Verbündeten in Murmansk. Die englische Inschrift lautet: »In commemoration of the common fight of the countries of the anti-hitler-coalition against fascism in the second world war«.

gegen den Faschismus gefallenen Verbündeten. Die erfolgreichen Schatztaucher ehrten auch sie mit Blumen, ehe sie sich ins nur 200 Meter entfernte Hotel *Severnaja* begaben.
Eigentlich hatte Keith Jessop beabsichtigt, den glücklichen Abschluß des Unternehmens dort zu feiern, wo vor 39 Jahren alles begonnen hatte — im Hotel *Arktika.* Doch das alte Hotel stand nicht mehr, und das neue war noch nicht bezugsfertig. So fanden sich Jessop und seine Männer in der Bar des *Severnaja* ein, um endlich die Pfropfen der Sektflaschen knallen zu lassen, um Abschied von den sowjetischen Partnern zu nehmen. Während es im *Severnaja* hoch herging, machte sich Kapitän Roland Götz Sorgen wegen der bevorstehenden Heimreise nach Peterhead. Immerhin trug er die Verantwortung für den sicheren Transport der wertvollen, über 100 Millionen Mark *schweren* Goldfracht. Vorsichtshalber hatte er von den britischen Behörden Geleitschutz angefordert, damit die *Stephaniturm* nach Verlassen sowjetischer und vor Erreichen britischer Hoheitsgewässer vor möglichen Piratenüberfällen bewahrt bliebe. Nun wartete er auf Antwort. Sie traf erst am Vormittag des 9. Oktober ein. In einem Fernschreiben wurde ihm mitgeteilt, daß er mit einer Eskorte nicht rechnen könne... Zur gleichen Zeit riegelten Milizionäre das Kaigebiet hermetisch ab. Die bis zur Absperrung vorgedrungenen Schaulustigen sahen nicht allzuviel: Ein einsamer Spezialwaggon der sowjetischen Staatsbank und ein Portalkran standen bei dem VTG-Schiff, daneben einige Armee- und Milizoffiziere, Hafenarbeiter, Vertreter der Bank und von *Ingosstrach*. Ein Milizionär öffnete einen Spalt breit die eiserne Doppeltür des Waggons. Den Unbeteiligten blieb trotzdem der Blick ins Innere verwehrt, zumal auch die grünen Vorhänge der mit starken Eisengittern versehenen Waggonfenster nicht zurückgezogen wurden. Alles war für die Goldübernahme bereit. Doch vorläufig geschah nichts.
Auch an Bord sehnte jeder voller Ungeduld den feierlichen Augenblick herbei, fand man sich vor der Bootsmannskammer ein. Endlich — nachdem im Kinosaal das Übergabeprotokoll unterzeichnet worden war — begann die Zeremonie. 159 Goldbarren wurden in zwei große Stahlkassetten gepackt. Die Verschlüsse der Kameras klickten ununterbrochen. Jeder Anwesende erhielt ein Polaroid-Foto zum Andenken. Kalina Nikolajewitsch Konwalow, Leiter der Murmansker Außenstelle von *Ingosstrach*, sagte später:

»Das war ein erhebendes Gefühl, als mich der Brite in dem Moment fotografierte, als ich einen Goldbarren in den Händen hielt. Goldbarren, die unsere Väter in der für unser Land bedrohlichen Situation den Engländern anvertraut hatten, erhielten wir jetzt von ihnen zurück.«

Dann trat der Portalkran in Aktion. Die beiden Stahlbehälter wechselten vom Deck des VTG-Schiffes zum Spezialwaggon über. Edelmetall im Wert von 62 Millionen Mark machte den sowjetischen Anteil aus. Dem britischen Handelsministerium stand Gold im Wert von 31 Millionen, dem Bergungsteam in Höhe von 76,5 Millionen Mark zu.
Keith Jessop mußte davon freilich die aufgenommenen Anleihen erstatten, seinen Partnern ihren Anteil auszahlen und alle angefallenen Kosten bestreiten. Dennoch blieb ihm eine beachtliche Summe — er konnte für sich in Anspruch nehmen, nun zu den Millionären zu gehören. Mancher Taucher hatte in diesen vier Wochen zwar 150 000 Mark verdient, doch auch mit seinem Leben gespielt.
Um 19.50 Uhr des gleichen Tages hieß es für die *Stephaniturm* »Leinen los!«. Wie vor vier Jahrzehnten die *Edin-*

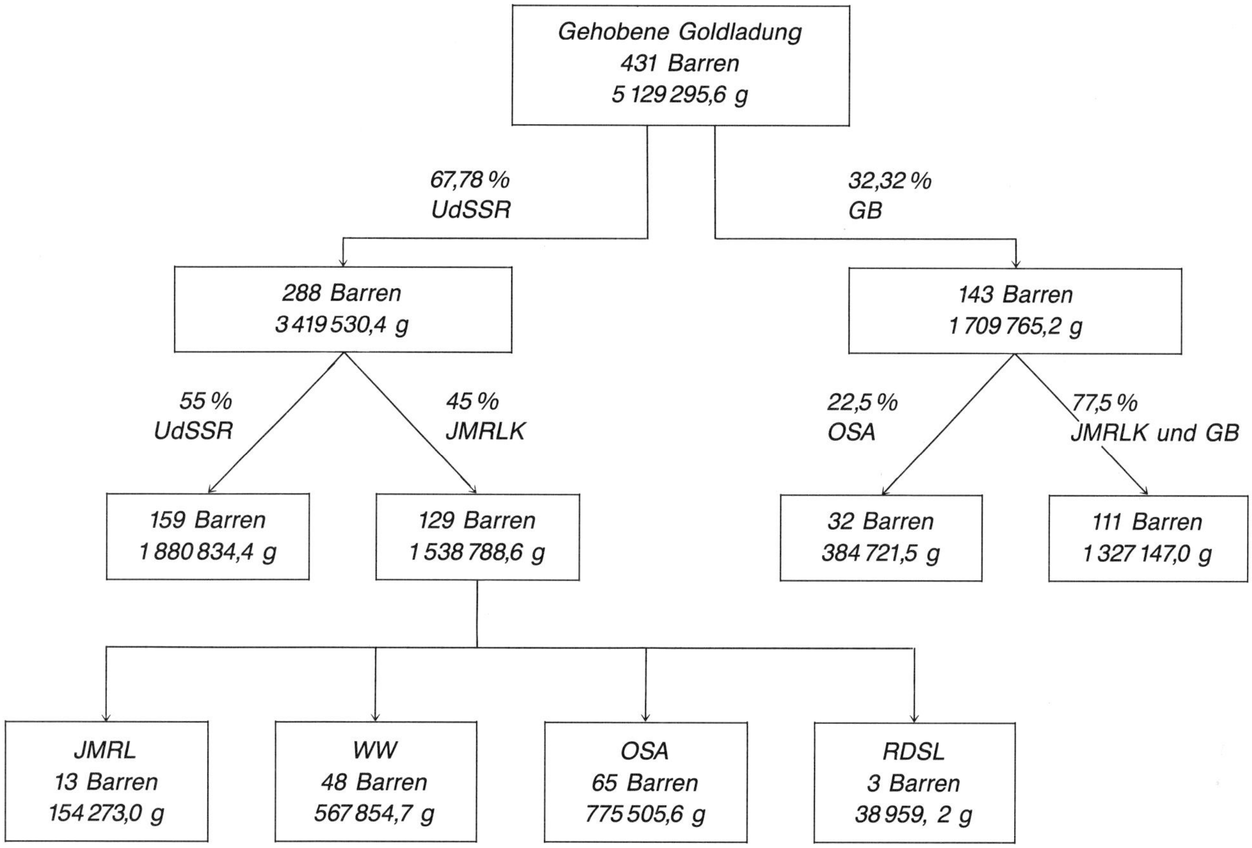

Aufteilung des 1981 aus dem Wrack der *Edinburgh* geborgenen Goldes aufgrund der gültigen Verträge (Die minimalen Differenzen zwischen der Masse in Gramm und den Prozentanteilen wurden finanziell ausgeglichen. Die Abkürzungen bedeuten JMRLK — Jessop Marine Recoveries Limited Konsortium, JMRL — Jessop Marine Recoveries Limited, OSA — Offshore Supply Association, WW — Wharton-Williams, RDSL — Racal Decca Survey Limited).

Geborgene Goldladung	≙ 100 %
davon erhielten:	
UdSSR und GB	55 %
JMRLK	45 %

Goldanteil JMRLK	≙ 45 %
davon erhielten:	
OSA	22,68 %
WW	16,60 %
RDSL	1,12 %
JMRL	4,50 %
Goldanteil UdSSR und GB	≙ 55 %
davon erhielten:	
UdSSR	37,22 %
GB	17,78 %

Anmerkung: Die Differenz von 0,10 % beim Anteil JMRLK rührt von den nicht angeführten 3. bzw. 4. Stellen hinter dem Komma her.

burgh, *schlich* das Schiff mit dem Gold aus dem Kola-Fjord, strebte der eisigen Barentssee zu. Würde es Großbritannien ungeschoren erreichen?

Die Fahrt verlief jedoch ohne Zwischenfälle. Am Freitag, dem 16. Oktober, traf das VTG- Schiff in Peterhead, dem Fischerei- und Ölhafen der schottischen Stadt Aberdeen, ein. Die vom Erfolg gekrönte *Operation Greyhound* hatte damit für alle Teilnehmer ihren Abschluß gefunden. Die zuletzt eingesetzten Taucher konnten endlich die Druckkammern verlassen, den restlichen Goldschatz in seiner ganzen Fülle in Augenschein nehmen. Unmittelbar nach dem Festmachen wurden die 272 Barren in gepanzerte Transporter umgeladen, die sofort unter strengster Bewachung ins 800 Kilometer entfernte London rollten und die Fracht zu den sprichwörtlich sicheren Gewölben der *Bank von England* brachten. Kaum hatten die Fahrzeuge das Hafengelände verlassen, servierte man allen Anwesenden *Knallköhm* — abermals floß der Champagner in Strömen. Jetzt erst konnte John Rossier seinen einen Monat alten Sohn in die Arme schließen und Keith Jessop seinen kurz zuvor telegrafisch bestellten, silbergrauen Porsche in Besitz nehmen.

PINK COPY RUSSIAN OSA (BREMEN)
BLUE BRITISH
GREEN CONTRACTOR
YELLOW S A RECORD

H.M.S. EDINBURGH
CARGO SALVAGE AGREEMENT

CONSECUTIVE No. 047

DATE OF 'PRESENTATION' 15th OCTOBER,

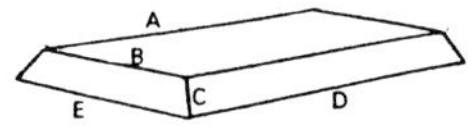

TYPE (1)

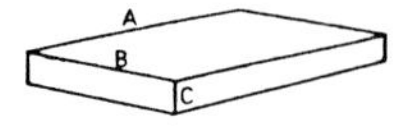

TYPE (2)

STATEMENT OF RECOVERIES 'PRESENTED' BY THE CONTRACTOR TO ~~THE PRINCIPAL'S~~ OSA (BREMEN) REPRESENTATIVES ON BOARD 'STEPHANITURM'

ORIGINAL ~~BOX No~~ RECEIPT	INGOT No.	WEIGHT (KILOS)	TYPE (1) MEASUREMENT Cms					TYPE (2) MEASUREMENT Cms			MARK	REPRESENTATIVES' & CONTRACTOR'S SIGNATURES	REMARKS
			A	B	C	D	E	A	B	C			
	AB 2117	11,976.2									HKTП	RECEIVED ON BEHALF OF O.S.A. (BREMEN) FROM JESSOP MARINE RECOVERIES LTD. WITNESSED BY: D.O.T.	ALL INGOTS 999.9
	1522	11,899.7											
AGE 7	0551	12,610.4											
	0425	11,963.8											
	0951	12,500.7									"		
	1595	11,961.7											
	2125	11,943 7											
AGE 8	1596	12,050.6											
	2116	11,513.7											
	ЩУ 1376	11,496.7									HKЧM		
	1378	11,829.6									"		
	AB 0552	12,199.1									HKTП		
	1135	11,932.5											
AGE 9	1157	12,249.5									"		
	1158	12,006.5											
	KP 0788	11,968.8									HKЧM		
	0790	12,023.7											
	ЩA 0293	12,195.5									"		
	0296	11,894.4											

Die geborgenen, exakt registrierten Goldbarren wurden entsprechend den Vertragsbedingungen unter den Beteiligten bzw. den Anspruchsberechtigten aufgeteilt; hier ein Blatt des Übergabeprotokolls für den Partner OSA.

Schließlich stellte sich das Bergungsteam am Nachmittag des 16. Oktober 1981 zum letzten Mal auf einer Pressekonferenz den Fragen der wartenden Journalisten. Dazu der Geschäftsführer von *Wharton-Williams*, Ric Wharton:

»Wir sind alle mächtig glücklich, denn die Erfolgschancen waren geringer als fifty-fifty.« Und Mike Stewart ergänzte: »Wir haben etwas erreicht, das all unsere Erwartungen übertroffen hat. Das Unternehmen kann als Coup des Jahrzehnts, vielleicht sogar des Jahrhunderts gewertet werden.«

Als Keith Jessop den Tauchern zum Andenken an dieses denkwürdige Ereignis Kettchen mit aufgereihten kleinen Goldbarren überreichte, verkündete er: »Im nächsten Jahr machen wir unseren Erfolg perfekt, dann sind wir wieder in der Barentssee und holen die anderen 34 Barren ans Tageslicht — im Wert von etwa 14,7 Millionen Mark!«

Jeder war überzeugt, Jessop würde Wort halten, *Operation Greyhound* 1982 eine Neuauflage erleben …
Nun, Journalisten vermögen mitunter äußerst hartnäckig zu sein. Ende März 1982 fragten sie den gerade in Frankfurt/Main weilenden Jessop, wie es mit der Verwirklichung seiner Bergungspläne aussehe. Die Antwort verblüffte die Fachleute und ließ die Laien ehrfurchtsvoll erstaunen:

»Ich warte so lange mit der Hebung der 34 Barren, bis sich der Goldpreis wieder etwas stabilisiert hat!«

Die geäußerte Ansicht konnte nicht seine wahre Meinung sein, denn immerhin war der Bergungsvertrag nur auf zwei Jahre befristet. Außerdem war die See in dem vergangenen halben Jahr nicht untätig geblieben und sorgte mit jedem weiteren Tag für neue Verstopfungen des geebneten Weges zur Munitionskammer — die Aufräumungsarbeiten in der *Edinburgh* würden also immer kostspieliger werden, je länger man wartete. Außerdem hätte Jessop ja bei einem neuerlichen Erfolg seinen Goldanteil solange deponieren können, bis er sich preisgünstig veräußern ließe. Worin bestand also der wahre Grund für sein Zögern? Vielleicht hatte er mit einem unliebsamen Nachspiel zu tun. Jessop, der monatelang im Licht der Öffentlichkeit gestanden hatte, saß im Frühjahr 1983 auf der Anklagebank. Nach einjähriger Ermittlungstätigkeit warf ihm die Staatsanwaltschaft Verabredung zum Betrug der Steuerzahler und der konkurrierenden Bergungsgesellschaften vor. Der Mitangeklagte, John Jackson, vom Verband britischer Bergungsunternehmer sollte ihm die Angebote der Konkurrenten besorgt haben, so daß Jessop mit seiner Forderung von nur 45 Prozent Schatzanteil alle Mitbewerber unterbieten konnte und dadurch den Zuschlag bekam ...

Weitere Details über die Tauchanlage der *Stephaniturm*

Alle Deck-Druckkammern sind für Innendrücke entsprechend einer Meerestiefe von 400 Metern ausgelegt. Die Atemgasatmosphäre wird mit Hilfe von Life-Support-Systemen geregelt. Automatisch und mit hoher Regelgenauigkeit wird das Atemgas in der Kammer hinsichtlich Temperatur, Luftfeuchtigkeit, Kohlendioxid und Staubpartikel konditioniert. Diese Life-Support-Systeme — es sind insgesamt drei Geräte außerhalb der Kammer installiert — ermöglichen eine Kammergasreinigung in einem geschlossenen Kreislauf, d.h. ohne jeglichen Heliumverlust. Durch die externe Anordnung kann jedes Life-Support-System im Bedarfsfall auf jede Kammer geschaltet werden.

Das Hyperbaric-Lifeboat — ebenfalls ein Teil des Deck-Druckkammersystems — kann im Notfall (z.B. bei Havarie oder Feuer) innerhalb weniger Minuten von Tauchanlage und Schiff getrennt und über Bord ins Wasser gebracht werden. Diese Kammer ist so gestaltet, daß in ihr die gesamte Tauchermannschaft mindestens 24 Stunden überleben kann.

Zur Tauchanlage gehören Nebeneinrichtungen, wie Kompressoren, Gaslager, Gasmischschaltpult und Gasrückgewinnungsanlagen. Dadurch wird ein mehrwöchiger autonomer Betrieb gewährleistet. Kontrolle, Steuerung und Überwachung des gesamten Systems erfolgen von einem zentralen Schaltraum aus. Fernseh- und Wechselsprechanlagen ermöglichen einen ständigen Kontakt mit allen Tauchern — sowohl innerhalb der Deck-Druckkammern als auch am Arbeitsplatz auf dem Meeresgrund.

Die Positionierungseinrichtung besteht aus drei einziehbaren, dieselbetriebenen Jastram-Ruder-Verstellpropellern mit einer Leistung von je 441 kW und einem 120-kW-Querstrahlruder.

Dräger-Tauchsystem

1. Taucherglocke
   Durchmesser 2,70 m
   Höhe 2,80 m
   Platz für maximal 3 Taucher
   Arbeitstiefe maximal 400 m
2. Deck-Transferkammer (DTC II, durch druckfestes Schott zusätzlich unterteilbar)

a) Hauptkammer
   Durchmesser 2,20 m
   Länge 4,50 m

b) Vorkammer für WC und Dusche

3. Deck-Dekompressionskammer (DDC III)
   Durchmesser 2,20 m
   Länge 7,00 m

ausgestattet für den ständigen Aufenthalt von 6 Tauchern

4. Deck-Dekompressions- bzw. Rettungskompressionskammer (DRC IV)
   Durchmesser 2,20 m
   Länge 5,40 m

ausgestattet für den ständigen Aufenthalt von 4 Tauchern, dient im Notfall allen Tauchern als Hyperbaric-Lifeboat.

Die wichtigsten Daten der Goldbergung aus dem britischen Kreuzer »Edinburgh« (nach dem OSA-Report vom 28. Oktober 1981 zusammengestellt):

Datum	Uhrzeit	Ereignis
30. April	-	Das VTG-Schiff *Dammtor* verließ Peterhead und nahm Kurs auf Kirkenes.
05. Mai	-	Unterzeichnung des Bergungsvertrages (Vertreter der Regierung des Vereinigten Königreiches und von *Ingosstrach*; Keith Jessop)
06. Mai	10.30	Das VTG-Schiff *Dammtor* erreichte Kirkenes.
13. Mai	20.30	Mit dem 50-kHz-Sonar wurde die Suche nach dem *Edinburgh*-Wrack aufgenommen.
14. Mai	14.30	Der erste Sonarkontakt — vermutlich mit der *Edinburgh* — konnte registriert werden, Position 72° 04′ N, 35° 01′ O.
16. Mai	07.50	Die UW-Fernsehaufnahmen bestätigten, daß die *Edinburgh* geortet worden war.
21. Mai	-	Das VTG-Schiff *Dammtor* traf in Peterhead ein.
24. August	05.45	Das VTG-Schiff *Stephaniturm* machte in Peterhead fest.
29. August	02.45	Die *Stephaniturm* verließ Peterhead, nahm Kurs auf die Barentssee.
02. September	10.54	Die ersten Taucher bereiteten sich in den Druckkammern auf ihre Einsätze vor — Beginn der Kompression.
"	22.05	Der Druck in den Kammern entsprach dem der vorgesehenen Arbeitstiefe — Ende der Kompression.
03. September	10.00	Die *Stephaniturm* traf im Bergungsgebiet ein.
"	10.30	Die vom VTG-Schiff *Dammtor* ermittelte Wrackposition wurde erreicht und
"	12.50	die exakte Lage des *Edinburgh*-Wracks aufgezeichnet.
"	22.15	Das VTG-Schiff *Stephaniturm* hatte über der *Edinburgh* seine *Dynamik-Position* eingenommen.
04. September	00.10	Mit der UW-Fernsehanlage wurde die durch Torpedotreffer aufgerissene Bordwand des Wracks untersucht.
"	02.06	Arbeitsbeginn (die jeweilige Schicht begann stets mit dem Herablassen der Taucherglocke) für Schicht 1 (3 Taucher in der Glocke)
"	04.59	Schicht 1 wieder an Deck (Arbeitsunterbrechung wegen Unmöglichkeit des Aufenthaltes dreier Personen in der Glocke)
"	14.30	Arbeitsbeginn für Schicht 2
05. September	01.10	Arbeitsbeginn für Schicht 3 — Filmaufnahmen
"	15.40	Arbeitsbeginn für Schicht 4 — Vorbereitungen für das Herausbrennen einer Platte aus der Bordwand
06. September	01.38	Arbeitsbeginn für Schicht 5 — Beginn des Brennvorgangs zwischen den Schiffssektionen 80 und 100
"	09.45	Wegen Wetterverschlechterung Einstellung der Unterwasserarbeiten
07. September	07.10	Arbeitsbeginn für Schicht 6 — Brennen
"	17.32	Arbeitsbeginn für Schicht 7 — Versagen des Schneidbrenners
08. September	07.30	Arbeitsbeginn für Schicht 8 — Brennvorgang
"	15.35	Arbeitsbeginn für Schicht 9 — Brennvorgang. Er mußte wegen defekten Gerätes bald abgebrochen werden.
09. September	02.15	Arbeitsbeginn für Schicht 10 — Abschluß der Brennarbeiten an der äußeren Bordwand; Weghieven der Stahlplatte
"	13.12	Arbeitsbeginn für Schicht 11 — Abstumpfen der scharfen Ränder des neugeschaffenen Einstiegs. Vier Taucher mußten wegen akuter Ohrenentzündung isoliert werden.
"	23.05	Arbeitsbeginn für Schicht 12 — weiteres Abstumpfen der Ränder; Herausbrennen der Platte aus der inneren Bordwand.
10. September	07.00	Für vier erkrankte Taucher begann die Dekompression.
"	14.47	Arbeitsbeginn für Schicht 13 — Filmaufnahmen vom neuen Einstiegsloch mit der Handkamera; Wegräumen von Trümmern im Bereich des Einstiegs.
"	18.43	Beginn der Kompression für zwei der letzten, bisher noch nicht eingesetzten Taucher.
11. September	02.30	Arbeitsbeginn für Schicht 14 — Schlamm absaugen, Trümmer entfernen
"	13.45	Arbeitsbeginn für Schicht 15 — Trümmerbeseitigung, Munitionsfunde

Datum	Uhrzeit	Ereignis
11. September	22.15	Arbeitsbeginn für Schicht 16 — Trümmerbeseitigung
12. September	10.27	Arbeitsbeginn für Schicht 17 — Aufräumungsarbeiten. Taucher zog sich Verbrennungen zu (mangelhafte Heißwasserregulierung im Taucheranzug).
"	18.43	Arbeitsbeginn für Schicht 18 — Saug- und Spülarbeiten, Einsatz von Brenngeräten
13. September	07.10	Arbeitsbeginn für Schicht 19 — Aufräumungsarbeiten; Sonargerät in der Glocke eine Stunde lang unklar; Schott zur Munitionskammer ertastet; Versuch der Fernsehübertragung fehlgeschlagen (Schlammsituation); Vorbereitungen für späteres Schlammabsaugen (E-Pumpe)
"	22.23	Arbeitsbeginn für Schicht 20 — Arbeitsverzögerung durch den Ausfall von Versorgungsleitungen; Fernsehübertragung von der Situation am Schott der Munitionskammer gelungen; Munitionsfunde während des Schlammabsaugens und Aufräumens; Beginn von Brennarbeiten am Schott; Montage des Air-Lifts. Tauchzeit mußte wegen Überanstrengung der Taucher reduziert werden.
14. September	06.25	Arbeitsbeginn für Schicht 21 — Brennarbeiten (es sollte eine etwa 1,25 x 2,50 m große Öffnung zur Munitionskammer geschaffen werden). Insgesamt wurde bereits ein 4,50 m langer Schacht durch die Trümmer angelegt. Die sowjetische *Elton* erreichte mit der *Murena* das Bergungsgebiet.
"	22.45	Arbeitsbeginn für Schicht 22 — Verzögerungen wegen schlechten Wetters; Weiterführung der Aufräumungsarbeiten. Taucher zog sich Verbrennungen zu (Heißwasserregulierung im Taucheranzug).
15. September	07.20	Arbeitsbeginn für Schicht 23 — Brennen und Wegräumen von Stahlteilen; Entfernen von Teilen des Schotts; UW-Sicht sehr gering
"	18.25	Arbeitsbeginn für Schicht 24 — Brennen und Wegräumen von Stahlteilen
16. September	05.36	Arbeitsbeginn für Schicht 25 — Abschluß der Brennarbeiten und Stahltrümmerbeseitigung beim Schott; Entfernen der herausgeschnittenen Platte
"	16.10	Arbeitsbeginn für Schicht 26 — Arbeiten mußten bald abgebrochen werden (Taucher fühlte sich nicht wohl).
"	19.25	Arbeitsbeginn für Schicht 27 — Beginn des Aufräumens der Munitionskammer
"	20.48	Der erste Goldbarren wurde entdeckt!
17. September	03.00	Bereits 6 Goldbarren wurden sichergestellt.
"	06.00	Arbeitsbeginn für Schicht 28 — Absaugen von Sand/Schlamm; weitere Goldbarren;
"	17.46	Arbeitsbeginn für Schicht 29 — Absaugen von Sand/Schlamm; weitere Goldbarren. Schlamm- und Masutaufwirbelungen beeinträchtigen die UW-Arbeiten erheblich (Sicht gleich Null). Bisher wurden insgesamt 29 Barren sichergestellt.
18. September	07.58	Arbeitsbeginn für Schicht 30 — Fortsetzen der Aufräumungsarbeiten; weitere Goldbarren; Demontage des Air-Lifts
"	19.10	Arbeitsbeginn für Schicht 31 — Aufräumungsarbeiten; weitere Goldbarren
19. September	06.04	Arbeitsbeginn für Schicht 32 — UW-Fernsehaufnahmen vom Innern der Munitionskammer; Aufräumungsarbeiten; weitere Barren; Verschlechterung des Gesundheitszustandes einiger Taucher (Ohrenvereiterungen)
"	12.15	Arbeitsbeginn für Schicht 33 — Stahltrümmer und Goldbarren
"	14.00	Bisher 109 Goldbarren geborgen, Taucher hatte sich beim Einstieg in die Glocke eine Schulterverletzung zugezogen.
"	21.34	Arbeitsbeginn für Schicht 34 — Stahltrümmer und Goldbarren
20. September	00.22	Beginn der Dekompression für zwei Taucher, für zwei andere Beginn der Kompression
"	08.30	Arbeitsbeginn für Schicht 35 — Stahltrümmer und Barren; mit dem Schneidbrenner den Zugang zur Munitionskammer verbessert
"	19.15	Arbeitsbeginn für Schicht 36 — weitere Goldbarren lokalisiert; bisher insgesamt 160 Barren sichergestellt
21. September	06.10	Arbeitsbeginn für Schicht 37 — bei Aufräumungsarbeiten auf Wasserbomben gestoßen; bei der OSA um Ergänzung der Schiffsvorräte nachgesucht
"	11.56	Arbeitsbeginn für Schicht 38 — Verzögerung der Arbeiten (7stündiger Ausfall der Warmwasserversorgung)
"	13.05	Bisher 179 Goldbarren sichergestellt
21. September	20.15	Weitere Goldbarren entdeckt

Datum	Uhrzeit	Ereignis
22. September	02.36	Arbeitsbeginn für Schicht 39 — Versorgungskabel erneuert (Licht, Fernsehen, Air-Lift); Aufräumungsarbeiten; weitere Goldbarren. Die zahlreichen Munitionskästen bereiteten den Tauchern Sorgen.
"	12.59	Arbeitsbeginn für Schicht 40 — Beseitigung von Stahltrümmern; weitere Barren; Arbeitsabbruch wegen Verbrühungen eines Tauchers (Heißwasserregulierung)
"	19.07	Arbeitsbeginn für Schicht 41 — Aufräumungsarbeiten; weitere Barren; Bisher wurden insgesamt 189 Goldbarren geborgen.
23. September	06.09	Arbeitsbeginn für Schicht 42 — Aufräumungsarbeiten; Einsatz des Spülgerätes. Spülschlauch durch scharfe Stahltrümmer beschädigt.
"	16.03	Arbeitsbeginn für Schicht 43 — Beseitigung verschiedenartiger (sperriger) Stahlteile; Abbruch der Arbeiten wegen mangelhafter Heißwasserregulierung (eingetretene Verbrühungen)
"	22.38	Arbeitsbeginn für Schicht 44 — Wegräumen von Munitionskisten und frei herumliegenden Bomben
24. September	10.22	Arbeitsbeginn für Schicht 45 — Trümmerbeseitigung; Spülarbeiten; weitere Barren; Zwischeneinschätzung: Bisher ist eine erhebliche Verzögerung der Bergung durch nicht voraussehbare Aufräumungsarbeiten eingetreten.
"	20.54	Arbeitsbeginn für Schicht 46 — Entfernen von sperrigen Stahlteilen; weitere Barren. Ein Taucher in der Glocke behinderte den zügigen Fortgang der Arbeiten (unklare Versorgungsleitungen).
25. September	06.09	Arbeitsbeginn für Schicht 47 — Taucher im Wrack fühlte sich unwohl (Ohrenentzündung). Taucher in der Glocke fühlte sich ebenfalls unwohl (Versorgung funktionierte nicht einwandfrei). Weitere Barren wurden geborgen.
"	17.08	Arbeitsbeginn für Schicht 48 — verspätete Arbeitsaufnahme wegen Übermüdung der Taucher; weitere Verzögerung wegen Auswechselung der Taucher; einige Barren lokalisiert
26. September	06.17	Arbeitsbeginn für Schicht 49 — Verzögerung wegen mangelhafter Versorgung. Der Aufenthalt des ersten Tauchers im Wrack war nur kurz (Er beherrschte nicht mehr den unter starkem Druck stehenden Schlauch des Spülgerätes.). Ein zweiter Taucher führte Aufräumungsarbeiten durch. Weitere Barren wurden lokalisiert.
"	11.00	Bisher insgesamt 307 Goldbarren geborgen
"	15.56	Arbeitsbeginn für Schicht 50 — Aufräumungsarbeiten; mehrere Barren lokalisiert. Der zweite Taucher konnte wegen einer akuten Ohrenentzündung die Glocke nicht verlassen. Dr. Mike Childs traf mit der *Lars Christiensen* am Bergungsort ein. Bisher wurden 315 Goldbarren sichergestellt.
27. September	00.25	Arbeitsbeginn für Schicht 51 — Startverzögerung wegen mannigfaltiger Hindernisse; weitere Barren. Von der Glocke aus wurde die Versorgung des Tauchers im Wrack behindert. Der Taucher kehrte zur Glocke zurück (Beseitigung der Schäden des Versorgungssystems).
"	12.15	Arbeitsbeginn für Schicht 52 — Der Start mußte erneut wegen unklarer Versorgungseinrichtungen verzögert werden. Kontinuierliche Aufräumungsarbeiten zwischen Munitionskisten und einem Gewirr von auseinandergefallenen Drahtrollen fanden statt. Mehrere Barren wurden entdeckt. Der Taucher in der Glocke regelte die Wasserzufuhr zum Spülgerät falsch. Zwischeneinschätzung: Verzögerung der Arbeiten durch erschöpfte Taucher, die letzten beiden Taucher sollen sich für die Arbeit in der Tiefe vorbereiten.
28. September	04.05	Arbeitsbeginn für Schicht 53 — Beseitigung von Stahltrümmern. Einem neu eingesetzten Taucher bereitete der nicht richtig sitzende Taucheranzug Unbequemlichkeiten (Behinderung bei der Arbeit).
"	16.05	Beginn der Kompression für zwei Taucher
"	16.18	Arbeitsbeginn für Schicht 54 — Fortsetzung der Aufräumungsarbeiten; mehrere Barren entdeckt
29. September	08.25	Arbeitsbeginn für Schicht 55/56 — Erhebliche Schwierigkeiten beim Herablassen der Glocke; Aufräumungsarbeiten; mehrere Barren gefunden
"	15.20	Arbeitsbeginn für Schicht 57 — Nur ein Taucher war während dieser Schicht im Wrack tätig und entdeckte weitere Barren.
"	15.55	Bisher wurden 369 Barren geborgen.

Datum	Uhrzeit	Ereignis
29. September	19.00	Das VTG-Schiff *Hafentor* erreichte das Arbeitsgebiet.
"	22.00	Von der *Hafentor* wurden Treibstoff, Frischwasser und Proviant übernommen.
30. September	03.00	Nach Übergabe der Versorgungsgüter nahm die *Hafentor* Kurs auf Peterhead.
"	03.15	Arbeitsbeginn für Schicht 58 — Fünf Stunden lang funktionierte die Heißwasserversorgung nur ungenügend.
"	10.46	Arbeitsbeginn für Schicht 59 — Trümmerbeseitigung; mehrere Barren gefunden. Für zwei Taucher begann die Dekompression.
"	19.32	Arbeitsbeginn für Schicht 60 — Wetterverschlechterung. Das Schiff bewegte sich stark in der See. Schlechte Arbeitsbedingungen; erneute UW-Fernsehaufnahmen (ferngesteuert)
"	22.00	Die Glocke blieb wegen starken Seeganges noch im Schiff. Das Herablassen verzögerte sich.
01. Oktober	05.39	Bisher 379 Goldbarren geborgen
"	11.15	Bisher 386 Goldbarren geborgen
		Zwischeneinschätzung: Der Seegang war in der Nacht so stark, daß die *Stephaniturm* abdriftete und erst später wieder auf Dynamik-Position gebracht werden konnte.
02. Oktober	05.45	Arbeitsbeginn für Schicht 61 — Der Tauchversuch mußte wegen defekter Anlage aufgegeben werden.
"	21.00	Defekt war behoben.
03. Oktober	03.41	Arbeitsbeginn für Schicht 62 — Neuverlegung der UW-Fernsehanlage, der Lichtkabel und des Spülschlauches; weitere Aufräumungsarbeiten; mehrere Goldbarren entdeckt
"	14.47	Arbeitsbeginn für Schicht 63 — Aufräumungsarbeiten. Zwei Stunden wurden für Instandsetzungsarbeiten benötigt.
04. Oktober	02.10	Arbeitsbeginn für Schicht 64 — Aufräumungsarbeiten; mehrere Barren entdeckt; Dauer der Instandsetzungsarbeiten: 90 Minuten
"	12.04	Arbeitsbeginn für Schicht 65 — Einige Zeit für die Untersuchung des UW-Fernsehgerätes und der Lichtleitungen verwendet (Defekte). Aufräumungsarbeiten; mehrere Barren entdeckt
"	23.30	Arbeitsbeginn für Schicht 66 — Entdeckung von weiteren Goldbarren. Der Taucher benötigte zwei Stunden für die Überprüfung der Versorgungsleitungen.
05. Oktober	11.30	Bisher 431 Goldbarren geborgen
"	11.56	Arbeitsbeginn für Schicht 67 — 16-Minuten-Einsatz mit folgender Absicht: Es waren Foto- und Fernsehaufnahmen per Hand zu machen. Das Wrack wurde von den Tauchern wegen des Beginns der Schlechtwetterperiode verlassen.
"	21.00	Das Schiff driftete im Sturm ab.
		Wegen Erschöpfung der Taucher und der einsetzenden Wetterverschlechterung wurde der Abbruch der Bergungsarbeiten beschlossen. Voraussichtliche Abfahrt vom Operationsgebiet am 07. Oktober, vormittags
06. Oktober	-	Einholen der auf dem Meeresboden ausgelegten Transponder und der in der Tiefe installierten UW-Foto- und UW-Fernsehaufnahmegeräte
07.Oktober	10.00	Ende der *Operation Greyhound* im Bergungsgebiet
"	11.00	Abfahrt nach Murmansk
08. Oktober	11.30	Das VTG-Schiff *Stephaniturm* machte in Murmansk fest.
09. Oktober	-	Den Vertretern der UdSSR wurden am Vormittag die zustehenden 159 Goldbarren übergeben.
"	19.50	Die *Stephaniturm* verließ Murmansk, umrundete das Nordkap, fuhr entlang der norwegischen Küste nach Süden und nahm schließlich Kurs auf Peterhead.
16. Oktober	07.30	Das VTG-Schiff *Stephaniturm* machte in Peterhead fest. Anschließend wurden die restlichen 272 Goldbarren der Bank von England übergeben. Abschluß der *Operation Greyhound*!

Der Goldbergung zweiter Teil

Was seit Ende 1981 hinter den Kulissen von Jessops Konsortium geschah, wird wohl sicher im Dunkel bleiben, da in dieser Frage alle maßgeblich Beteiligten hartnäckig schweigen. Fest steht allerdings, daß sich das Konsortium aufgelöst hatte, obwohl Keith Jessop eine Verlängerung des sowjetisch-britischen Bergungskontraktes durchzusetzen vermochte.
Die noch in der *Edinburgh* verbliebenen rund 375 Kilogramm Gold ließen außer Jessop auch Ric Wharton und Malcolm Williams nicht zur Ruhe kommen. Letztere beabsichtigten, das Edelmetall auf eigene Rechnung aus dem gesunkenen Kreuzer zu holen. Nach Jessops Zustimmung — von dem in Aussicht stehenden 45 %igen Anteil für *Wharton-Williams* waren ihm 10 % garantiert — schritt die schottische Taucherfirma zur Tat: Als Basisschiff für das geplante Unternehmen charterte sie im Sommer 1986 zu einem Tagessatz von 100 000 Mark die zweieinhalb Jahre alte, 4 611 BRT große *Deepwater 2*. Sie ist ähnlich wie die *Stephaniturm*, jedoch nach den neuesten Gesichtspunkten, konstruiert.

Am 28. August hieß es für die in Peterhead liegende *Deepwater 2*: »Leinen los!«. Das Schiff nahm Kurs auf die Barentssee. An Bord befanden sich außer dem *Wharton-Williams*-Bergungsteam, wozu neun Taucher gehörten, diesmal nur drei offizielle Gäste: zwei Vertreter der Regierung der UdSSR und ein Vertreter der britischen Regierung. Während der fünftägigen Fahrt zur Untergangsstelle der *Edinburgh* bereiteten sich alle Taucher in den Deck-Dekompressionskammern auf die in 250 Meter Wassertiefe herrschenden Druckverhältnisse vor.
Das Orten des Wracks sowie das Verankern des Basisschiffes mit Hilfe seines Positionierungssystems über dem Kreuzer fand ohne Zeitverzug und rein routinemäßig statt. Bereits am 3. September konnte die weißblaue Signalflagge *Alpha* (»Taucher unter Wasser — halten Sie bei langsamer Fahrt gut frei von mir!«) gesetzt werden. Im Gegensatz zur Bergungsaktion des Jahres 1981 arbeiteten die Taucher diesmal an jedem Tag in drei Schichten — jede Schicht dauerte acht Stunden. Das war möglich, da die Taucherglocke der *Deepwater 2* relativ geräumig ist. In der Tiefe hielten sich also stets drei Taucher auf: zwei arbeiteten im Wrack, einer überwachte in der Glocke ihre Versorgungsleitungen. Bei Bedarf wechselten sie untereinander ihre Plätze.
Zuerst mußten die Männer sowohl aus dem Öltank als auch aus der Munitionskammer Stahltrümmer und Sand beseitigen, danach wurde die Munitionskammer systematisch leergeräumt. Dabei entdeckte man 29 Goldbarren — die restlichen 5 blieben unauffindbar.
Der Abbruch des Unternehmens wurde über Funk nach Murmansk gemeldet und die Übergabe des sowjetischen Goldanteils vorbereitet. Sie erfolgte jedoch nicht in der Hafenstadt am Kola-Fjord, sondern ohne jegliches Aufsehen auf hoher See: Ein sowjetisches Fischereischutzfahrzeug machte längs der *Deepwater 2* fest. Vertreter von *Ingosstrach* und der sowjetischen Staatsbank übernahmen unbürokratisch die ihrem Land zustehenden 16 Barren. Auch die beiden sowjetischen Beauftragten wechselten das Schiff, kehrten mit der kleinen Goldfracht zurück.
Unter der Überschrift »Gold aus der *Edinburgh*« berichtete — direkt aus Murmansk — der Sonderkorrespondent W. Merzalow am 12. September 1986 in der »Prawda«:

»Aus England kommend, ist das Bergungsschiff *Deepwater 2* in der Barentssee eingetroffen und wurde über dem in einer Tiefe von 260 m auf dem Meeresboden liegenden britischen Kreuzer *Edinburgh* verankert. Nach fünfjähriger Pause wurde die Tiefseeoperation zur Bergung des an Bord des Kreuzers verbliebenen Restes der Goldladung fortgesetzt ... Von den insgesamt 465 Goldbarren zu je 11–13 kg wurden bereits 431 (im Jahre 1981, G. L.) geborgen ...«

Diese Meldung wurde von der englischen Nachrichtenagentur Reuter übernommen und in etwas abgewandelter Form verbreitet:

»Britische Taucher haben jetzt die letzten 29 ... Goldbarren geborgen, die im Wrack des im Zweiten Weltkrieges in sowjetischen Gewässern versenkten Kreuzers *Edinburgh* lagen. Ein Sprecher des Bergungsunternehmens teilte mit, das Bergungsschiff *Deepwater 2* werde in der kommenden Woche mit der wertvollen Fracht in seinem schottischen Heimathafen zurückerwartet. Das Gold hat einen Wert von rund 9,2 Millionen DM. 45 Pro-

Das Bergungsschiff *Deepwater 1*:		Seitenhöhe des Schiffes bis zum	
Länge über alles:	98,35 m	Hauptdeck (gemallte Höhe):	7,60 m
Länge zwischen den Loten:	79,87 m	Maximaler Tiefgang:	4,80 m
Spantenbreite (gemallte Breite):	18,00 m	Nettotragfähigkeit:	1500 t

Die *Deepwater 2* ist Schwesterschiff der *Deepwater 1*. Beide Spezialfahrzeuge liefen in der niederländischen Werft »De Hoop« in Lobith vom Stapel. Das Deck-Druckkammersystem bietet insgesamt 20 Tauchern Platz und besteht aus der 9,50 m langen Hauptkammer (2,13 m Durchmesser), der Transferkammer und dem abdockbaren »hyperbaric lifeboat«. Das gesamte System ist für einen Druck ausgelegt, der einer Arbeitstiefe von 450 m entspricht. Die Taucherglocke ist für 3 Taucher eingerichtet. Sie könnte bis zu 380 m abgesenkt werden — die Sicherheitsgrenze beträgt jedoch 350 m.

zent bekommt das Bergungsunternehmen. Zwei Drittel der Restsumme bekommt die Sowjetunion, ein Drittel Großbritannien ... Der zweite ... Versuch war am 28. August (1986, G. L.) begonnen worden.«
Für die *Deepwater 2* hieß es nun ebenfalls, den Heimathafen anzusteuern. Am 18. September, im Schutze der Dunkelheit, machte sie in Peterhead fest — von der Presse unbeachtet. Malcolm Williams äußerte sich einige Tage später zu dem in aller Stille durchgeführten Unternehmen:
»Was für die Taucher acht Stunden auf dem Grund des Eismeeres physisch und psychisch bedeuteten, kann niemand auch nur annähernd schildern. Ich möchte aber etwas zu den nicht gefundenen fünf Barren sagen, die wohl für immer verloren sein dürften. Unsere Taucher hatten sich sogar durch ein teilweise eingedrücktes Querschott in die vor dem ›Bomb Room‹ liegende Munitionskammer vorgewagt. Möglicherweise sind die Barren dort hineingerutscht. Doch niemand auf dieser Welt kann von einem vernünftigen Mann erwarten, daß er im Schein eines Handscheinwerfers einen Viertelkilometer unter Wasser in einem Haufen scharfer, etwa 45 Jahre alter Granaten herumwühlt. Und unsere Männer sind vernünftig — deshalb leben sie auch noch ...«

Tabellenteil

Alliierter Geleitzugverkehr auf der Nordmeerroute 1941 (Die insgesamt 100 Handelsschiffe führten 160 000 Tonnen verschiedener Güter in die UdSSR ein und 145 000 Tonnen Güter wieder aus. Die Frachter, bei denen keine Verluste infolge gegnerischer Angriffe zu verzeichnen waren, wurden von 74 Sicherungsfahrzeugen begleitet.):

Konvoi bezeichnung	Abfahrt Ort	Abfahrt Datum	Anzahl, Frachter	Ankunft Ort	Ankunft Datum	Anzahl, Frachter	Umkehr wegen Eis/Wetter
Dervish	Loch Ewe (Hval-Fjord)	12.08.41 (21.08.41)	7	Archangelsk	31.08.41	7	-
PQ 1	Hval-Fjord	29.08.41	10	Archangelsk	11.10.41	10	-
QP 1	Archangelsk	28.09.41	14	Scapa Flow	09.10.41	14	-
PQ 2	Scapa Flow (Hval-Fjord)	17.10.41 21.10.41	6	Archangelsk	30./31.10.41	6	-
QP 2	Archangelsk	02.11.41	12	Kirkwall	17.11.41	12	-
PQ 3	Hval-Fjord	09.11.41	8	Archangelsk	28.11.41	7	1
PQ 4	Hval-Fjord	17.11.41	8	Archangelsk	28.11.41	8	-
QP 3	Archangelsk	27.11.41	10	Seidis-Fjord	07./12.12.41	8	2
PQ 5	Hval-Fjord	27.11.41	7	Archangelsk	12.12.41	7	-
PQ 6	Hval-Fjord	08.12.41	7	Murmansk	20.12.41	7*	-
QP 4	Archangelsk	20.12.41	11**	Seidis-Fjord und Akureyri	16.01.42	11	-

Anmerkungen: * Von den 7 in Murmansk angekommenen Frachtern wurden 5 nach Osten weiterdirigiert, sie wurden unterwegs vom Eis eingeschlossen und mußten ab 23.12.41 in Molotowsk überwintern.

** Aus Archangelsk liefen nur 9 Frachter aus, die mehrere Tage wegen der Eisverhältnisse im Weißen Meer verbleiben mußten. Am 06.01.42 schlossen sich in Position 70° 58′ N, 41° 56′ O zwei von der Iokanga-Mündung kommende Dampfer dem nordwärts ziehenden Konvoi an.

Alliierter Geleitzugverkehr auf der Nordmeerroute vom Jahresanfang bis zum 7. Mai 1942:

Konvoi-bezeich-nung	Abfahrt Ort	Abfahrt Datum	Anzahl, Frachter	Ankunft Ort	Ankunft Datum	Anzahl, Frachter	Verluste durch gegner. Angriffe	Umkehr wegen Eis/Wetter
PQ 7A	Hval-Fjord	26.12.41	2	Murmansk	11.01.42	1	1	-
PQ 7B	Hval-Fjord	31.12.41	9	Murmansk	12.01.42	9	-	-
PQ 8	Hval-Fjord	08./10.01.42	8	Murmansk	17.01.42	7	1	-
QP 5	Murmansk	13.01.42	4	Hval-Fjord	24.01.42	4	-	-
QP 6	Murmansk	24.01.42	6	Clyde-Mündung	02.02.42	6	-	-
PQ 9/10	Hval-Fjord	01.02.42	10	Murmansk	10./14.02.42	10	-	-
PQ 11	Loch Ewe	06.02.42	13	Murmansk	23.02.42	13	-	-
QP 7	Murmansk	12.02.42	8	Seidis-Fjord	22.02.42	8	-	-
QP 8	Murmansk	01.03.42	15	Hval-Fjord	10./11.03.42	14	1	-
PQ 12	Hval-Fjord	01.03.42	16	Murmansk	10./12.03.42	16	-	-
PQ 13	Hval-Fjord	20.03.42	19	Murmansk	30./31.03.42	13*	6	-
QP 9	Murmansk	21.03.42	19	Hval-Fjord	01./03.04.42	19	-	-
PQ 14	Hval-Fjord	08.04.42	24	Murmansk	19.04.42	7	1	16
QP 10	Murmansk	10.04.42	16	Hval-Fjord	20./21.04.42	11	4	1
PQ 15	Hval-Fjord	26.04.42	25	Murmansk	05.05.42	22	3	-
QP 11	Murmansk	28.04.42	13	Hval-Fjord	07.05.42	12	1	-

Anmerkung: * 3 Schiffe wurden außerdem bei einem Bombenangriff im Kola-Fjord versenkt.
Die in östlicher Richtung gehenden Konvois kamen meist aus dem Norden Großbritanniens, sammelten sich vor Island (evtl. vereinigten sie sich mit aus den USA kommenden Schiffen). Vor Murmansk wurde ein Teil der Frachter nach Archangelsk weitergeleitet. Umgekehrt kamen aus Archangelsk Schiffe nach Murmansk, um von hier aus die Fahrt in Richtung Westen anzutreten.

Bedeutende Landeoperationen der sowjetischen Nordflotte im Zeitraum Juli 1941 bis Mai 1942 (Nach: Der Kampfweg der sowjetischen Seekriegsflotte. — Berlin, 1976):

Landungsraum	Zusammensetzung der Landungskräfte	
	Truppen	Schiffe
Meerbusen der Sapadnaja Liza (Westküste) 14.7.1941	325. Schützenregiment der 14. Schützendivision mit 1 350 Mann, ein Marinebataillon mit 250 Mann (insgesamt 1 600 Mann)	**Landungsabteilung:** 1 Zerstörer 3 Wachschiffe 1 R-Schiff 5 U-Jagdboote 2 Küstenwachboote **Deckungsabteilung:** 3 Zerstörer
wie oben 16.7.1941	Ein Bataillon und eine Kompanie Marineinfanterie mit 750 Mann (Verstärkung für die am 14.7.41 angelandeten Kräfte)	**Landungsabteilung:** 3 Wachschiffe und Motorboote **Deckungsabteilung:** 1 Zerstörer 2 Wachschiffe 4 U-Jagdboote
Raum Kap Pikschujew (Motowski-Bucht) 28.4. bis 13.5.1942	12. selbständiges Infanteriebataillon mit 6 165 Mann, Aufklärungsabteilung der Nordflotte mit 70 Mann (insgesamt 6 235 Mann)	**Landungsabteilung:** 4 Wachschiffe 5 R-Schiffe 12 U-Jagdboote 16 Küstenwachboote 14 R-Boote **Deckungsabteilung:** 2 Zerstörer 2 Wachschiffe

Aufenthaltsdauer der zwölf Sättigungstaucher in den Druckkammern (Der Druck entsprach dem der Arbeitstiefe von 250 Metern. Die Zeitdauer der Kompression betrug etwa 11 Stunden, die der Dekompression rund 7 Tage. Die Angaben in Klammem beziehen sich auf eine 2. Kompression bzw. Dekompression.):

Name des Tauchers	Beginn der Kompression	Beginn der Dekompression	Grund der Dekompression
Tucker	02.09.	07.10.	Ende der Operation
Summers	02.09.	07.10.	Ende der Operation
Reudavey	02.09.	07.10.	Ende der Operation
West	02.09.	10.09.	Ohrenentzündung
Diamond	02.09.	10.09.	Ohrenentzündung
Cutler	02.09.	10.09.	Ohrenentzündung
	(19.09.)	(30.09.)	(Erschöpfung)
Wilde	02.09.	10.09.	Ohrenentzündung
	(28.09.)	(07.10.)	(Ende der Operation)
Cooper	02.09.	20.09.	Erschöpfung
Mathison	10.09.	20.09.	Schulterverletzung
Rossier	10.09.	07.10.	Ende der Operation
Hardy	20.09.	30.09.	Grippe
Croft	28.09.	07.10.	Ende der Operation

Ausgewählte Daten der an den Kampfhandlungen am 1. und 2. Mai 1942 in der Barentssee beteiligten Zerstörer (Zum Vergleich sind in der letzten Spalte die Daten der beiden sowjetischen Zerstörer angegeben.):

Techn. Angaben	*Beagle Bulldog*	*Amazon*	*Beverley* (ex *Branch*)	*Forester Foresight*	*Z 7*	*Z 24/ Z 25*	*Sokruschitelny/ Gremjastschi* (Typ 7)
Stapellauf	1930	1926	1917	1934	1936	1940	1937/38
Länge ü. A. (m)	98	95	94	99	116	127	112,8
Breite (m)	9,8	9,6	9,3	10,2	11,3	12	10,2
Tiefgang (m)	2,6	2,8	2,8	2,6	3,8	4,7	4,1
max. Geschwindigkeit (kn)	35	37	33	35,5	38,2	36	37
Besatzung (Mann)	138	138	122	145	325	332	246
Geschütze (Anzahl x cm)	5 x 12	4 x 12	4 x 10,2	4 x 12	5 x 12,7	4 x 15	4 x 13 2 x 7,62
Flak (Anzahl x cm)	2 x 4	2 x 4	1 x 7,6	8 x 1,27 (MG)	4 x 3,7	4 x 3,7	4 x 3,7
Torpedorohre (Anzahl x cm)	8 x 53,3	6 x 53,3	12 x 53,3	8 x 53,3	8 x 53,3	8 x 53,3	6 x 53,3
(Anzahl x Vierlings- bzw. Drillingssätze)	2 x IV	2 x III	4 x III	2 x IV	2 x IV	2 x IV	2 x III

Anmerkungen: Bei einigen Schiffen erfolgten später Umbauten, die Daten veränderten sich somit. Die Mannschaftsstärke von *Z 7* erhöhte sich beim Einsatz gegen QP 11 um 4 Offiziere und 19 Mann, da das Fahrzeug als *Führerschiff* diente.

»War Grave« Kreuzer »Edingburgh«: 57 Besatzungsangehörige der »Edinburgh« fanden während der Kampfhandlungen Ende April/Anfang Mai 1942 den Tod. Ihre Gebeine ruhen in dem gesunkenen Kreuzer:

1. Edward Andersen
2. John Bamford
3. Patrick Beattie
4. Joseph Bleakley
5. Peter Blundell
6. Colin G. Broad
7. James Brown
8. John B. Brown
9. D. Carter
10. William Coleman
11. Charles E. Davis
12. William Devonport
13. George Dimmock
14. William H. van Dordrecht
15. Valentine W. Drummond
16. Albert E. Evans
17. Andrew Gibson
18. Walter E. Gomery
19. Thomas I. Gray
20. John Harrington
21. Frederick Harris
22. Samuel G. Hellyer
23. Benjamin Hiller
24. Naville Holt
25. Thomas E. Hookings
26. Andrew Horsfield
27. George W. Jones
28. Ronald J. Jones
29. Thomas Jones
30. Herbert Latham
31. Ivor O. Lloyd
32. Vivyan Guy Manfield
33. Harry Marsden
34. T. Martin
35. Donald McDonald
36. John E. Moir
37. Henry S.G. Morey
38. Charles Murphy
39. George E. Nash
40. Dudley Oates
41. Bernhard O'Hagan
42. William Pape
43. Robert Reynolds
44. Stanley J. Ryan
45. Edwin A. Smith
46. Mark R. Smith
47. William G.E. Spicer
48. Clifford Stockport
49. William Stone
50. Samuel Trussler
51. Roland Vallance
52. John Wafforne
53. Lineol Weaver
54. Wilfred Wibberley
55. Arthur Wignall
56. Harry J. Willis
57. James Yates

Befehlsstruktur auf dem Kreuzer »Edingburgh«:

Captain

Commander
Executive Officer

Executive Dept.

1st Lieutenant
(Training & Mess Decks)
Lieutenant *N.D.,*
Navigation &
Direction)
Lieutenant *(G. Gunnery)*
Lieutenant *(T.A./S. Torpedo &*
Anti-Submarine)
Lieutenant *(C. Communications)*
Lieutenant *(Damage Control)*
Lieutenant *(Mate of Upper Deck)*
Lieutenants *(Divisional Officers)*
Sub. Lieutenant *(Gunroom)*
Commissioned Bosun
Commissioned Gunner
Commissioned Gunner *(T.A./S.)*
Midshipmen

Electrical

Lieutenant-
Commander *(L.)*
Commissioned
Electrical
Officer

Engine Room

Commander *(E)*

Senior Engineer

Commissioned Engineers
Commissioned Mechanicans

Supply and Secretarial

Commander(s)
Lieutenant(s)
Lieutenant
(Captain's Secretary)

Medical

Surgeon Commander
Surgeon Lieutenant
Surgeon Lieutenant
Surgeon Lieutenant (D.)

Royal Marine Detachement

Captain
Lieutenant

Shipwright Officer

Chaplan

Educational

Instructor Lieutenant-Commander
Instructor Lieutenant

Besatzungsliste

»U-456«-Besatzung (letzter Fronteinsatz im Mai 1943). Ihr überwiegender Teil dürfte ein Jahr zuvor an der Operation gegen den Kreuzer »Edinburgh« beteiligt gewesen sein — ein personeller Wechsel erfolgte zwar (Abkommandierung, Erkrankung), aber er war minimal.

Kapitänleutnant Max-Martin Teichert, geb. 31.01.1915
Oberleutnant zur See Ingenieur Lothar Nerlich, geb. 23.06.1918
Oberleutnant zur See W. Stockmayer, geb. 11.10.1917
Leutnant zur See Adolf Thies, geb. 29.03.1919
Oberfähnrich zur See Ingenieur Joachim Bothe, geb. 17.11.1923
Fähnrich zur See Horst Romig, geb. 23.09.1923
Fähnrich zur See Hans Thurmann, geb. 29.10.1924
Obersteuermann H. Bieselt, geb. 12.04.1914
Obermaschinist Otto Kühner, geb. 16.01.1914
Bootsmann Erich Mollenhauer, geb. 6.12.1915
Obermaat Gustav Bösel, geb. 20.02.1919
Obermaat Erich Draheim, geb. 23.03.1918
Obermaat Paul Friedrich, geb. 14.06.1920
Obermaat Hermann Paul, geb. 24.09.1913
Obermaat Johann Wecklein, geb. 29.04.1918
Maat Erich Almenröder, geb. 3.05.1922
Maat Edgar Eisenbarth, geb. 21.06.1922
Maat Herbert Funck, geb. 15.12.1917
Maat Josef Moser, geb. 10.04.1921
Maat Robert Schimanek, geb. 22.11.1922
Maat Walter Schmidke, geb. 9.07.1921
Maat Walter Schöttke, geb. 1.09.1919
Obergefreiter Robert Becker, geb. 30.07.1921
Obergefreiter Karl Behrhorst, geb. 12.05.1922
Obergefreiter Hans Gutzmann, geb. 2.08.1921
Obergefreiter Hans Huck, geb. 16.09.1922
Obergefreiter Wilhelm Kreutzer, geb. 5.11.1921
Obergefreiter Georg Lütjen, geb. 15.02.1922
Obergefreiter Eduard Maier, geb. 30.01.1923
Obergefreiter Georg Malek, geb. 16.04.1923
Obergefreiter Ewald Moll, geb. 18.04.1924
Obergefreiter Walter Pfabe, geb. 15.02.1921
Obergefreiter Adolf Pfaff, geb. 17.10.1914
Obergefreiter Friedrich Ruf, geb. 19.03.1923
Obergefreiter Bernhard Rutkowski, geb. 22.05.1918
Obergefreiter Heinz Schaper, geb. 2.02.1924
Obergefreiter Georg Schreiber, geb. 22.04.1923
Obergefreiter Martin Steiner, geb. 16.09.1920
Obergefreiter Fritz Stolte, geb. 12.10.1921
Obergefreiter Johannes Sträter, geb. 27.03.1922
Gefreiter Otto Felske, geb. 21.03.1924
Gefreiter Karl Franck, geb. 9.08.1922
Gefreiter Kurt Hoppe, geb. 27.03.1922
Gefreiter Hermann Leitzke, geb. 31.08.1922
Gefreiter Gerhard Maier, geb. 5.08.1924
Gefreiter Georg Piosczyk, geb. 25.11.1923
Gefreiter Hans Scharmann, geb. 22.08.1924
Gefreiter Eduard Schruff, geb. 17.07.1923
Gefreiter Rolf Wentzel, geb. 13.12.1923

Quellennachweis

[1] Briefwechsel Stalins mit Churchill, Attlee, Roosevelt und Truman 1941-1945. — Berlin, 1961

[2] Deutschland im zweiten Weltkrieg, Band 2. Vom Überfall auf die Sowjetunion bis zur sowjetischen Gegenoffensive bei Stalingrad (Juni 1941 bis November 1942)/ Drechsler, K. u.a. — Berlin, 1975

[3] Geleitzugsberichte von PQ 1 bis PQ 15 und QP 1 bis QP 11 einschließlich der Gefechtsberichte und Anlagen

[4] Der Kampfweg der Sowjetischen Seekriegsflotte. — Berlin, 1976

[5] Kriegstagebuch Nr. 5 von *U 456* mit Anhängen und Funkkladde

[6] Von Murmansk nach Berlin/Chaldey, E. — Murmansk, 1979

[7] Operation Greyhound. Report — Phase two. OSA, 28. Oktober 1981

[8] Die Schiffe der deutschen Kriegsmarine und Luftwaffe und ihr Verbleib. 1939-1945/Gröner, E. — München, 1976

[9] Der Tod auf allen Meeren/Freyer, P. H. — Berlin, 1982

[10] Der zweite Weltkrieg. Dokumente — Berlin, 1972

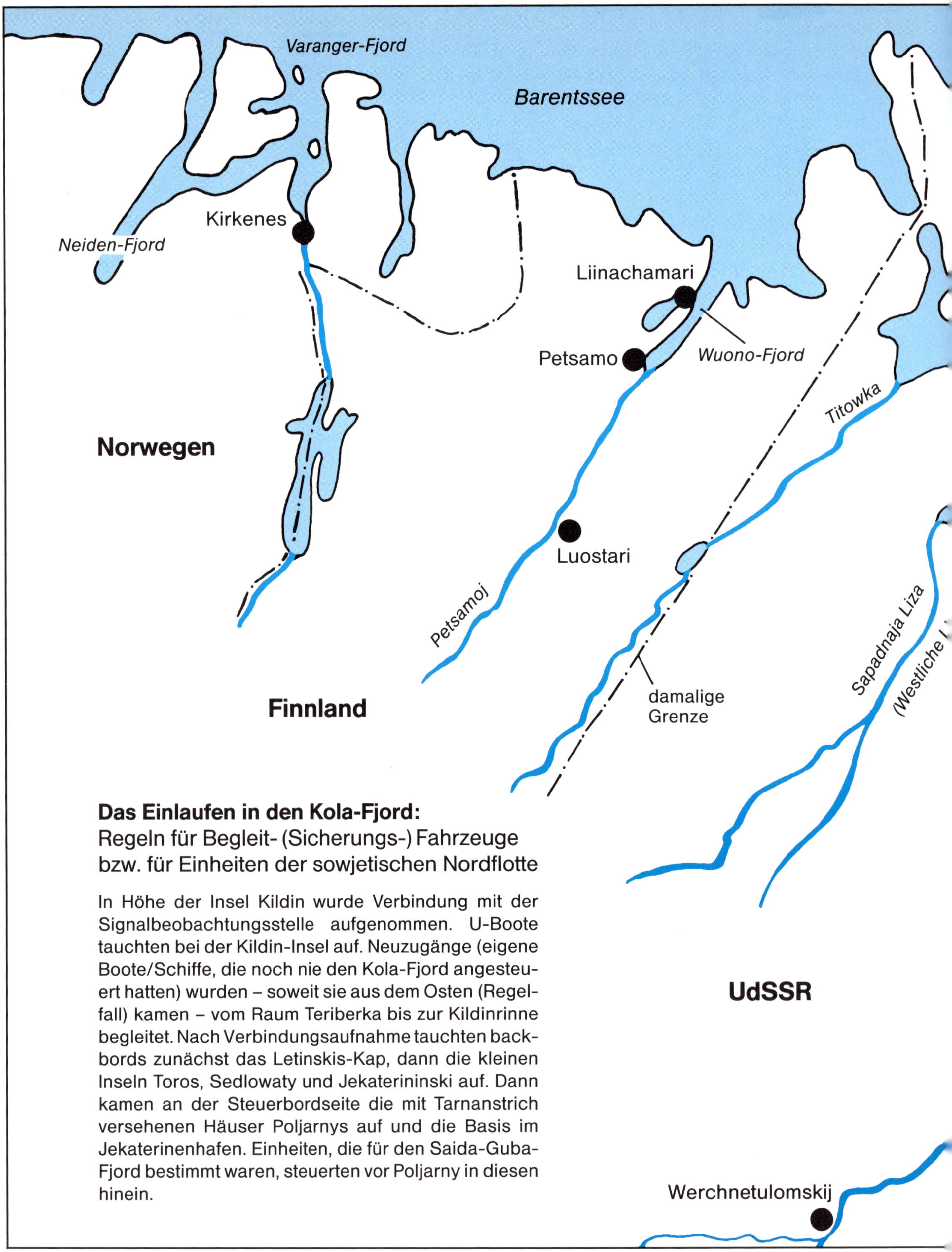

Das Einlaufen in den Kola-Fjord:

Regeln für Begleit- (Sicherungs-) Fahrzeuge bzw. für Einheiten der sowjetischen Nordflotte

In Höhe der Insel Kildin wurde Verbindung mit der Signalbeobachtungsstelle aufgenommen. U-Boote tauchten bei der Kildin-Insel auf. Neuzugänge (eigene Boote/Schiffe, die noch nie den Kola-Fjord angesteuert hatten) wurden – soweit sie aus dem Osten (Regelfall) kamen – vom Raum Teriberka bis zur Kildinrinne begleitet. Nach Verbindungsaufnahme tauchten backbords zunächst das Letinskis-Kap, dann die kleinen Inseln Toros, Sedlowaty und Jekaterininski auf. Dann kamen an der Steuerbordseite die mit Tarnanstrich versehenen Häuser Poljarnys auf und die Basis im Jekaterinenhafen. Einheiten, die für den Saida-Guba-Fjord bestimmt waren, steuerten vor Poljarny in diesen hinein.